VAREJO EM POLOS DE RUA

VAREJO EM POLOS DE RUA
DINAMIZANDO O COMÉRCIO E REVITALIZANDO AS CIDADES
© Almedina, 2020
ORGANIZADORES: Juracy Parente, Ana Paula S. C. Miotto, Marcelo Moll Brandão, Luís Fernando Varotto
REVISÃO: Marco Rigobelli
EDITOR DE AQUISIÇÃO: Marco Pace
DIAGRAMAÇÃO: Almedina
DESIGN DE CAPA: Roberta Bassanetto
ISBN: 9788562937316

Dados Internacionais de Catalogação na Publicação (CIP)
(Câmara Brasileira do Livro, SP, Brasil)

Varejo em polos de rua : dinamizando o comércio e revitalizando as cidades / organização Juracy Parente ... [et al.]. -- São Paulo : Actual Editora, 2020.

Demais organizadores: Ana Paula S.C. Miotto, Marcelo Moll Brandão, Luís Fernando Varotto.
Vários autores.
Bibliografia.
ISBN 978-85-62937-31-6

1. Áreas comerciais - Revitalização 2. Cidades - Administração pública 3. Comércio varejista - Administração 4. Política urbana 5. Varejo de rua
I. Parente, Juracy. II. Miotto, Ana Paula S.C. III. Brandão, Marcelo Moll. IV. Varotto, Luís Fernando.

19-32110   CDD-658.87

Índices para catálogo sistemático:

1. Varejo de rua : Revitalização urbana : Comércio varejista : Administração 658.87

Maria Paula C. Riyuzo - Bibliotecária - CRB-8/7639

Este livro segue as regras do novo Acordo Ortográfico da Língua Portuguesa (1990).

Todos os direitos reservados. Nenhuma parte deste livro, protegido por copyright, pode ser reproduzida, armazenada ou transmitida de alguma forma ou por algum meio, seja eletrônico ou mecânico, inclusive fotocópia, gravação ou qualquer sistema de armazenagem de informações, sem a permissão expressa e por escrito da editora.

Fevereiro, 2020

EDITORA: Almedina Brasil
Rua José Maria Lisboa, 860, Conj.131 e 132, Jardim Paulista | 01423-001 São Paulo | Brasil
editora@almedina.com.br
www.almedina.com.br

VAREJO EM POLOS DE RUA

Dinamizando o Comércio e Revitalizando as Cidades

ORGANIZADORES

Juracy Parente
Marcelo Moll Brandão

Ana Paula S. C. Miotto
Luís Fernando Varotto

Sobre os Autores

Ana Paula Miotto
Mestre e Doutora em Administração de Empresas pela FGV–EAESP. Atua como consultora de negócios e professora em cursos de marketing para pós-graduação. Interesses de pesquisa em estratégias varejistas e no comportamento do consumidor.

André Luiz B. da Silva
Pesquisador de Pós-Doutorado (PNPD/CAPES) na Universidade Federal de Goiás. Doutor em Administração de Empresas pela FGV-EAESP, na área de Estratégias de Marketing. Mestrado em Administração de Empresas pela PUC-SP.

Daniel Manzano
Graduado em administração na FGV-EAESP (2016), realizou pesquisa de iniciação científica sobre polos varejistas em São Paulo e no Texas. E elaborou seu TCC analisando as características dos Business Improvement Districts (BIDs).

Eduardo Eugênio Spers
Doutor em administração de empresas pela USP, Professor Titular do Departamento de Economia, Administração e Sociologia da Universidade de São Paulo, Campus Esalq e Coordenador do Grupo de Pesquisa e Extensão MarkEsalq.

Fernando de Mello Franco
Arquiteto e Urbanista, doutor pela FAU USP. Professor da FAU Mackenzie. Consultor especialista urbano do Banco Mundial. Foi Secretário de Desenvolvimento Urbano do Município de São Paulo durante a Gestão 2013-2016.

Giselle Mendonça Abreu
Urbanista com mestrado pela FAU-USP. Trabalhou na Secretaria Municipal de Desenvolvimento Urbano de São Paulo (2013-16). Atualmente, é doutoranda em Planejamento Urbano e Regional na Universidade da Califórnia, Berkeley.

Hermes Moretti Ribeiro da Silva
Professor do Departamento de Engenharia de Produção da FEB/UNESP. Professor do PPGA - Programa de Pós-Graduação em Administração da ESALQ-USP. Editor-Chefe da Revista GEPROS – Gestão da Produção, Operações e Sistemas.

Juracy Parente
Doutor pela London Business School, MBA pela Cornell University. Prof. de Marketing e Varejo da EAESP-FGV. Prof. Visitante na Univers. da Florida (2013-2016). Fundador do GVcev - Centro de Varejo da EAESP. Consultor em Varejo.

Larissa Campagner
Doutora em Arquitetura e Urbanismo pela FAU Mackenzie. Professora da FAU Mackenzie e líder da pesquisa: "Cenários Urbanos Futuros e o Varejo de Rua". Coordena o Comitê do Conselho de Política Urbana da Assoc. Comercial de São Paulo.

Luís Fernando Varotto

Mestre e Doutor em Administração pela EAESP-FGV. Consultor de Marketing e Varejo, é Professor do Programa de Pós-Graduação em Administração e Diretor Acadêmico na Universidade Nove de Julho.

Marcelo Moll Brandão

Doutor em administração na EAESP/FGV. Mestre em Ciências Contábeis. Professor adjunto da UFES atuando no PPGADM. Especialista em comportamento do consumidor e ambiente de loja. Consultoria em marketing de varejo e projetos de gestão

Marina Henriques Viotto

Doutoranda em Administração de Empresas pela FGV-EAESP. Mestrado e graduação pela FGV-EAESP. Seus interesses de pesquisa se concentram na área de cultura de consumo. Na FGV-EAESP, atua como assistente de pesquisa e ensino.

Mauricio Tedeschi

Possui MBA em Administração e Marketing e Especialista em Análise Ambiental pela UFPR. Há mais de 10 anos é Coordenador Nacional de Projetos no SEBRAE, atuando com desenvolvimento regional, varejo e revitalização de espaços comerciais.

Paula Leal de Oliveira Martins

Graduada em Administração de Empresas (UFV). Mestre em Estratégias de Marketing. Atuação na área de Vendas e Marketing da Oracle (2017) e atualmente na área de vendas da Uber.

Valter Caldana

Arquiteto e Urbanista (1985), Mestre (1994) e Doutor (2005) pela FAUUSP. Prof. Adjunto da FAU Mackenzie, foi seu Diretor (2009-2016). Prof. Convidado UNISS Itália. Coordena o Lab. Polít. Públicas, integra o Cons. Mun. de Polít. Urbana (2019).

Viviane Rocha

Graduada em Economia na USP, fez mestrado e doutorado na FGV-EAESP em Administração de Empresas (linha de Marketing). Possui 13 anos de experiência no mercado corporativo e atualmente é professora de Marketing na FGV-EAESP, ESPM e FIA.

Nota dos Organizadores

Varejo em Polos de Rua: Dinamizando o Comércio e Revitalizando as Cidades

O varejo em polos de rua é um importante motor para a economia das cidades, e mais do que parte da paisagem de qualquer centro urbano, faz pulsar a vida social das comunidades em que estão inseridos. Apesar da importância econômica e social desses aglomerados para a qualidade de vida nas cidades, pouco se tem discutido ou estudado no Brasil sobre a sua relevância enquanto ponto convergente para a saúde e vitalidade das comunidades do seu entorno.

Este livro é fruto de projeto de pesquisa desenvolvido pelo GVcev – Centro de Excelência em Varejo da Escola de Administração de Empresas de São Paulo – sobre o tema dos Polos Varejistas de Rua. Realizado ao longo dos últimos anos, esse projeto consistiu na realização de pesquisas, workshops, seminários e reuniões com varejistas, associações de lojistas e poder público sobre essa temática. Esse esforço em prol dos Polos Varejistas de Rua se consolida nesse livro, que reúne 11 artigos, fruto do intenso trabalho de pesquisa de 16 autores – pesquisadores do GVcev, ex-alunos e professores da FGV-EAESP e de outras universidades, e gestores públicos – que se debruçaram sobre esse tema.

O resultado é uma obra abrangente e direcionada para a reflexão e compreensão sobre o atual momento dos polos de rua no Brasil e no mundo, e as alternativas que podem fortalecer a sua existência e crescimento saudável hoje e no futuro.

Apesar da expansão do número de shopping centers, os polos varejistas de rua continuam sendo responsáveis pela maior parte das vendas de varejo nas cidades brasileiras. Compostos por centenas de lojas que funcionam como um aglomerado sinérgico na oferta de produtos e serviços, os polos varejistas de rua satisfazem as necessidades de compras dos consumidores da região. Originalmente localizados nos centros das cidades e atualmente também espalhados em diversas regiões das grandes metrópoles, os polos varejistas de rua desempenham um papel essencial na vitalidade e no dinamismo das cidades, estimulando a economia e qualidade de vida das áreas onde estão localizados.

Diferente dos shopping centers onde a grande maioria das lojas pertence a redes varejistas de grande a médio porte, nossos estudos revelam que a maior parte das lojas localizadas nos polos varejistas de rua pertence a pequenos empresários, que moram na região. Os baixos custos de abertura e operação de lojas, estimulam assim o surgimento de pequenos empreendedores locais e o desenvolvimento de empresas familiares. Devido ao aumento da concorrência com shoppings centers, aglomerados varejistas planejados que apresentam muitas vantagens competitivas, a vitalidade dos polos varejistas de rua já começa a ser ameaçada, e, em muitos casos, como nos centros de muitas cidades brasileiras, já registra um declínio.

Diferente do que ocorre no Brasil, em muitos outros países, como na Europa e da América do Norte, esforços de revitalização dos polos varejistas de rua tem recebido grande prioridade das políticas públicas municipais. Essa orientação visa garantir a qualidade de vida dos centros urbanos, contribuindo para a diminuição das taxas de criminalidade, evitando a depreciação imobiliária, e mantendo o dinamismo e a vitalidade nas regiões centrais e nos polos regionais das cidades.

Os objetivos, conteúdos, estrutura e os capítulos do livro estão ordenados nas seguintes três partes: A primeira parte, composta pelos capítulos 1, 2 e 3, objetiva oferecer conhecimento geral sobre o varejo e as oportunidades em Polos Varejistas de Rua. Com base em nossas estimativas, as vendas que ocorrem neles são três vezes maiores que as dos shopping centers, ressaltando assim a importância econômica que exercem no país. Essa primeira parte do livro oferece também informações sobre o comportamento e as preferências dos consumidores em relação aos diferentes tipos de aglomerados varejistas, e sobre a evolução dos polos e formatos varejistas.

A segunda parte, formada pelos capítulos 4, 5, 6, 7 e 8, visa relatar e analisar as diferentes experiências de revitalização de polos varejistas de rua.

De forma detalhada, essa parte do livro descreve: as experiências de sucesso e os modelos de parceria púbico-privada desenvolvidos no Reino Unido; os desafios enfrentados e os resultados em três projetos de revitalização de polos varejistas de rua realizados em São Paulo; o pouco interesse do setor público para manter o dinamismo do varejo no projeto da reforma do Largo da Batata em São Paulo; os vários esforços realizados na cidade de Piracicaba para revitalização de áreas comerciais; e a rica experiência e apoio do SEBRAE em projetos de revitalização em diferentes polos varejistas do Brasil.

A parte final do livro, formada pelos três últimos capítulos, está dedicada a analisar a relação que a política pública dos municípios exerce, influenciando um maior ou menor dinamismo do varejo em polos de rua. Os capítulos 9 e 10 analisam, com profundidade, diferentes aspectos considerados no planejamento urbano da cidade de São Paulo, e ressaltam como o novo Plano Diretor da Cidade de São Paulo valorizou o importante papel das atividades varejistas ao longo dos eixos viários, visando uma cidade mais humana e equilibrada. Verifica-se, entretanto, que os planos diretores das cidades brasileiras ainda não contemplam a revitalização dos grandes polos varejistas de rua que existem nas áreas centrais e nas diferentes regiões das cidades brasileiras. O último capítulo descreve e analisa os modelos bem-sucedidos de parcerias público-privadas de revitalização de polos varejistas de rua adotados nos Estados Unidos, denominados de BID (Business Improvement District), elencando sugestões para serem adotadas em projetos semelhantes no Brasil.

Como o título sugere, o livro aborda diversas perspectivas relacionadas aos Polos Varejistas de Rua, e destina-se principalmente para três principais públicos-alvo:

a) Comunidade Empresarial Varejista, tanto para empreendedores, diretores e gerentes de expansão de empresas varejistas, mas também para os dirigentes de associações varejistas, por serem em geral a entidade que poderá desempenhar ativo papel em processos de revitalização dos polos varejistas.

b) Gestores Públicos, especialmente as lideranças responsáveis pelo desenvolvimento e planejamento urbano da cidade, visando estimular o desenvolvimento de maior parceria com as comunidades varejistas, visando a revitalização das regiões centrais e dos polos varejistas regionais das cidades.

c) Comunidade Acadêmica, formada pelos professores, pesquisadores e alunos de cursos de Graduação e Pós-graduação em áreas como Varejo, Gestão Pública e Urbanismo, para que possam gerar mais conhecimento sobre o importante e ainda pouco pesquisado tema dos Polos Varejistas de Rua.

Como já vem ocorrendo em muitos outros países, fica então aqui nosso desafio e estímulo para que gestores públicos e líderes varejistas do Brasil, com ideal e visão de longo prazo, exercitem também suas capacidades de liderança empreendedora ao desenvolverem projetos para o desenvolvimento de parcerias público-privadas visando a melhoria e dinamização dos polos varejistas de rua. Objetiva-se assim promover um processo de ganha-ganha--ganha – aumentando os resultados dos varejistas, aprimorando a atuação da gestão municipal, e melhorando o conforto, satisfação e segurança dos clientes – ou seja, estimulando maior qualidade de vida nas cidades.

Juracy Parente
Luís Fernando Varotto
Ana Paula Miotto
Marcelo Moll Brandão

Sumário

Sobre os Autores 7

Nota dos Organizadores 11

1. A Importância dos Polos Varejistas de Rua 21
Juracy Parente, Marina Henriques Viotto, Paula Martins

    Introdução 21
    1 Centralidade e Classificação dos Aglomerados Varejistas
       em Cidades Policêntricas 24
    2 Semelhanças e Diferenças entre Shopping Centers
       e Polos Varejistas de Rua 28
       2.1 Semelhanças entre os Polos Varejistas de Rua
           e os Shopping Centers 28
       2.2 Diferenças Entre os Polos Varejistas de Rua
           e os Shopping Centers 29
    3 Políticas Públicas e o Esforço de Preservação
       dos Polos Varejistas de Rua 31
    4 São Paulo: Shopping Centers e Polos Varejistas de Rua 36
    5 Tamanho ($) do Varejo no Brasil e Importância
       dos Polos de Rua 43
    Conclusão 50
    Referências 51

2. Comportamento e Preferências do Consumidor
   para Polos de Rua................................ 53
Ana Paula Miotto, Marcelo Moll Brandão, Juracy Parente,
Marina Henriques Viotto

   Introdução.. 53
   1 Satisfação dos Consumidores e Patronage intention:
      Shopping centers e polos varejistas de rua 56
   2 Fatores que Influenciam a Atratividade e a Percepção de Valor
      para os Aglomerados Varejistas..................... 59
   3 Valores de Compra Hedônico e Utilitário 64
   4 Crowding 68
   5 Perfil do Consumidor Polos Varejistas de Ruas 70
   6 Mudanças na nova jornada de compra do consumidor:
      Omnichannel e Showrooming 72
   Conclusão.. 75
   Referências...................................... 76

3. Evolução de Formatos de Lojas Físicas e de Polos Varejistas
   de Rua 79
Ana Paula Miotto, Juracy Parente

   Introdução.. 79
   1 Varejo Tradicional e Varejo Moderno 80
   2 Características do Varejo e dos Aglomerados Varejistas
      em Países Emergentes e Países Desenvolvidos 83
   3 Formatos Varejistas: Definições 85
   4 Evolução de Formatos: Teorias 86
   5 Pesquisa Sobre os Formatos do Varejo de Vestuário
      em São Paulo 89
   6 Evolução Formatos: Proposta de Modelo
      para Países Emergentes 94
   7 Níveis de Evolução de Polos Varejistas de Rua 97
   Conclusão.. 99
   Referências 101

4. Revitalização de Polos Varejistas de Rua:
   Experiências de Sucesso na Europa 103
Luís Fernando Varotto

Introdução.................................... 103
1 Polos Varejistas de Rua 104
1.1 Mas qual o Papel dos Polos Comerciais de Rua
    como Canal de Compras?..................... 104
2 Classificação dos Polos de Rua..................... 106
3 Principais Dimensões para a Vitalidade dos Polos de Rua 107
4 Sensação Única de Lugar......................... 108
5 Espaço Público Atraente......................... 110
6 Planejamento 114
7 Acessibilidade............................... 116
8 Segurança e Limpeza............................ 118
9 Regime Fiscal e Regulatório Favorável................. 119
Conclusão................................... 120
Referências.................................. 121

5. Revitalização dos Polos Varejistas de Rua:
   Análise de Três Casos em São Paulo.................... 123
André Luiz B. da Silva, Juracy Parente

Introdução................................... 123
1 Os Modelos Adotados em Outros Países para a Revitalização
   dos Polos Varejistas.......................... 125
2 Os Três Polos Analisados neste Capítulo 129
3 Origem dos projetos de revitalização................. 133
4 O Início do Processo e a Busca da Adesão dos Lojistas 136
5 A Concepção do Projeto de Revitalização 139
6 A Relevância das Parcerias 140
7 Os Resultados e as Mudanças do Processo da Revitalização 141
Conclusão................................... 142
Referências.................................. 145

6. Largo da Batata: Uma Análise da Intervenção Pública
   que Enfraqueceu o Varejo de Rua..................... 149
Daniel Manzano, Viviane Rocha, Luis Fernando Varotto

Introdução................................... 149
1 Largo da Batata: Histórico e Evolução até os Dias Atuais 150
2 Motivações para a Restauração do Largo da Batata........... 152

3 O Processo de Gentrificação e os seus Efeitos
sobre a Região do Largo da Batata 154
4 "Plano de Revitalização do Largo da Batata": a Reforma 155
5 Resultados das Entrevistas 157
   5.1 Pontos Positivos 158
   5.2 Pontos Negativos. 160
   5.3 Conflitos de Interesses e Consciência dos Impactos
      Observados na Região 161
   5.4 Entrevistas com Varejistas 163
6 As Melhores Práticas de Revitalização de Polos Varejistas:
   Projeto do Largo da Batata 166
   6.1 Sensação Única de Lugar. 166
   6.2 Espaço Público Atraente 167
   6.3 Planejamento 168
   6.4 Acessibilidade 169
   6.5 Segurança e Limpeza. 170
   6.6 Regime Fiscal e Regulatório Favorável. 171
Conclusão 172
Referências. 175

7. Corredores Comerciais em Municípios de Médio Porte:
O Caso de Piracicaba/SP 177
Hermes Moretti Ribeiro da Silva, Eduardo Eugênio Spers

   Introdução. 177
   1 Evolução e Caracterização dos Corredores Comerciais de Piracicaba
     e a Perspectiva da Central Place Theory (Teoria da Localização Central) . 178
     1.1 Corredores Comerciais da Região Central 181
     1.2 Corredores Comerciais Periféricos 186
   2 A Influência do Ambiente Institucional
     e das Associações de Interesse Privadas e Públicas sobre
     os Corredores Comerciais 191
   3 A Percepção dos Varejistas nos Corredores Comerciais Centrais
     e Periféricos de Piracicaba 196
   4 A Percepção Sobre a Escolha pelo Corredor Comercial 196
   5 A Percepção sobre o Desempenho do Varejista 200
   6 Percepção sobre o Ambiente Institucional e Competitivo 203
   Conclusão 205
   Referências. 208
   Notas de Fim 209

8. A Experiência do Sebrae na Revitalização de Polos Varejistas de Rua ... 211
Maurício Tedeschi

Introdução 211
1 Modelo Sebrae para Revitalização de Polos Varejistas de Rua 213
2 Estruturando a Intervenção 216
3 A Escolha do Território 217
4 Articulação com Parceiros 217
5 Pesquisas e Diagnósticos 219
6 O Processo da Revitalização 219
7 A Identidade Local 221
8 Ações Promocionais Conjuntas 223
9 Projetos de Referência 224
10 Boas Práticas 227
11 Aprendizados 229
12 Tendências: a Redescoberta da Rua Comercial 230
Conclusão 234
Referências 235

9. Propostas e Desdobramentos do Novo Plano Diretor Estratégico do Município de São Paulo para as Atividades Varejistas de Rua 237
Larissa Campagner, Valter Caldana

Introdução 237
1 Planejamento Urbano e Varejo 238
   1.2 O Varejo no PDE/2014 240
   1.3 A Estratégia Territorial 242
   1.4 Desenvolvimento Econômico: Redes e Polos 245
   1.5 Os Instrumentos Urbanísticos 247
2 O Novo Plano, Eixos de Estruturação, e Atividades de Varejo de Rua 249
3 Desdobramentos da Implantação do Plano e Seus Impactos na Formação de Novas Centralidades 258
Conclusão 263
Referências 267

10. Política Urbana e Comércio de Rua na Cidade de São Paulo 269
Fernando de Mello Franco, Giselle Kristina Mendonça Abreu

    Introdução. 269
    1 Modelos de Estruturação Urbana 271
    2 Plano Diretor Estratégico da Cidade de São Paulo. 274
    3 Lei de Parcelamento, Uso e Ocupação do Solo (Zoneamento). 279
    Conclusão 285
    Referências. 289

11. O Sucesso dos BIDs: Modelo de Parceria Público-Privada
    para Revitalização Urbana 291
Daniel Manzano, Juracy Parente

    Introdução 291
    1 Entendendo o Modelo dos BIDs 295
        1.1 Estrutura, Características e Tipos. 295
        1.2 Organização e Arranjo Legal 297
        1.3 Modelos de Captação de Recursos 299
        1.4 BIDs: Exemplos 300
            1.4.1 Auckland Region Business Improvement District Model 301
            1.4.2 BID Saint Austell 302
            1.4.3 BID na Cidade de Nova Iorque, Estados Unidos 303
    2 BIDs: Vantagens e Desvantagens 306
        2.1 BIDs: Pontos Fortes e Bons Resultados 306
        2.2 BIDs: Condições Ideias para o sucesso dos Bids 307
        2.3 Questionamentos e Críticas Sobre BIDs 308
    3 Desafios a Serem Superados no Brasil 310
    Conclusões. 312
    Referências. 315

1. A Importância dos Polos Varejistas de Rua

Juracy Parente
Marina Henriques Viotto
Paula Martins

Introdução

Como em outros países, os polos varejistas de rua no Brasil continuam sendo responsáveis por grande parte do comércio nas cidades, sendo ainda os detentores da maior parte das vendas de varejo de não alimentos nas cidades brasileiras[1]. Compostos por centenas de lojas que funcionam como um aglomerado sinérgico de produtos e serviços, os polos varejistas de rua estão intensamente integrados à região onde se localizam, assumindo assim um papel essencial no desenvolvimento e vitalidade das cidades. Originalmente localizados nos centros das cidades e atualmente também espalhados em diversas regiões das grandes metrópoles, os polos varejistas de rua satisfazem grande parte das necessidades de compra de produtos e serviços, facilitando assim a vida dos consumidores da região. Contribuem não só para o dinamismo urbano, mas também estimulam a economia e qualidade de vida das áreas onde estão localizados[2]. No entanto, devido ao aumento da concorrência com shoppings centers, aglomerados planejados que apresentam vantagens competitivas de lazer, segurança e infraestrutura adequada

---

[1] PARENTE, J. et al. *Polos de Rua:* Achados de Pesquisa Empírica na Cidade de São Paulo. Rio de Janeiro: XXXV Enanpad, 2011.
[2] PRYOR, Susie; GROSSBART, Sanford. Ethnography of an American main street. *International Journal of Retail & Distribution Management*, 2005.

aos consumidores, a vitalidade dos polos varejistas de rua já começa a ser ameaçada, e, em muitos casos, como nos centros de muitas cidades brasileiras, já entraram em declínio e degradação. Esse processo de degradação provoca graves consequências negativas para as cidades, como aumento da criminalidade, depreciação imobiliária e redução da vitalidade e qualidade de vida de toda a região.

Muitos países da Europa e América do Norte já reconheceram que a revitalização dos polos de rua exerce uma decisiva influência positiva na qualidade de vida das cidades, e vem dedicando grande atenção à redinamização dos centros urbanos (*downtown* ou *urban centres*) e dos polos varejistas de rua (*main street* ou *high street*). Esses esforços podem ser constatados em diferentes esferas, tais como: na formação de diversas instituições governamentais centradas nesse objetivo (exemplo: *British Retail Consortium*); no desenvolvimento de modelos institucionalizados de parceria público-privada denominados de BID (*Business Improvement Districts*) e de TCM (*Town Center Management*) para promoverem a revitalização dos centros urbanos[3][4]; nas intensas atividades desenvolvidas por centenas de associações varejistas para promover projetos de renovação urbana (*British Retail Consortium* no Reino Unido e *National Main Street Center* nos Estados Unidos); e também no interesse da academia desses países (como o *Institute of Retail Studies* da *University of Stirling*, Reino Unido) na realização de pesquisas e publicações sobre esse tema[5]. Só na América do Norte, estima-se que cerca de mil projetos BID já tenham sido desenvolvidos. No Brasil, entretanto, exceto algumas contribuições pioneiras – como as realizadas pelo Sebrae em projetos de revitalização de ruas em cidades brasileiras e de algumas outras corajosas iniciativas lideradas por varejistas – a gestão pública das cidades, as associações varejistas e os próprios varejistas ainda não despertaram para a necessidade de estimularem e apoiarem a implantação bem-sucedida desses projetos de parcerias público-privadas.

---

[3] MORÇÖL, Göktug; WOLF, James F. Understanding business improvement districts: A new governance framework. *Public Administration Review*, 2010.
[4] COCA-STEFANIAK, Jose Andrés et al. *Town centre management models:* A European perspective. Cities, 2009.
[5] FINDLAY, Anne; SPARKS, Leigh. *Literature review:* policies adopted to support a healthy retail sector and retail led regeneration and the impact of retail on the regeneration of town centres and local high streets. 2009.

1. A Importância dos Polos Varejistas de Rua

Ao investigar diferentes aspectos do processo de planejamento urbano e de esforços para revitalização dos polos varejistas de ruas, este livro visa exatamente incentivar o desenvolvimento de políticas públicas e de parcerias público-privadas direcionadas para a redinamização dos polos varejistas de rua e, consequentemente, da melhoria da qualidade de vida em regiões vitais das cidades brasileiras. Nesse capítulo introdutório, temos como objetivo ressaltar a importância dos polos varejistas de rua e apresentar e analisar algumas de suas características. Após essa primeira seção de introdução, o capítulo está estruturado nas seguintes seções:

A segunda parte do capítulo introduz os conceitos da *Central Place Theory* que ajudam a descrever e explicar o processo hierárquico e policêntrico que vem, em geral, ocorrendo nas cidades em relação a evolução dos aglomerados varejistas;

A seção seguinte procura identificar não só as diferenças, mas também as semelhanças entre os dois tipos de aglomerados varejistas: polos varejistas de rua e shopping centers;

A quarta seção destaca o papel e a crescente importância dos polos varejistas de rua na preservação da vitalidade e da qualidade de vida das cidades, apresentando uma breve perspectiva das políticas públicas que países desenvolvidos dão para a preservação e dinamização dos polos varejistas de rua, devido aos riscos da deterioração e decadência urbana que ocorre quando esses polos entram em declínio, como já vem ocorrendo nos centros das cidades brasileiras;

Com base nos dados e mapas da cidade de São Paulo, a seção seguinte mostra que, como outras grandes cidades, São Paulo apresenta uma característica de policentralidade ao ter mais de uma centena de polos varejistas e shopping centers espalhados pela cidade, destacando a intensa concorrência que existe entre esses dois tipos de aglomerados varejistas. A seção também detalha os resultados de pesquisas sobre a composição dos tipos e setores varejistas em três polos do comércio de rua na cidade de São Paulo;

Na última seção, o capítulo desenvolve estimativas do tamanho do mercado varejista no Brasil, e ressalta que apesar do crescimento contínuo dos shopping centers, os polos varejistas de rua ainda registram cerca do dobro das vendas. Os polos varejistas de rua são, portanto, responsáveis pela maior parte das vendas do varejo de não alimentos do país.

1 Centralidade e Classificação dos Aglomerados Varejistas em Cidades Policêntricas

Com menos de 15% da população vivendo em áreas rurais, o Brasil é um país predominantemente urbano, resultado da rápida expansão e estruturação das metrópoles e cidades brasileiras ocorrida na segunda metade do século XX. Na fase inicial da formação das metrópoles no Brasil, a região central da cidade concentrava as principais atividades econômicas, de gestão pública e privada, e em seu entorno se localizavam também as residenciais da população das classes sociais mais altas (SPOSITO, 2004). Dotada de uma razoável infraestrutura urbana, para onde convergiam os sistemas de transporte público, essa região consistia no principal "centro comercial da cidade". Consistente com a "teoria do local central" (central place theory), desenvolvida por Christaller[6] e Lösch[7], essas regiões exercem a função mais importante (ou de maior "hierarquia) de "centralidade" para cidade, pois aí estava localizada a oferta da mais extensa gama de produtos e serviços disponíveis acessados por toda a população da cidade. De maneira geral, essa região continua a ser o polo varejista mais importante das cidades, apresentando também uma extensa gama de varejo de produtos especializados. À medida que a cidade cresce e a população se expande em áreas mais afastadas da região central (1ª hierarquia), novos aglomerados varejistas surgem, para atender de forma mais conveniente as necessidades desses novos agrupamentos demográficos[8]. Em torno das áreas centrais das cidades brasileiras, observou-se o crescimento de bairros de classe alta e média, estimulando o desenvolvimento de outros aglomerados varejistas: os shoppings centers e polos varejistas de bairro. Na periferia houve um intenso crescimento populacional de classes de renda mais baixa formada principalmente pelos migrantes das zonas rurais[9]. Essa população ascendeu economicamente ao longo das últimas décadas estimulando, assim, o desenvolvimento de importantes polos varejistas de rua que oferecem uma extensa e variada gama de bens e serviços nessas regiões.

---

[6] CHRISTALLER, Walter. *Central places in southern Germany.* Englewood Cliffs: Prentice Hall, 1966.
[7] LOSCH, A. *The economics of location.* New Haven: Yale University, 1954.
[8] PORTAS, Mary. *The Portas Review: An independent review into the future of our high streets.* Department for Business, Innovation and Skills, 2011.
[9] LACERDA, Norma; MENDES ZANCHETI, Sílvio; DINIZ, Fernando. *Planejamento metropolitano:* uma proposta de conservação urbana e territorial. Eure: Santiago, 2000.

1. A Importância dos Polos Varejistas de Rua

Buscando entender a relação geográfica entre as densidades populacionais e a dispersão ou concentração geográfica das atividades econômicas da cidade, os trabalhos pioneiros de pesquisadores como Losch e Christaller estabeleceram as bases da *Central Place Theory* (ou Teoria do Lugar Central), que oferece um valioso arcabouço conceitual para descrever e explicar a distribuição geográfica das aglomerações econômicas, como os polos varejistas, ao longo de uma região (São Paulo, por exemplo). A *Central Place Theory* ajuda a explicar as características de localização dos aglomerados varejistas[10], ao identificar a existência de um sistema hierárquico na concentração e dispersão geográfica dos aglomerados econômicos em um mesmo mercado. Considerando o grau das centralidades que diferentes aglomerados de certa atividade econômica conseguem exercer[11], grandes cidades podem ser consideradas como policêntricas, em geral registrando três níveis hierárquicos, de acordo com o grau de centralidade e gama de produtos e serviços oferecida. A Figura 1, a seguir, apresenta uma ilustração dos três níveis hierárquicos e, em seguida, são detalhados estes três níveis.

Figura 1 – Hierarquia dos aglomerados varejistas em uma grande cidade

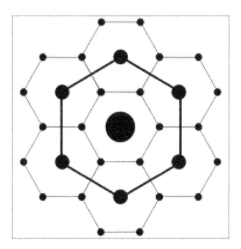

Legenda: Esfera maior: representa centralidade de 1ª hierarquia ou centro da cidade; Esferas médias: representam centralidade de 2ª hierarquia ou polos varejistas e shoppings; Esferas pequenas: representam centralidade de 3ª hierarquia ou pequenos aglomerados de lojas ou pequenos shoppings de conveniência

---

[10] MULLIGAN, Gordon F. Agglomeration and central place theory: a review of the literature. *International Regional Science Review*, 1984.
[11] MULLIGAN, op. cit.

Aglomerado Varejista do Centro da Cidade: é o de maior hierarquia em seu papel de centralidade, pois atrai consumidores e exerce influência em toda a cidade e região. Esse alto grau de centralidade está associado à oferta de variedade muito grande de produtos e serviços, incluindo também especialidades para atender às necessidades específicas de nichos de mercado. Na fase inicial da formação das metrópoles no Brasil, o centro concentrava as atividades econômicas principais, a infraestrutura urbana e as áreas residenciais da população das classes sociais mais altas além de concentrarem as atividades de gestão pública e privada[12]. Nesse cenário, surgem os polos comerciais de rua, ou centros comerciais não planejados na zona central das cidades. Estes polos comerciais se formaram em torno da região onde convergiam os sistemas de transporte público, constituindo de maneira geral o complexo comercial mais importante das cidades com uma grande concentração de ofertas varejistas[13]. À medida que a cidade cresce e a população se expande em torno das regiões centrais, o aglomerado principal (1ª hierarquia) de oferta de bens e serviços torna-se menos conveniente para atender à ampla e variada gama de necessidades dos novos agrupamentos demográficos mais distantes do centro, estimulando assim o surgimento de novos centros secundários – de 2ª hierarquia[14].

Aglomerado varejista do Bairro ou polos secundários: são os de 2ª maior hierarquia, pois atraem consumidores de toda uma parte da cidade ou de um bairro. Seu grau médio de centralidade está associado à oferta de variedade grande ou média de produtos e serviços, para atender às necessidades gerais de sua região. Nas grandes cidades brasileiras, o desenvolvimento dos centros varejistas de 2ª hierarquia tem início em meados dos anos 1970 e é intensificado nos anos 1980, com a formação das áreas residenciais de alta renda mais afastadas do centro das cidades. Como resultado desse modelo, os centros históricos das cidades foram muito prejudicados e gradativamente abandonados por muitas das atividades comerciais e de serviços deixando de ser a região de residência das classes de renda mais alta. Houve uma desvalorização econômica das regiões centrais, que foi seguida de uma

---
[12] SPOSITO, Maria Encarnação Beltrão. *O chão em pedaços: urbanização, economia e cidades no Estado de São Paulo*. UNESP, Presidente Prudente, 2004.
[13] PARENTE, Juracy Gomes; BARKI, Edgard. *Varejo no Brasil*: gestão e estratégia. São Paulo: Atlas, 2014.
[14] PORTA S. et al., 2011, op. Cit.

desvalorização cultural e social[15]. Nas grandes cidades, os polos varejistas de bairro e os shoppings centers podem ser considerados como exemplos de centralidades de 2ª hierarquia. Ao localizarem suas lojas nas proximidades de outras, e assim formarem aglomerados de varejo. Os varejistas, por sua vez, desenvolvem uma "atratividade cumulativa" devido à sinergia que exercem entre si ao apresentarem uma oferta mais ampla e variada de produtos e serviços que proporciona maior conveniência e satisfação ao consumidor[16]. E, em escala menor, esse mesmo processo hierárquico de dispersão e concentração se repete, com o surgimento de pequenos aglomerados varejistas (3ª hierarquia).

Polo Varejista de Vizinhança: os polos de 3ª hierarquia procuram atender as necessidades mais imediatas de bens e serviços de conveniência (remédios, alimentos, serviços) das vizinhanças mais próximas, que estão um pouco mais afastadas dos polos secundários. Exercem assim um menor grau de centralidade, pois seu poder de atração se restringe às áreas vizinhas, com uma oferta de produtos e serviços básicos e de conveniência, atendendo às necessidades mais corriqueiras de sua vizinhança. Em regiões de baixa renda, a população tem sua mobilidade reduzida pela falta de veículo próprio e pela limitada disponibilidade de recursos para o transporte coletivo. Essa limitação acaba por fortalecer o desenvolvimento dos polos varejistas de vizinhança.

Essa configuração confirma a lógica desenvolvida pelos modelos gravitacionais de varejo ao estabelecerem que a atratividade de cada aglomerado varejista varia diretamente com a gama e qualidade de bens e serviços oferecidas, e inversamente à distância ou custo de deslocamento até cada aglomerado. Como já vimos, um dos achados mais marcantes nos estudos dos modelos baseados na *Central Place Theory* é que, em geral, a distribuição geográfica das atividades varejistas das cidades tendem a refletir um sistema hierárquico exibindo certas regularidades na matriz de bens e serviços oferecidos[17]. Apesar de certa regularidade, a intensa variação na dinâmica do sistema urbano, provoca uma frequente variação na evolução e na vitalidade

---

[15] LACERDA; ZANCHETI; DINIZ, 2000, op. Cit.
[16] TELLER, Christoph; REUTTERER, Thomas; SCHNEDLITZ, Peter. Hedonic and utilitarian shopper types in evolved and created retail agglomerations. *The International Review of Retail, Distribution and Consumer Research*, 2008.
[17] TABUCHI, Takatoshi; THISSE, Jacques-François. A new economic geography model of central places. *Journal of Urban Economics*, v. 69, n. 2, p. 240-252, 2011.

dos diferentes aglomerados varejistas, alguns em declínio, outros em expansão, às custas da perda de competitividade de outros centros. O Quadro 1, abaixo, resume as características dos aglomerados varejistas de acordo com seus diferentes graus de hierarquia, e ilustram o seu posicionamento em grandes cidades.

Quadro 1 – Resumo das características das diferentes hierarquias dos Aglomerados Varejistas

Tipo de Aglomerado / Características	Aglomerado Central	Aglomerado de Bairro (Polos varejistas de rua e/ou shopping centers)	Aglomerado de Vizinhança
Hierarquia no papel da Centralidade	Maior; 1ª Hierarquia	Mediana; 2ª Hierarquia	Menor; 3ª hierarquia
Exerce Influência em	Toda a Cidade	Parte da Cidade ou Bairro	Áreas Vizinhas
Variedade da Oferta de Bens e Serviços	Muito Grande	Grande a Média	Pequena
Tipo de Bens e serviços	Especialidades, Compra comparada, Conveniência	Compra Comparada, Conveniência	Conveniência

2 Semelhanças e Diferenças entre Shopping Centers e Polos Varejistas de Rua

2.1 Semelhanças entre os Polos Varejistas de Rua e os Shopping Centers

Em geral, lojas que vendem produtos de compra comparada (como eletrodomésticos e confecções) tendem a serem localizadas próximas uma das outras, satisfazendo assim as preferências dos clientes de compararem as diferentes alternativas oferecidas pelos varejistas, assim fortalecendo a atratividade desse conjunto de lojas. Ao localizarem suas lojas nas proximidades de outras, formando aglomerados de varejo, os varejistas desenvolvem o que é chamado de atratividade cumulativa devido à sinergia que exercem entre si ao apresentarem uma oferta mais ampla e variada de produtos e serviços que proporciona maior conveniência e satisfação ao consumidor[18]. Nas grandes cidades, os polos varejistas de bairro e os grandes shoppings centers podem ser considerados como exemplos de centralidades de 2ª hierarquia, ao satisfazerem semelhantes tipos de necessidades dos consumidores.

Algumas outras semelhanças tendem a caracterizar tanto os polos varejistas de rua como os shopping centers. A composição das lojas apresenta um padrão semelhante tanto em shopping centers como em polos varejistas de rua. Nesses dois tipos de aglomerados varejistas, observa-se a presença tanto de algumas lojas maiores (lojas âncora) como também de muitas dezenas ou centenas de pequenas unidades, boa parte delas direcionadas para o varejo das linhas soft (confecções, bolsas, calçados, cosméticos). Verifica-se também a presença intensa de varejo de serviços, como os de alimentação fora de casa, serviços bancários, de beleza e saúde. De certa forma shopping centers e polos varejistas de rua concorrem entre si, refletindo assim suas semelhanças. Ambos são sistemas vivos, cuja vitalidade irá depender tanto da inter-relação saudável, complementar e equilibrada entre os seus componentes, quanto da intensa relação de troca com o meio.

2.2 Diferenças Entre os Polos Varejistas de Rua e os Shopping Centers

Apesar de suas semelhanças, existem muitas diferenças entre os shopping centers e polos varejistas de rua, indicadas a seguir:

a) Diferente de países desenvolvidos, os shopping centers no Brasil estão, em geral, mais direcionados para consumidores de classes de renda mais alta, enquanto os polos varejistas de rua em geral atraem consumidores dos segmentos de renda mais baixa. Verifica-se, entretanto, uma nova tendência de alguns shoppings abrirem em regiões de classes de renda mais baixas;

b) Os shopping centers são agrupamentos de loja planejados, de forma a garantir um equilíbrio e sinergia entre os diferentes setores varejistas. A composição dos diferentes setores dos polos varejistas de rua

---

[18] TELLER; REUTTERER; SCHNEDLITZ, 2008, op. Cit.

é fruto de um processo natural sem qualquer ordenação e decorre das iniciativas individuais dos diferentes lojistas, sem planejamento coletivo inicial;

c) Em geral, toda a área do shopping center pertence a uma única empresa que gerencia o espaço, enquanto em polos de rua a propriedade é atomizada, com espaços individuais pertencentes ou alugadas a cada lojista;

d) Por ter uma gestão centralizada, os shopping centers conseguem desenvolver fortes esforços promocionais, especialmente em datas festivas. Os polos varejistas de rua, entretanto, têm dificuldade de articulação entre os seus lojistas para desenvolverem esforços integrados de marketing;

e) Em geral, a instalação de um novo shopping center exige a disponibilidade de uma grande área, o que estimula sua localização em regiões de menor densidade populacional. Os polos varejistas de rua por outro lado, surgem espontaneamente pela localização de lojas que vai se formando nas regiões centrais de maior densidade populacional da região e com fácil acesso em transporte coletivo das regiões mais afastadas em torno do centro;

f) Enquanto é comum que boa parte dos consumidores acessem os shopping centers de carro, os polos varejistas de rua costumam ser acessados a pé por clientes que utilizam o transporte coletivo;

g) Enquanto a existência de estacionamento é pré-planejada e bastante ampla nos shopping centers, a disponibilidade de estacionamentos em polos varejistas de rua tende a ser escassa ou não existente;

h) Os shopping centers apresentam uma infraestrutura muito confortável aos consumidores, com ar condicionado, proteção atmosférica, banheiros, áreas de descanso e de lazer. Por outro lado, a maioria dos polos varejistas de rua não oferecem essas vantagens aos seus clientes;

i) Diferente dos shopping centers onde a grande maioria das lojas pertence às redes varejistas de grande e médio porte, estudos[19] mostram que boa parte das lojas localizadas nos polos varejista de rua são de

---

[19] MIOTTO, Ana Paula; PARENTE, Juracy Gomes. *Retail evolution model in emerging markets:* apparel store formats in Brazil. International Journal of Retail & Distribution Management, v. 43, n. 3, p. 242-260, 2015.

pequenos varejistas que operam uma única loja e costumam empregar seus familiares nessa atividade. Em geral essas lojas foram criadas por pequenos empreendedores que ainda moram na região, indicando, portanto, que o polo varejista de rua exerce um forte papel como gerador de renda no bairro onde está localizado. Por terem clientes que moram na vizinhança, os pequenos lojistas mantêm um forte relacionamento com muitos de seus clientes, o que reforça o vínculo entre o polo varejista e a comunidade;

j) Os polos varejistas de rua são sistemas intensamente integrados com a região onde estão localizados e mantêm uma intensa relação de troca com seu entorno imediato. O dinamismo ou decadência do polo de rua tem um efeito direto na qualidade de vida e na vitalidade de sua região. Os shopping centers, reunião de lojistas em construções fechadas, apresentam uma relação menos intensa com seu entorno. Assim, o fracasso de um shopping center não necessariamente irá afetar a qualidade de vida da região;

k) Os polos varejistas de rua são sistemas com acessos facilitados pelos meios de transporte coletivo, dessa forma sendo mais democráticos ao permitirem e estimularem a convivência e integração de diferentes segmentos sociais. Os shopping centers, entretanto, são muito direcionados para consumidores de renda mais alta, e ocasionalmente ainda são palco de casos de discriminação social e racial[20].

3 Políticas Públicas e o Esforço de Preservação dos Polos Varejistas de Rua

No Brasil, a grande concentração de pessoas que vive nas periferias das grandes cidades acabou estimulando o desenvolvimento de uma atividade comercial intensa, para atender essa comunidade. A população que vive nessas regiões tem sua mobilidade reduzida pela falta de veículo próprio e pela pequena disponibilidade de recursos para o transporte coletivo, o que acaba por fortalecer a opção pelo comércio da vizinhança. Entretanto, com a tendência da instalação de shopping centers próximos dessas regiões, a (re)conquista dos consumidores pelos polos comerciais de rua passa

---

[20] MIOTTO; PARENTE, 2015, op. Cit.

necessariamente pela revitalização destas áreas, com o objetivo de torná-las mais seguras e atraentes ao consumidor. Não se trata de uma tarefa fácil, uma vez que implica em investimentos públicos e, muitas vezes, na alteração do composto de lojas para que a região fique mais atrativa. Apesar de promissor, o mercado de consumo existente nas regiões de baixa renda ainda é pouco reconhecido e até despercebido para boa parte dos grandes empresários varejistas[21]. Isso ocorre porque a expansão dos bairros de baixa renda é relativamente recente e acontece longe dos olhos dos empresários acostumados a conviver nas regiões centrais ou em polos varejistas de maior poder aquisitivo. É comum que muitos dirigentes de empresas varejistas não visitem os bairros de baixa renda, ficando mais circunscritos aos bairros mais ricos e em centros comerciais de maior prestígio[22]. Muitos deles nunca circularam nos bairros de baixa renda e este distanciamento os separa da identificação de locais e formatos de lojas para empreendimentos futuros. Além desse distanciamento geográfico, existe ainda um forte preconceito social no Brasil, um sentimento de perda de prestígio e status no caso de um direcionamento da empresa para o atendimento das necessidades das classes mais populares. O sucesso e prestígio conquistados por grandes varejistas como Casas Bahia e Magazine Luiza, com lojas localizadas essencialmente em polos varejistas de rua, tem ajudado a quebrar esse paradigma[23].

Conforme extensa revisão da literatura desenvolvida pelo *Institute of Retail Studies da University of Stirling*[24], a atratividade do aglomerado varejista é influenciada por uma ampla gama de características, tais como: composição do tenant mix (tipos e qualidade dos varejistas), presença de lojas "âncoras", evolução das vendas das lojas, vantagem competitiva do polo em relação aos seus concorrentes, taxa de vacância (lojas fechadas), intensidade da conservação e reforma das lojas, facilidade de acesso, transporte público, estacionamento, segurança, mobiliário urbano e infraestrutura (conforto e serviços). No Brasil, quando comparado aos shoppings centers, os polos varejistas de rua apresentam fortes desvantagens competitivas, tais como calçadas estreitas e esburacadas, mobiliário urbano mal conservado,

---

[21] PARENTE, Juracy; MIOTTO, Ana; BARKI, Edgard. Polos comerciais de rua. *GV-executivo*, v. 6, n. 6, p. 49-54, 2007.
[22] PARENTE; MIOTTO; BARKI, 2007, op. Cit.
[23] PARENTE; MIOTTO; BARKI, 2007, op. Cit.
[24] FINDLAY; SPARKS, 2009, op. Cit.

pouca iluminação, falta de segurança, ausência de itens de conforto como banheiros públicos, e pouco estacionamento[25]. Apesar da contínua expansão dos shopping centers, os polos varejistas de rua no Brasil são espaços mais democráticos que favorecem a maior vitalidade das ruas; são responsáveis pela maior parte das vendas do varejo de não-alimentos e apresentam não só relevância econômica, mas também desempenham um fundamental papel na vitalidade e na qualidade de vida das regiões onde estão localizados. Diferentemente dos shopping centers – sistemas mais isolados e cercado por muros que tornam a cidade menos integrada tanto do ponto de vista urbanístico como também social e humano – os polos varejistas de rua são sistemas mais abertos que mantêm uma intensa relação de troca com a região onde estão localizados, favorecendo a qualidade de vida nas cidades, garantindo a maior vitalidade das ruas e contribuindo para humanizar e melhor integrar socialmente a cidade[26].

Ao longo das últimas décadas, as regiões centrais das cidades do Brasil e de vários países do mundo têm atravessado um processo de decadência social e econômica. Devido à concorrência crescente dos shoppings centers, a vitalidade dos polos varejistas de ruas vem sendo gravemente ameaçada. Como tem ocorrido no Brasil e em outras partes do mundo, quando um polo varejista entra em declínio, a região entra em decadência. Essa degradação dos centros urbanos provoca graves consequências para as cidades, como a falência ou fuga dos varejistas e de investidores, evasão dos consumidores, ruas mais desertas, aumento da criminalidade e das drogas, depreciação imobiliária, redução da atividade econômica, da atratividade, da vitalidade e da qualidade de vida nessas regiões[27] [28]. Reconhecendo a forte inter-relação entre o papel exercido pelas atividades varejistas e a dinâmica urbana, muitos dos projetos de recuperação dos centros das cidades na Europa e na América do Norte estão apoiados na revitalização dos polos varejistas

---

[25] PARENTE, Juracy; MIOTTO, Ana Paula; PLUTARCO, Francisca; BRANDÃO, Marcelo Moll, *Polos de Rua: Achados de Pesquisa Empírica na Cidade de São Paulo*. Rio de Janeiro: XXXV Enanpad, 2011.

[26] PARENTE et al., 2011, op. Cit.

[27] LOUKAITOU-SIDERIS, Anastasia. Revisiting inner-city strips: A framework for community and economic development. *Economic Development Quarterly*, v. 14, n. 2, p. 165-181, 2000.

[28] PRYOR, Susie; GROSSBART, Sanford. Ethnography of an American main street. International *Journal of Retail & Distribution Management*, v. 33, n. 11, p. 806-823, 2005.

de rua[29]. No Reino Unido, essas atividades de revitalização são catalisadas pela instituição governamental *British Retail Consortium*, e na América do Norte pelo *National Main Street Center*. Prevendo o impacto negativo da expansão dos shoppings sobre as regiões centrais, o governo inglês, a partir de 1980, restringiu fortemente a expansão desse tipo de empreendimento nas cidades inglesas[30].

Como será abordado mais detalhadamente nos artigos dos capítulos 4, 5 e 11 deste livro, a revitalização dos polos varejistas de rua já vem sendo intensamente adotada fora do Brasil por meio de modelos de parceria público-privada. Elas consistem em modelos já institucionalizados, denominados nos Estados Unidos de BID (*Business Improvement Districts*) e no Reino Unido de TCM (*Town Center Management*). Essas parcerias entre os varejistas e a gestão pública da região visam ampliar a atratividade dos polos varejistas e sua maior integração à região. Estimulados pela proatividade tanto dos varejistas locais como do poder público, essas parcerias desenvolvem planos estratégicos e definem investimentos[31] para promover melhorias públicas visando revitalizar uma determinada região comercial. As diferentes alternativas e investimentos de melhoria são cuidadosamente analisados, e incluem aspectos como: a infraestrutura, mobiliário urbano, calçadas, acessos, mobilidade, segurança e o conforto para os consumidores. Os resultados visam não só ampliar o número de clientes, mas também estimular a atração de novos investidores na região[32]. O histórico de décadas dessas experiências bem-sucedidas tem promovido o aperfeiçoamento contínuo desses modelos, o que assim encoraja e orienta a sua replicação em diferentes cenários.

---

[29] FINDLAY; SPARKS, 2009.
[30] THOMAS, Colin; BROMLEY, Rosemary; TALLON, Andrew. New 'high streets' in the suburbs? The growing competitive impact of evolving retail parks. *International Review of Retail, Distribution and Consumer Research*, v. 16, n. 1, p. 43-68, 2006.
[31] STUBBS, Barry; WARNABY, Gary; MEDWAY, Dominic. *Marketing at the public/private sector interface*: town centre management schemes in the south of England. Cities, v. 19, n. 5, p. 317-326, 2002.
[32] COOK, Ian R. *Mobilising urban policies:* The policy transfer of US Business Improvement Districts to England and Wales. Urban Studies, v. 45, n. 4, p. 773-795, 2008.

Como ocorre em outros países, o sucesso do desenvolvimento de projetos de parceria público-privada para a revitalização de um polo varejista tem sempre exigido forte liderança de um grupo de varejistas e do seu poder de articulação com os gestores públicos, que efetivamente acreditem nas vantagens da revitalização para a economia e qualidade de vida da região[33] [34].

No Brasil, as associações varejistas que já existem em vários polos varejistas de rua e as associações comerciais já formalizadas nas cidades poderão desempenhar um importante papel para promover modelos de parceria público-privada visando desenvolver projetos de revitalização. Nesse sentido, um exercício mais intenso de proatividade e de não-passividade deverá ser desenvolvido pelos varejistas brasileiros, que precisarão reconhecer, como já ocorre em outros países, o importante papel que poderão desempenhar no estímulo ao desenvolvimento e na implementação das parcerias público-privadas em sua região. Acreditamos que grandes redes varejistas que já operam nos polos varejistas de rua no Brasil poderiam operar como catalisadores desses processos de revitalização.

No Brasil, diferente de muitos outros países, exceto algumas contribuições pioneiras, como as realizadas pelo Sebrae em vários projetos de revitalização de ruas, a gestão pública das cidades, as associações varejistas, e a "academia", ainda não despertaram para essa prioridade, e assim não desenvolveram o conhecimento necessário para estimular e apoiar a implantação bem sucedida desses projetos de parcerias público-privada. Em São Paulo, por exemplo, alguns poucos esforços de revitalização (como os da Rua João Cachoeira e o da Rua Oscar Freire) só foram realizados devido a intensos esforços, pioneirismo e empreendedorismo institucional de lideranças locais[35]. A equipe de professores e pesquisadores do Centro de Varejo da FGV-EAESP tem realizado esforços iniciais no desenvolvimento de seminários, fóruns de debate, grupos de estudo, investigações e publicações sobre polos

---

[33] LIGERO, Francisco José Riquel; SÁNCHEZ, Alfonso Vargas. Las presiones institucionales del entorno medioambiental: aplicación a los campos de golf. *Revista Europea de Dirección y Economía de la Empresa*, v. 22, n. 1, p. 29-38, 2013.

[34] BEELITZ, A.; MERKL-DAVIES, D.M.,*Using Discourse to Restore Organisational Legitimacy: 'CEO-speak' After an Incident in a German Nuclear Power Plant*. Journal of Business Ethics, June 2012, Volume 108, HYPERLINK "https://link.springer.com/journal/10551/108/1/page/1" Issue 1, pp 101–120, 2012.

[35] JUNIOR, Adelson Silva; PARENTE, Juracy. Prejudice and Racial Discrimination in Retail Settings: Perceptions and Reactions of Consumers in an Emerging Market. In: *Academy of Marketing Science World Marketing Congress*. Springer, Cham, 2017. p. 291-305.

varejistas de rua e de seus processos de revitalização[36] [37]. Como indicamos anteriormente, esse livro visa exatamente ajudar a preencher essa lacuna, pois propõe-se a gerar um conhecimento sobre as características dos polos varejistas de rua de São Paulo, sensibilizar associações varejistas e gestores públicos para a prioridade da revitalização de centros urbanos e oferecer um elenco de sugestões para o desenvolvimento desses projetos.

4 São Paulo: Shopping Centers e Polos Varejistas de Rua

O mapa da Figura 2 mostra por meio de cores diferentes, e com base no censo do IBGE de 2010 (Instituto Brasileiro de Geografia e Estatística) por setor censitário, como estão distribuídas as regiões por renda da população. A distribuição geográfica da população na cidade de São Paulo tende a seguir uma graduação do nível econômico. Verifica-se que as áreas com rendas mais altas estão localizadas nas regiões mais próximas do centro da cidade, enquanto as regiões de renda mais baixa ficam localizadas nas partes mais afastadas das zonas Norte, Leste e Sul. Já as regiões de tom amarelo, em geral localizadas entre as classes altas e baixas são caracterizadas por uma população de baixa classe média. Levantamentos preliminares realizados pelos pesquisadores do GVcev–Centro de Excelência em Varejo (FGV-EAESP) revelam a existência de mais de uma centena desses grandes aglomerados varejistas da 2ª hierarquia espalhados pela cidade de São Paulo, sendo mais de 60 polos varejistas de rua e mais de 40 shopping centers[38], conforme ilustrado no mapa da Figura 2. De certa forma, a localização desses dois tipos de aglomerados varejistas reflete a forte polarização sócio-econômica do país. Enquanto a maioria dos shoppings situam-se em regiões de maior renda, o inverso ocorre com os polos varejistas de rua.

---

[36] PARENTE, Juracy; MIOTTO, Ana Paula; PLUTARCO, Francisca; BRANDÃO, Marcelo Moll, *Polos de Rua: Achados de Pesquisa Empírica na Cidade de São Paulo*. Rio de Janeiro: XXXV Enanpad, 2011.

[37] PARENTE, Juracy; BRANDÃO, Marcelo Moll; MIOTTO, Ana Paula; PLUTARCO, Francisca. *Main street retail districts or shopping centers? Comparing the preferences of low-income consumers*. Brazilian Business Review, v. 9, n. Special Ed, p. 154-179, 2012.

[38] PARENTE; BARKI, 2014, op. Cit.

Figura 2 – Principais Polos Varejistas de Rua de São Paulo

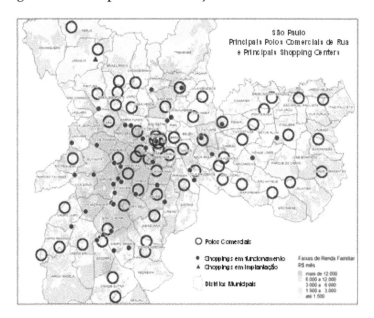

Fonte: Parente (2016) – Working Paper

Como o mapa indica, os shoppings estão concentrados nas regiões de classe mais alta[39]. Os consumidores de baixa renda tendem a comprar nos polos varejistas de ruas[40], que são locais mais democráticos, estão distribuídos em todas as regiões da cidade, boa parte deles localizada em populosas regiões periféricas das zonas Norte, Leste e Sul, atendendo assim de forma ampla a população não-motorizada de baixa renda desses bairros[41]. A recente tendência da localização de shopping centers em bairros de baixa classe média vem intensificando sua concorrência aos polos varejistas de rua.

Resultados de pesquisa (via observação tipo censo e de entrevistas com varejistas) realizadas na cidade de São Paulo em três grandes polos varejistas de rua em bairros periféricos de "baixa classe média"[42] revelaram algumas regularidades e diferenças entre esses aglomerados. Esses três polos, por

---

[39] PARENTE et al., 2012, op. Cit.
[40] MIOTTO, Ana Paula; PARENTE, Juracy Gomes. *Retail evolution model in emerging markets: apparel store formats in Brazil.* International Journal of Retail & Distribution Management, v. 43, n. 3, p. 242-260, 2015.
[41] PARENTE et al., 2012, op. Cit.
[42] PARENTE et al., 2012, op. Cit.

exemplo, apresentam uma participação semelhante, em torno de 50% tanto para os varejistas de produtos, como para os varejistas de serviços. Por outro lado, esses aglomerados apresentam diferenciais, como seus tamanhos diferentes e variadas tendências de evolução de vendas, conforme apresentado na Tabela 1. Enquanto o grande aglomerado de S. Miguel Paulista (com área de vendas total equivalendo a três grandes shopping centers) sinaliza uma tendência de declínio em seu ciclo de vida, os dois outros indicam que ainda estão em estágio de crescimento.

Tabela 1 – Características de Três Polos Varejistas de Rua (São Paulo)

Local – Bairro	S. Miguel Paulista	Vila Nova Cachoeirinha	Capão Redondo
Região da cidade de São Paulo	Leste	Norte	Sul
Número de unidades varejistas – bens e serviços	701	479	154
Área de vendas (m^2)	85.600	37.000	21.500
% de Varejistas de Produtos (Alimentos, Vestuário, Eletro, Móveis, Construção, Veículos e Artigos Diversos)	52%	51%	51%
% de Varejistas de Serviços (Alimentação, Financeiros, Educacionais, Médicos, Pessoais, Educacionais, Automotivos, e Serviços Diversos)	48%	49%	49%
% dos varejistas com vendas crescendo	20%	31%	36%
% dos varejistas com vendas declinando	34%	18%	16%

Diferente dos shopping centers onde a grande maioria das lojas pertence a redes varejistas de grande e médio porte, estudos revelam que cerca de dois terços das unidades varejistas dos polos de rua de São Paulo pertencem a pequenos empresários que possuem apenas uma única loja localizada no polo[43]. Um dos fatores que contribuem para fixação destes pequenos varejistas em seus bairros está relacionado aos custos de abertura e de operação

---

[43] MIOTTO; PARENTE, 2015, op. Cit.

de lojas. Para Parente e colegas[44] os custos de abertura de uma pequena loja em um polo varejista são inferiores aos de um shopping center, permitindo assim o desenvolvimento de empresas familiares, facilitando as iniciativas e o surgimento de pequenos empreendedores locais. A Tabela 2 apresenta, de forma mais detalhada, a composição por setor varejista, a quantidade de lojas e a estimativa de tamanho da área de vendas por ramo de atuação em cada um dos três polos. Apesar dos polos apresentarem uma diferença significativa de tamanho, a distribuição dos percentuais de lojas por ramo de atividade, com exceção da concentração de comércio automotivo em Capão Redondo, é bem semelhante entre os três polos. O Varejo de Vestuário e o varejo de eletro e artigos para o lar (como eletrodomésticos e eletrônicos) são os mais relevantes, representando cerca de 40% do espaço da área de vendas das lojas nos dois polos maiores de nossa amostra. Uma diferença pode ser percebida no tamanho médio das lojas que em Capão Redondo, polo varejista mais recente, é de cerca de 140m², contra 80m² em Vila Nova Cachoeirinha e de 120m² em São Miguel Paulista.

---

[44] PARENTE et al. 2012, op. Cit.

Tabela 2 – Composição do setor varejista nos polos de São Miguel Paulista, Vila Nova Cachoeirinha e Capão Redondo

Gastos de Consumo	São Miguel Paulista			Vila Nova Cachoeirinha			Capão Redondo		
	Lojas	%	Área da Loja (m²)	%	Lojas	%	Área da Loja (m²)	%	Lojas	%	Área da Loja (m²)	%
Alimentação	68	10%	68	10%	48	10%	2.707	7%	11	7%	1.047	5%
Artigos Diversos	114	16%	114	16%	80	17%	3.859	10%	23	15%	1.037	5%
Eletro e Artigos para o Lar	43	6%	43	6%	20	4%	6.920	19%	9	6%	2.807	13%
Automotivos – Comércio	10	1%	10	1%	14	3%	1.450	4%	22	14%	5.180	24%
Automotivos – Serviços	16	2%	16	2%	23	5%	2.990	8%	12	8%	2.045	10%
Gêneros Alimentícios	46	7%	46	7%	14	3%	1.195	3%	12	8%	1.810	8%
Material de Construção	7	1%	7	1%	6	1%	690	2%	6	4%	170	1%
Vestuário	146	21%	146	21%	112	23%	5.016	14%	7	5%	1.340	6%
Serviços Diversos	125	18%	125	18%	76	16%	4.641	13%	29	19%	2.529	12%
Serviços Educacionais	18	3%	18	3%	13	3%	2.090	6%	7	5%	1.440	7%
Serviços Financeiros	23	3%	23	3%	14	3%	2.362	6%	4	3%	1.350	6%
Serviços Médicos	62	9%	62	9%	35	7%	1.635	4%	5	3%	470	2%
Serviços Pessoais	23	3%	23	3%	24	5%	1.498	4%	7	5%	250	1%
Total Geral	701	100%	701	100%	479	100%	37.053	100%	154	100%	21.475	100%

Fonte: Parente et al. (2012)

1. A Importância dos Polos Varejistas de Rua | 41

O polo varejista do bairro São Miguel Paulista na zona leste de São Paulo, com cerca de 700 unidades varejistas é considerado um dos maiores polos varejistas da cidade de São Paulo, concentrando lojas de vários segmentos. O mapa abaixo indica a alta densidade de lojas nesse grande aglomerado, que se distribuem em um formato urbano matricial, ocupando várias ruas paralelas e perpendiculares à Avenida Marechal Tito. Lá foram encontradas cinco Casas Bahia e mais de 20 instituições financeiras. A Figura 3 retrata como a variedade e a grande quantidade de lojas está densamente distribuída nas ruas do polo de São Miguel Paulista.

Figura 3 – Polo Comercial São Miguel Paulista

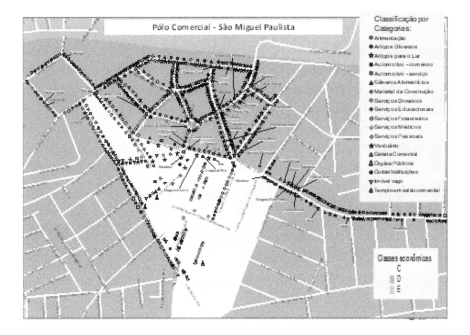

Diferente dos shopping centers onde a grande maioria das lojas pertence a redes varejistas de grande e médio porte, estudos[45] revelam que cerca de dois terços das unidades varejistas dos polos de rua de São Paulo pertencem a pequenos empresários que possuem apenas uma única loja localizada no polo. Um dos fatores que contribuem para fixação destes pequenos varejistas em seus bairros está relacionado aos custos de abertura e de operação

---
[45] MIOTTO; PARENTE, 2015, op. Cit.

de lojas, que são inferiores aos de um shopping center, permitindo assim o desenvolvimento de empresas familiares, facilitando as iniciativas e o surgimento de pequenos empreendedores locais[46].

Apesar da maioria das lojas ser de pequeno porte, muitas grandes redes varejistas também elegem os polos de rua como locais prioritários para sua expansão. As grandes redes de lojas de eletromóveis tem dado preferência para localizar suas lojas em polos varejistas de rua, como por exemplo o Magazine Luiza e a Casas Bahia, as duas maiores redes de varejo de não alimentos do Brasil, cada uma delas, com vendas anuais acima dos R$ 15 bilhões. A Tabela 3, abaixo, mostra como essas duas redes distribuem suas lojas entre polos varejistas de rua e shopping centers em algumas das grandes cidades do Estado de São Paulo. Na cidade de São Paulo, por exemplo, mais de 75% das lojas do Magazine Luiza e da Casas Bahia estão localizadas em polos varejistas de rua, enquanto os shopping centers contêm menos de 25% de suas lojas em São Paulo. Nas três outras concentrações urbanas apresentadas na Tabela 3, esse mesmo padrão de distribuição se repete. Esses dados podem até surpreender muitos leitores, mas ressaltam a grande importância que os Polos Varejistas de Rua ainda detêm no varejo brasileiro, e reforçam a prioridade que gestões públicas devam dedicar aos projetos de revitalização dos polos varejistas de rua, ameaçados pela concorrência crescente dos shopping centers.

---

[46] PARENTE et al., 2012, op. Cit.

Tabela 3 – Localização das lojas do Magazine Luiza e da Casas Bahia em Polos Varejistas de Rua e em Shopping Centers

Magazine Luiza

Local	Lojas em Polos de Rua	Lojas em Shopping	Lojas Total	% Lojas em Polos de Rua	% Lojas em Shopping	% Total Lojas
São Paulo	40	11	51	78%	22%	100%
Grande ABC	6	2	8	75%	25%	100%
Guarulhos	7	1	8	88%	13%	100%
Osasco	3	1	4	75%	25%	100%
total	56	15	71	79%	21%	100%

Casas Bahia

Local	Lojas em Polos de Rua	Lojas em Shopping	Lojas Total	% Lojas em Polos de Rua	% Lojas em Shopping	% Total Lojas
São Paulo	75	22	97	77%	23%	100%
Grande ABC	17	6	23	74%	26%	100%
Guarulhos	8	3	11	73%	27%	100%
Osasco	7	2	9	78%	22%	100%
total	107	33	140	76%	24%	100%

5 Tamanho ($) do Varejo no Brasil e Importância dos Polos de Rua

Como não existem estudos para quantificar o mercado dos polos varejistas de rua, essa seção irá extrapolar alguns dados para iniciarmos um exercício de dimensionamento do mercado com base nos diferentes tipos de gastos dos consumidores no varejo. Nesse processo iremos desenvolver análises integrando dados de alguns indicadores econômicos agregados como os dados da POF (Pesquisa de Orçamento Familiar), e os dados do PIB (Produto Interno Bruto) do Brasil. O PIB representa o valor total de tudo que é produzido no País. Seu valor corresponde a soma dos seguintes quatro componentes: Gastos de Consumo Pessoal, Gastos Governamentais, Investimento Empresarial e Exportações Líquidas (valor das exportações diminuído do valor das importações). A Tabela 4 abaixo ilustra a composição do PIB do Brasil em 2018, e indica que os Gastos em Consumo Pessoal no ano foram de R$ 4,3 trilhões. E, como veremos adiante, o tamanho do varejo de um país faz parte do volume total dos Gastos em Consumo Pessoal.

Tabela 4 – Cálculo do PIB 2018 por categoria

Componente do PIB	R$ (Bilhões)	%
Consumo Pessoal	4.392	64%
Gastos Governamentais	1.346	20%
Investimentos	1.052	15%
Exportações Líquidas	36	1%
Total	6.827	100%

A Pesquisa Orçamentos Familiares 2008-2009[47] identifica detalhadamente como as famílias brasileiras alocam seu orçamento em seus gastos de Consumo Familiar, incluindo tanto os gastos na aquisição de produtos, como os gastos na aquisição de serviços. Como a Tabela 5 abaixo indica, cerca de 50% do orçamento familiar dos brasileiros é gasto na compra de produtos e serviços, enquanto a outra metade é alocado em "outros gastos", como em aluguel, veículos, transporte, reformas, energia, telefone, internet, impostos, previdência, e aquisições de ativos. Apesar da última POF ainda ser de 2009 e das mudanças sociais e tecnológicas ocorridas nessa última década, acreditamos que não houve mudanças expressivas na forma como as contas do orçamento são alocadas pelos agrupamentos de despesas, já que tivemos pouca evolução da renda per capita nesse período. Para as estimativas apresentadas na Tabela 5, consideramos o percentual dos gastos indicados na última pesquisa POF multiplicado pelo total dos gastos do Consumo Familiar da estimativa do PIB de 2018 de R$ 4.392 bilhões, conforme estimado pelo IBGE.

---

[47] IBGE – Instituto Brasileiro de Geografia e Estatística. *Pesquisa de Orçamentos Familiares*, Rio de Janeiro, 2012.

Tabela 5 – Estimativas dos Gastos do Orçamento Familiar – Brasil 2018

Tipo de Gastos do Orçamento Familiar	Gastos % (POF)	Gastos R$ Bi
Total – Consumo Familiar	100,0	4.392,0[1]
Alimentação no domicílio (e fumo)	12,0	527,0
Limpeza, Hig. e Cuidados Pessoais	2,9	127,6
Remédios	2,8	123,5
Subtotal – Var Alim, Limp, Hig e Farmácias	17,7	778,2
Vestuário	4,5	197,6
Eletro, moveis e artigos do lar	4,0	175,7
Subtotal Var. de Vestuário, Eletro-Móveis	8,5	373,3
Subtotal "varejo de produtos"	26,2	1.150,2
Alimentação fora do domicílio	5,0	219,6
Seviços de Saude e Estética	3,1	135,9
Educação, Cultura e Recreção	4,1	179,8
Subtotal Varejo de Serviços	12,2	535,3
Veículos, combustível, acessórios	12,1	531,7
Total – Varejo de Produtos e Serviços	50,5	2.216,6
Outros gastos[2]	49,5	2.174,0

1 – Fontes: IBGE
2 – Aluguel, transporte, reformas, energia, telefone, internet, impostos, previdência, prestações, aquisição de ativo

Conforme indicado na Tabela 5, cruzando-se o percentual dos gastos da Pesquisa de Orçamentos Familiares (POF) com os dados da composição do PIB de 2018, obtemos um valor de R$ 2.216 bilhões de gastos nas compras de bens e serviços realizadas nos varejos de bens duráveis e não-duráveis – como em supermercados, no varejo de confecções, de eletro móveis, de veículos, e de outros tipos de varejo) e no varejo de serviços, como os de alimentação fora de casa, saúde, educação, cultura e recreação. Cerca de 26,2% (R$ 1.150 bilhões) são gastos em compras no varejo de produtos (duráveis, semiduráveis e não-duráveis), cerca de 12,2% (ou R$ 535 bilhões) vão para os gastos em serviços, e 12,1% (R$ 531 bilhões) para o varejo de veículos, acessórios e combustíveis.

A Tabela 6, abaixo, apresenta algumas projeções na tentativa de estimarmos o tamanho do mercado dos polos varejistas de rua. Para elaboração dessas estimativas, utilizamos os dados fornecidos pelo IBGE, conforme apresentados anteriormente, cruzamos várias outras informações e adotamos também alguns pressupostos, com base em dados publicados sobre o mercado varejista e na experiência e conhecimento dos autores sobre a estrutura do varejo brasileiro. As três primeiras colunas da Tabela 6 foram extraídas do quadro anterior. Com base em dados publicados pela Associação Brasileira de Shopping Centers, pesquisas realizadas pelos autores em polos varejistas de rua e do conhecimento dos autores sobre a estrutura do varejo brasileiro, as colunas 4 e 5 indicam, respectivamente, nossos *guesstimates* (ou "palpites calibrados") das fatias de mercado conquistada pelos agrupamentos varejistas (polos varejistas de rua e shopping centers) e pelos demais varejistas (como hipermercados, supermercados, farmácias e outros) localizados fora dos agrupamentos varejistas, incluindo também as vendas do varejo online.

Assim, a soma das fatias de mercado indicadas em cada linha das colunas 4 e 5 totaliza 100%, representando como o valor total dos gastos no varejo no Brasil é alocado entre Aglomerados Varejistas e no varejo fora dos aglomerados. Ao multiplicarmos a fatia de mercado dos aglomerados (shopping + polos varejistas de rua) na coluna 4 pelos gastos dos consumidores (coluna 3), obtemos então o nosso guesstimate das vendas realizadas nos aglomerados varejistas (coluna 6). As colunas (7) e (8) indicam, respectivamente, nossos guesstimates do percentual desses gastos do orçamento familiar que vai para cada um dos dois tipos de aglomerados varejistas. Ao multiplicar os percentuais apresentados nas colunas (7) e (8) pelos gastos em aglomerados (coluna 6), obtemos nossas estimativas das vendas em Polos Varejistas de Rua (coluna 9) e em shopping center (coluna 10). Nesse processo sucessivo de "guesstimates", procuramos também calibrar as nossas estimativas para que os resultados também refletissem os dados reais das vendas dos shopping centers. A ABRASCE (Associação Brasileira de Shopping Centers), indica que as vendas dos Shopping Centers em 2018 foram de R$ 178,7 bilhões, muito próxima de nossa estimativa apresentada na coluna 10 de R$ 179.6 bilhões da Tabela 6.

Tabela 6 – Estimativas para o dimensionamento do tamanho do mercado de polos varejistas de rua – 2018

(1) Tipo de Gastos do Orçamento Familiar	(2) Gastos %	(3) Gastos R$ Bi	(4) % em Aglomerados	(5) % em single site e outros	(6) 4x3 Gastos em Aglomerados R$ Bi	(7) % em Polos	(8) % em Shoppings	(9) 7x6 R$ Bi Polos	(10) 8x6 R$ Bi Shopping Centers
Total – Consumo Familiar	100	4.392,0							
Alimentação no domicílio (e fumo)	12	527,0	15	85	79,1	70	30	55,4	23,7
Limpeza, Hig. e Cuidados pessoais	2,9	127,6	15	85	19,2	70	30	13,4	5,8
Remédios	2,8	123,5	15	85	18,5	70	30	13,0	5,5
Subtotal – Var Alim, Limp, Hig e farmácia	17,7	778,2			116,7			81.8	35,0
Vestuário	4,5	197,6	80	20	158,1	65	35	102,8	55.3
Eletro, moveis e artigos do lar	4,0	175,7	75	25	131,8	80	20	105,4	26,3
Subtotal Var. de Vestuário, Eletro-Móveis	8,5	373,3	78	22	289,9	-	-	208,2	81,7
Subtotal "varejo de produtos"	26,2	1.151,5	35	65	406,6	-	-	290,0	116,7
Alimentação fora do domicílio	5,0	219,6	70	30	153,7	75	25	115,2	38,2
Serviços de Saúde e Estética	3,1	135,9	35	65	47,6	80	20	38.1	9,5
Educação, Cultura e Recreação	4,1	179,8	35	65	62,9	80	20	50.3	12,6
Subtotal Varejo de Serviços	12,2	535,3			264,2	-	-	203.6	60.3
Veículos, combustível, acessórios	12,1	531,2	10	90	53,1	95	5	50.5	2,6
Total Gastos em compras de Produtos e Serviços	50,5	2.218			723,9	75	25	544.1	179,6
Outros gastos do Orçamento Familiar	49,5	2.174,0							

A análise desses números ressalta a importância dos polos varejistas de rua cujas vendas chegam a ser três vezes maior do que as dos shopping centers. Se considerarmos o grande número de agências bancárias localizadas nos polos de rua, bem diferente dos shopping centers que em geral apresentam apenas uma agência bancária, a importância dos polos de rua ganha ainda mais destaque em relação aos shopping centers.

Apresentamos a seguir algumas considerações que orientaram a elaboração dos *guesstimates* para o preenchimento dos dados da Tabela 6. É importante ressaltar que, para a obtenção de estimativas mais confiáveis, uma ampla pesquisa de mercado deveria ser realizada.

Gastos em Alimentação, limpeza, cuidados pessoais e remédios: conforme indicado na Tabela 5, as três primeiras categorias de produtos, representando um mercado de cerca de R$ 778,2 bilhões, são vendidas em hipermercados, supermercados, minimercados e em farmácias. Esses varejistas em geral localizam suas lojas em áreas residenciais pois, para esses produtos, os consumidores geralmente elegem uma certa loja relativamente próxima de casa, onde fazem a maior parte das suas compras, diferentemente do comportamento que adotam com produtos tipo compra comparada, como vestuário e artigos do lar. Nosso *guesstimate* que a maioria (85%) desses gastos é feita em localizações tipo "single-site" e outros e 15% em aglomerados varejistas levou em conta não só o nosso conhecimento acumulado sobre a composição de diferentes tipos de lojas em agrupamentos varejistas, mas também pelo fato desse setor varejista vender bens não duráveis, ou seja bens de conveniência e de compra frequente. A estimativa de 15% em aglomerados varejistas gerou um valor dos gastos dos clientes em R$ 116,7 bilhões;

Gastos em Vestuário e Artigos do lar: adotamos uma lógica inversa para esses dois outros tipos de gastos. Totalizando cerca de R$ 373,3 bilhões, vestuários e artigos do lar são produtos semiduráveis e duráveis, e por serem produtos de compra comparada, os consumidores preferem comprá-los em lojas localizadas em aglomerados varejistas – shopping centers e polos varejistas de rua, justificando assim a estimativa que 75% a 80% dos gastos serem feitos em aglomerados varejistas, totalizando cerca de R$ 289,9 bilhões. Pesquisas anteriores que realizamos em polos varejistas de São Paulo, indicam que esses dois setores representam os principais tipos de varejo de produtos localizados nos aglomerados varejistas, e revelam também que a presença do varejo de artigos do lar (como eletro, eletrônicos e móveis) é muito mais intensa em polos varejistas de rua do que em shopping centers, explicando assim a divisão de 75% para polos de rua e 25% para shopping centers. Verificamos também que tanto nos shoppings como nos polos varejistas de rua, a área de venda ocupada pelo varejo de vestuário e de utilidades do lar é bem superior que a área ocupada pelo varejo de alimentos e dos outros produtos de "conveniência". Assim, pareceu razoável que as estimativas dos gastos de R$ 289,9 bilhões em Vestuário e Utilidades do Lar sejam mais de duas vezes superiores aos gastos de R$ 116,7 bilhões em alimentos e bens de conveniência, realizados em aglomerados varejistas (shoppings e polos varejistas de rua);

Gastos em Serviços: a Tabela 3, que apresentou anteriormente os resultados da pesquisa em três polos varejistas de rua de São Paulo, indica que um pouco menos da metade de metros quadrados do polo varejista é ocupado pelo varejo de serviços. De certa forma, levamos também em consideração essa proporcionalidade nos *guesstimates* e ajustes que fizemos para os gastos nos diferentes tipos de varejo nos polos varejistas – sendo R$ 247,9 bilhões para vendas do varejo de produtos e de R$ 152 bilhões no varejo de serviços;

Divisão dos gastos entre polos varejistas de rua e de shopping centers: para a divisão dos diferentes tipos de gastos nos Agregados Varejistas, levou-se em conta não só o conhecimento dos autores sobre a composição do mix de lojas dos shoppings e dos aglomerados varejistas, mas também se considerou os dados publicados pela ABRASCE sobre as vendas em shopping centers. Assim, buscamos também ajustar os valores dos diferentes tipos de gastos em shoppings e em polos varejistas de rua para que nossas estimativas convergissem com os dados totais das vendas de shopping centers publicados pela ABRASCE em 2018.

Assim, é possível perceber que os polos varejistas de rua ainda são de enorme importância para a economia brasileira, sendo capazes de movimentar a maior parte dos valores tanto em bens de consumo, quanto em serviços. Ao longo deste livro, serão discutidos diversos temas que ressaltam esta importância, trazendo novos insights para uma melhor gestão e integração dos polos varejistas de rua com o seu entorno visando melhor atender seus consumidores.

Conclusão

Ao longo do capítulo procuramos destacar as diversas dimensões que sinalizam a enorme importância dos polos varejistas de rua não só para o varejo, mas também para a qualidade de vida das cidades. Buscamos também ressaltar a prioridade que muitos países da Europa e da América do Norte desenvolvem em conjunto entre associações varejistas e gestores púbicos para a criação de modelos de parcerias público-privadas que promovam o desenvolvimento de projetos visando a restauração e dinamização desses espaços urbanos, evitando assim o surgimento de áreas decadentes nas cidades. Ressaltamos também a necessidade de que esses modelos sejam também desenvolvidos no Brasil, para estimular e garantir a vitalidade de nossos polos varejistas de rua e para que nossos gestores municipais reconheçam o fundamental papel que os polos varejistas exercem para o desenvolvimento de espaços urbanos mais integrados com a vida nas cidades.

Ao rever os conceitos da *"Central Place Theory"*, esse capítulo procurou também explicar a dinâmica que estimula o surgimento dos polos varejistas de rua e apresentou um conjunto de semelhanças e diferenças que caracterizam os dois tipos de aglomerados varejistas: polos de rua e shopping centers. Em geral, as cidades apresentam um grande aglomerado varejista na área central e à medida que a cidade cresce, novos polos varejistas de rua vão sendo desenvolvidos. Só na cidade de São Paulo, existe perto de uma centena deles. A rede Casas Bahia, por exemplo, opera 75 lojas em polos varejistas de rua na cidade de São Paulo, 8 em Guarulhos, 7 em Osasco e 17 nas cidades do ABC. Fenômenos semelhantes de surgimento de vários polos de rua tem ocorrido em outras cidades brasileiras. Como vimos, ao longo do capítulo, mesmo os localizados fora do centro das cidades podem apresentar áreas de vendas bem maiores que as dos shopping centers.

A parte final do capítulo ressalta a enorme importância que os polos varejistas de rua continuam exercendo no comércio das cidades. Com base em nossas estimativas, as vendas que ocorrem neles são três vezes maiores que as dos shopping centers, ressaltando assim a importância econômica que exercem no país. Acreditamos que grandes redes que atuam em polos varejistas de rua poderiam exercer um importante papel para liderar a formação de modelos de parceria público-privada e, assim, acumular enorme experiência visando a revitalização desses espaços urbanos. Fica então aqui nosso desafio para que líderes varejistas com ideal e visão de longo prazo exercitem também suas capacidades de liderança empreendedora estimulando, junto aos seus parceiros e gestores municipais, modelos para o desenvolvimento das parcerias público-privadas, que promovam projetos de melhoria e dinamização dos polos varejistas de rua promovendo assim um ganha-ganha-ganha – aumentando as vendas dos varejistas, melhorando a imagem da gestão municipal, e melhorando o conforto, satisfação e segurança dos clientes, ou seja, enfim, promovendo maior qualidade de vida nas cidades.

Referências

BEELITZ, Annika; MERKL-DAVIES, Doris. *Using Discourse to Restore Organisational Legitimacy: 'CEO-speak' After an Incident in a German Nuclear Power Plant*. Journal of Business Ethics, June 2012, Volume 108, HYPERLINK "https://link.springer.com/journal/10551/108/1/page/1" Issue 1, pp 101–120, 2012.

CHRISTALLER, Walter. *Central places in southern Germany*. Englewood Cliffs: Prentice Hall, 1966.

COCA-STEFANIAK, Jose Andrés et al. *Town centre management models:* A European perspective. Cities, v. 26, n. 2, p. 74-80, 2009.

COOK, Ian R. Mobilising urban policies: The policy transfer of US Business Improvement Districts to England and Wales. *Urban Studies*, v. 45, n. 4, p. 773-795, 2008.

COOK, Ian R. *Private sector involvement in urban governance:* The case of Business Improvement Districts and Town Centre Management partnerships in England. Geoforum, v. 40, n. 5, p. 930-940, 2009.

FINDLAY, Anne; SPARKS, Leigh. *Literature review:* policies adopted to support a healthy retail sector and retail led regeneration and the impact of retail on the regeneration of town centres and local high streets. 2009.

IBGE – Instituto Brasileiro de Geografia e Estatística. *Pesquisa de Orçamentos Familiares*, Rio de Janeiro, 2012.

JUNIOR, Adelson Silva; PARENTE, Juracy. Prejudice and Racial Discrimination in Retail Settings: Perceptions and Reactions of Consumers in an Emerging Market. In: *Academy of Marketing Science World Marketing Congress*. Springer, Cham, 2017. p. 291-305.

LACERDA, Norma; MENDES ZANCHETI, Sílvio; DINIZ, Fernando. *Planejamento metropolitano:* uma proposta de conservação urbana e territorial. Eure (Santiago), v. 26, n. 79, p. 77-94, 2000.

LIGERO, Francisco José Riquel; SÁNCHEZ, Alfonso Vargas. Las presiones institucionales del entorno medioambiental: aplicación a los campos de golf. *Revista Europea de Dirección y Economía de la Empresa*, v. 22, n. 1, p. 29-38, 2013.

LOSCH, A. *The economics of location*. New Haven: Yale University, 1954.

LOUKAITOU-SIDERIS, Anastasia. Revisiting inner-city strips: A framework for community and economic development. *Economic Development Quarterly*, v. 14, n. 2, p. 165-181, 2000.

MIOTTO, Ana Paula; PARENTE, Juracy Gomes. Retail evolution model in emerging markets: apparel store formats in Brazil. *International Journal of Retail & Distribution Management*, v. 43, n. 3, p. 242-260, 2015.

MORÇÖL, Göktug; WOLF, James F. Understanding business improvement districts: A new governance framework. *Public Administration Review*, v. 70, n. 6, p. 906-913, 2010.

MULLIGAN, Gordon F. Agglomeration and central place theory: a review of the literature. *International Regional Science Review*, v. 9, n. 1, p. 1-42, 1984.

PARENTE, Juracy; BRANDÃO, Marcelo Moll; MIOTTO, Ana Paula; PLUTARCO, Francisca. *Main street retail districts or shopping centers? Comparing the preferences of low-income consumers*. Brazilian Business Review, v. 9, n. Special Ed, p. 154-179, 2012.

PARENTE, Juracy; MIOTTO, Ana Paula; PLUTARCO, Francisca; BRANDÃO, Marcelo Moll, *Polos de Rua: Achados de Pesquisa Empírica na Cidade de São Paulo*. Rio de Janeiro: XXXV Enanpad, 2011

PARENTE, Juracy Gomes; BARKI, Edgard. *Varejo no Brasil:* gestão e estratégia. 2ª Edição. São Paulo: Atlas, 2014.

PARENTE, Juracy; MIOTTO, Ana; BARKI, Edgard. Pólos comerciais de rua. *GV-executivo*, v. 6, n. 6, p. 49-54, 2007.

PORTAS, Mary. *The Portas Review:* An independent review into the future of our high streets. Department for Business, Innovation and Skills, 2011.

PRYOR, Susie; GROSSBART, Sanford. Ethnography of an American main street. *International Journal of Retail & Distribution Management*, v. 33, n. 11, p. 806-823, 2005.

SPOSITO, Maria Encarnação Beltrão. *O chão em pedaços:* urbanização, economia e cidades no Estado de São Paulo. UNESP, Presidente Prudente, 2004.

STUBBS, Barry; WARNABY, Gary; MEDWAY, Dominic. *Marketing at the public/private sector interface:* town centre management schemes in the south of England. Cities, v. 19, n. 5, p. 317-326, 2002.

TABUCHI, Takatoshi; THISSE, Jacques-François. A new economic geography model of central places. *Journal of Urban Economics*, v. 69, n. 2, p. 240-252, 2011.

TELLER, Christoph; REUTTERER, Thomas; SCHNEDLITZ, Peter. Hedonic and utilitarian shopper types in evolved and created retail agglomerations. *The International Review of Retail, Distribution and Consumer Research*, v. 18, n. 3, p. 283-309, 2008.

THOMAS, Colin; BROMLEY, Rosemary; TALLON, Andrew. New 'high streets' in the suburbs? The growing competitive impact of evolving retail parks. *International Review of Retail, Distribution and Consumer Research*, v. 16, n. 1, p. 43-68, 2006.

2. Comportamento e Preferências do Consumidor para Polos de Rua

Ana Paula Miotto
Marcelo Moll Brandão
Juracy Parente
Marina Henriques Viotto

Introdução

Shopping centers e Polos Varejistas de Rua disputam a preferência dos consumidores na hora de irem às compras. No Brasil, apesar do crescimento contínuo e da rápida expansão dos shopping centers, com 563 unidades e faturamento, em 2018, de R$ 178, 7 bilhões, de acordo com dados da ABRASCE (Associação Brasileira de Shopping Centers), os polos varejistas de rua ainda detêm a maior parte do volume de vendas do varejo. Em muitas empresas varejistas de sucesso, como Magazine Luiza, Casas Bahia e Habibs, a maioria das suas lojas estão localizadas em polos varejistas de rua. A mesma tendência ocorre na localização das agências bancárias dos grandes bancos brasileiros, muito mais concentradas em polos varejistas de rua do que em shopping centers. Com o aumento do poder aquisitivo das populações de baixa renda, os shopping centers, que antes estavam mais exclusivamente direcionados para as classes de renda mais alta, passaram também a desenvolver novas unidades para atrair as classes C e D acirrando a disputa de mercado entre os dois principais tipos de aglomerados varejistas.

Shopping centers e polos varejistas de rua possuem características e conceitos bem diferenciados. Esta tipologia tem como base as características de sua origem, planejamento, gerenciamento e interação ao mercado[1] [2]. Historicamente, os aglomerados varejistas foram surgindo, atraídos pela densidade populacional ou da circulação de consumidores em certa região, e passaram a se localizar próximos uns dos outros em determinada área geográfica, gerando assim uma atratividade cumulativa e sinérgica exercida pelo conjunto de diversos setores varejistas[3], Assim, os polos de rua surgem de forma espontânea e sem qualquer planejamento ou controle, respondendo de forma natural às demandas da região, e assumindo características de sistema aberto por manter intensa relação de troca com seu entorno. Muitos dos pequenos empresários e lojistas que operam nos atuais polos de rua moram na própria região onde sua loja está localizada, o que fortalece a relação de troca na região, indicando assim que polos varejistas são espaços propícios ao desenvolvimento do microempreendedorismo na região. Já os shoppings centers, cercados e delimitados por muros, são resultado de decisões centralizadas e cuidadosamente planejadas por empresas especializadas que formam um conjunto integrado de unidades varejistas. Por serem compostos por lojas pertencentes a grandes redes varejistas, estão menos integrados e tendem a manter uma relação de troca menos intensa com a região de seu entorno.

Muitos países do mundo já reconheceram que preservar a vitalidade dos polos varejistas de rua tornou-se uma prioridade para evitar que essas áreas entrem em declínio, visando assim preservar e estimular a qualidade de vida dessas regiões. Pesquisas realizadas no Brasil e apresentadas nesse capítulo mostram que existem muitos fatores que atraem o consumidor a fazerem suas compras nos polos de rua. A preservação e a dinamização da atividade varejista nessas áreas irão fortemente depender não só da atuação e apoio do poder público, mas também dos esforços individuais e articulados dos lojistas para a modernização e melhoria da atratividade da região. Um melhor entendimento do comportamento, preferências e expectativas dos

---

[1] PARENTE, J. et al. Polos varejistas de rua ou shopping centers? Comparando as preferências da baixa renda. *BBR-Brazilian Business Review*, p. 162-189, 2012.
[2] TELLER, C. Shopping streets versus shopping malls: determinants of agglomeration format attractiveness from the consumers' point of view. *The International Review of Retail, Distribution and Consumer Research*, v. 18, n. 4, p. 381-403, 2008.
[3] TELLER, C. et al. Place marketing and urban retail agglomerations: an examination of shoppers' place attractiveness perceptions. *Place Branding and Public Diplomacy*, v. 6, n. 2, p. 124-133, 2010.

2. Comportamento e Preferências do Consumidor para Polos de Rua | 55

consumidores será fundamental para que os lojistas possam mais plenamente ajustar suas ações para melhor satisfazerem as necessidades do mercado. Esse é o objetivo desse capítulo, ou seja, lançar luz sobre quais são os fatores que influenciam a atratividade e a preferência dos consumidores.

No Brasil, a polarização socioeconômica da sociedade está de certa forma refletida nos atuais contrastes que existem entre shopping centers e polos varejistas de rua. Enquanto o primeiro consiste em um centro de compras planejado que recebe altos investimentos e oferece ao público um ambiente de compra com mais conforto, entretenimento e segurança, o segundo cresce de forma orgânica e desordenada, sem receber investimentos para preservar a sua vitalidade[4]. A desigualdade de renda que caracteriza o Brasil influencia também as preferências dos consumidores para os dois principais tipos e aglomerados varejistas: os shopping centers atendem principalmente os consumidores de renda mais alta, enquanto polos de rua atendem, em sua maioria, a clientes de renda mais baixa[5].

O objetivo geral do capítulo é ampliar o conhecimento sobre polos varejistas de rua, dando ênfase ao comportamento e às preferências do consumidor neste ambiente. Para tal, primeiro passaremos por conceitos importantes de satisfação, também a *patronage intention* e sua relação com os dois tipos de aglomerados varejistas (polos de rua e shopping centers). Em seguida, abordaremos os fatores que influenciam a atratividade dos aglomerados varejistas, passando por temas como percepção de valor, acesso, segurança e até preconceito racial. A quarta seção abordará os conceitos de valor de compra hedônico e utilitário, que estão relacionados tanto com o tipo de jornada de compra que está sendo realizada, quanto com o nível de renda do consumidor. A quinta seção está focada em introduzir o conceito de *crowding*, que se relaciona com os valores de compra e, principalmente, com os polos varejistas de rua. Em seguida, abordaremos o perfil do consumidor dos polos varejistas de rua e, na seção sete, as mudanças no comportamento de compra deste consumidor, devido ao surgimento e fortalecimento das estratégias de *omnichannel*, como o comportamento do *showrooming*.

---

[4] TELLER, 2008, op. Cit.
[5] PARENTE 2012, op. Cit.

1 Satisfação dos Consumidores e *Patronage intention*: Shopping centers e polos varejistas de rua

A percepção dos consumidores com relação a um aglomerado varejista existente em um mercado é definida com base nas características básicas do aglomerado, o que influencia aspectos como satisfação, frequência de visitas e *patronage intention*[6] dos consumidores, e, portanto, no desempenho do aglomerado[7]. A satisfação do consumidor é um tema amplamente abordado em marketing, sendo que a conceituação mais aceita é a do paradigma da desconfirmação, proposto por Richard Oliver[8]. Para o autor, a satisfação ocorre quando o desempenho obtido com um produto, serviço ou experiência excede as expectativas do consumidor, presumindo uma comparação entre expectativa e o real desempenho. Isto implica em uma relação complexa quando falamos de um ambiente varejista, um local de vendas no qual não estamos falando apenas da satisfação com relação ao produto comprado, mas também à experiência do cliente na loja, sendo que vários fatores podem influenciar esta relação. Assim, ao fazer certas promessas aos clientes, uma loja poderá desapontá-los caso não consiga atender as altas expectativas que eles passaram a ter sobre aquele aspecto prometido – por exemplo: preço, variedade, atendimento ou serviços.

Garantir a satisfação do consumidor é de grande importância uma vez que ela está positivamente relacionada com a fidelidade à loja: a partir do momento que o consumidor está satisfeito com a experiência vivida no aglomerado comercial ele tende a se manter fiel a este local de compras. Assim, o varejista precisa saber quais são os fatores que determinam a satisfação do seu consumidor a fim de garantir o bom desempenho do negócio. A relação do consumidor com a loja, ou aglomerado varejista, pode ser avaliada a partir do conceito de *patronage intention*, que engloba noções de escolha

---

[6] O termo inglês *"patronage intention"*, muito utilizado em estudos de varejo, foi aqui adotado, por não encontrarmos termo em português adequado. Indica não só a intenção de compra para uma alternativa, mas também certa preferência e disposição de fidelidade para essa alternativa.

[7] ANSELMSSON, J. Sources of customer satisfaction with shopping malls: a comparative study of different customer segments. *International Review on Retail, Distribution and Consumer Research*, v. 16, n. 1, p. 115-138, 2006.

[8] OLIVER, R. L. A cognitive model of the antecedents and consequences of satisfaction decisions. *Journal of Marketing*, v. 17, n. 4, p. 460-469, 1980.

de loja e frequência de visita[9]. De maneira prática, quando há *patronage intention*, o consumidor reconhece que determinado local de compra é mais atrativo que outro, passando a priorizá-lo e preferi-lo na próxima decisão sobre onde comprar.

Patronage intention é um conceito que integra as teorias advindas da psicologia cognitiva e ambiental com a proposta de percepção de valor, na qual decisões de compra são baseadas nas percepções de qualidade do produto e preço[10]. Baker e outros pesquisadores[11], ao estudarem escolha de loja, mostram que o valor pode ser expresso por meio de uma relação onde o numerador consiste nas percepções da qualidade e de benefícios oferecidos pela loja, e o denominador é representado pelo preço e pelos custos da experiência de compra na loja, ou seja:

$$\text{Valor} = \text{benefícios/custos}$$

Desta forma, uma vez que a percepção de valor impacta a *patronage intention*, fica claro que um melhor entendimento das preferências do consumidor, daquilo que ele entende por valor, pode ajudar os varejistas a repensarem suas estratégias de atuação[12]. Assim, fica evidente a importância em se analisar atentamente questões relacionadas à satisfação e *patronage intention*, uma vez que influenciam o comportamento dos clientes e impactam o desempenho dos aglomerados. Os varejistas, por sua vez, podem influenciar estes dois importantes aspectos relacionados ao comportamento do consumidor por meio de ações e estratégias[13][14].

Em um estudo para avaliar satisfação e *patronage intention* para shopping centers e para polos varejistas de rua[15], um total de 318 entrevistas foram realizadas em polos varejistas populares nos bairros de São Miguel Paulista,

---

[9] PAN, Y.; ZINKHAN, G. M. Determinants of retail patronage: a meta-analytical perspective. *Journal of Retailing*, v. 82, n. 3, p. 229-243, 2006.

[10] ZEITHAML, V. A consumer perceptions of price quality, and value: a means-end model and synthesis of evidence. *Journal of Marketing*, v. 52, n. 3, p. 2-22, 1988.

[11] BAKER, J. J.; PARASURAMAN, A.; GREWAL, D.; VOSS, G. B. The influence of multiple store environment cues on perceived merchandise value and patronage intentions. *Journal of Marketing*, v. 66, n. 2, p. 120-141, 2002.

[12] PARENTE et al., 2012, op. Cit.

[13] ANSELMSSON, 2006, op. Cit.

[14] TELLER, 2008, op. Cit.

[15] PARENTE et al., 2012, op. Cit.

Vila Nova Cachoeirinha e Capão Redondo, todos localizados na cidade de São Paulo. Todas as entrevistadas eram mulheres que costumam comprar tanto nos polos pesquisados, como também em shopping centers. A amostra é principalmente formada por consumidores da baixa classe média com características próximas das médias brasileiras: 78% com nível de escolaridade até ensino médio; 86% com renda familiar mensal até o equivalente a três salários mínimos, idade média de 36 anos. Os resultados da pesquisa trazem informações muito valiosas. A Tabela 1 apresenta a comparação entre as avaliações de satisfação e patronage intention nos dois tipos de aglomerados. As consumidoras ficam mais satisfeitas nos shopping centers (4,1) que nos polos de rua (3,9), entretanto a patronage intention ainda é maior nos polos varejistas de rua (4,6) do que nos shopping centers (4,3).

Tabela 1 – Shopping Centers e Polos Varejista de Rua: comparando a satisfação e patronage intention dos consumidores

Tipo de Aglomerado	Satisfação	*Patronage Intention*
Shopping Centers	4,1	4,3
Polos de Rua – (média 3 polos pesquisados)	3,9	4,6

Fonte: adaptado de PARENTE et al. (2012), p. 176.

Mesmo que a satisfação já se mostre maior em shopping centers, um fator indicativo da vantagem competitiva dos polos varejistas consiste no ainda mais elevado indicador do *patronage intention*, entre os atuais frequentadores dos polos de rua. Todavia, este também se configura como um ponto de atenção, uma vez que o aumento da diferença da satisfação encontrada nos shopping centers poderá também produzir uma menor *patronage intention* para os polos de rua.

A Tabela 2, abaixo, traz um detalhamento dos resultados para os três polos pesquisados, assim como algumas de suas características – o número de loja e a área Bruta Locável (ABL) das lojas de cada aglomerado varejista. Os resultados indicam que o porte e o mix de lojas do polo influenciam positivamente a satisfação e a *patronage intention* dos clientes. Comparando-se os três polos, os resultados são claramente mais favoráveis ao polo de São Miguel Paulista, o maior deles, com mais de 700 lojas e com uma ABL de cerca de 80 mil m². Nesse polo, a satisfação dos consumidores (4,1) é equivalente à alcançada para os shopping centers, com uma alta *patronage intention* de 4,8. Já o menor polo, do Capão Redondo, com cerca de 150 lojas e uma ABL de cerca de 25 mil m², apresenta os resultados menos favoráveis de satisfação (3,6), mas ainda assim alcança uma *patronage intention* (4,5) superior à dos shopping centers (4,3) – informada no Quadro 1.

Tabela 2 – Influência das características dos polos nas respostas dos clientes

	Satisfação	*Patronage Intention*	Nº Lojas no polo	ABL 1000 m²
Polo – São Miguel Paulista –	4,1	4,8	701	85
Polo – Vila Nova Cachoeirinha	3,9	4,7	479	37
Polo – Capão Redondo	3,6	4,5	154	21
Polos de Rua – (média 3 polos pesquisados)	3,9	4,6	445	476

Fonte: PARENTE et al. (2012)

2 Fatores que Influenciam a Atratividade e a Percepção de Valor para os Aglomerados Varejistas

A Tabela 3, apresentada a seguir, oferece um maior entendimento das preferências dos consumidores para esses dois tipos de aglomerados, pois mostra resultados sobre aspectos diretamente relacionados com a percepção de valor (ou seja, do benefício/custo) dos clientes nessas duas diferentes alternativas de local de compras. Diversos fatores influenciam a satisfação, a *patronage intention*, percepção de valor e o comportamento de compra dos consumidores. Para entendermos as preferências dos consumidores em diferentes aglomerados varejistas, devemos considerar que a atratividade dos consumidores está relacionada com a percepção de valor do cliente, ou seja, pelas variáveis que definem os benefícios oferecidos pelo aglomerado, em relação à percepção dos custos, definida pelos preços dos produtos e pelo custo da experiência de compra. Estudos realizados para comparar a atratividade de shopping centers e polos varejistas de rua têm adotado um conjunto variado de fatores[16], tais como: Variedade das lojas, Atendimento, Serviços, Ambiente, Conforto, Segurança, Estacionamento, Acesso, Imagem, Preços e Valor. A pesquisa realizada no Brasil[17] com mulheres que frequentam tanto polos varejistas de rua de São Paulo confirmaram a relevância desses fatores, mas destacaram também a existência de um outro aspecto peculiar do contexto brasileiro que influenciam as preferências dessas consumidoras que é a percepção da discriminação racial no aglomerado varejista. Como veremos nas análises seguintes, duas prioridades emergem para garantir a vitalidade dos polos varejistas: melhoria da segurança e melhoria do nível de conforto e infraestrutura.

Tabela 3 – Comparação entre as médias dos fatores de atratividade

Características	Avaliação Polo (n = 318)	Avaliação Shopping Center (n = 318)
Valor (benefício/preço)	3,85	3,21
Acesso	4,44	4,10
Imagem	4,64	4,66
Vendedores	4,10	4,24
Variedade de Lojas	4,13	4,58
Estacionamento – Facilidade e preços	2,54	3,27
Ambiente e fatores ambientais	3,28	4,41
Segurança	2,70	3,73
Conforto e Serviços – Infraestrutura	1,60	4,27

Fonte: PARENTE et al. (2012), p. 174.

Os dois primeiros fatores apresentados na Tabela 3 são aqueles que se destacam como vantagens competitivas para os polos varejistas, de acordo com a amostra de consumidoras pesquisada, formada principalmente por mulheres da baixa classe média que costumam frequentar polos de rua e

---

[16] TELLER, 2008, op. Cit.
[17] PARENTE et al., 2012, op. Cit.

shopping centers, ou seja: a percepção de valor (benefício/custo) e a maior facilidade de acesso. Observa-se que a percepção de valor positiva dos polos é construída não só pela efetiva constatação que existe uma oferta de produtos e serviços de preços mais baixos nos polos de rua, mas também pela percepção de produtos mais caros projetada pela imagem de maior sofisticação e de produtos de melhor qualidade associada aos shopping centers.

A facilidade de acesso foi também o outro fator no qual os polos varejistas conseguiram certa vantagem. Essa reação está muito associada à forma como as consumidoras pesquisadas (na maioria da baixa classe média) acessam esses aglomerados. Os resultados dessa pesquisa, apresentados na Tabela 4 mostram também uma grande diferença na forma que as mulheres pesquisadas acessam os shoppings e os polos varejistas de rua. Enquanto 32% acessam os polos de rua andando, apenas 2% acessam os shoppings dessa forma. O acesso via automóvel também mostra uma expressiva diferença – 38% no acesso aos shoppings e apenas 17% no acesso aos polos e rua. Já o transporte coletivo é utilizado por mais de 60% para aqueles que acessam os shopping centers e os dois grandes polos varejistas de São Miguel Paulista e da Vila Nova Cachoeirinha. É interessante observar que cerca de 2/3 dos clientes de Capão Redondo acessam o polo andando. É possível que o menor mix de lojas desse polo varejistas atraia os clientes de uma menor área de influência, estimulando o acesso a pé de seus clientes.

Tabela 4 – Como chegam ao Shopping/Polo

	Shopping Centers (n=300)	Polos de Rua (n = 300)	Polo SMP (n = 100)	Polo VNC (n = 100)	Polo CR (n = 100)
	%	%	%	%	%
Automóvel	38,0	17,3	20,9	17,9	12,5
Ônibus ou Trem	60,4	50,6	61,8	64,3	21,8
Andando	1,6	32,1	17,3	17,9	65,6
Total	100%	100%	100%	100%	100%

Fonte: PARENTE et al. (2012), p. 174

Uma avaliação mais positiva da variedade nos shopping centers (4,6) em relação aos polos de rua (4,1) deve-se provavelmente ao planejamento mais equilibrado do mix de lojas que normalmente ocorre nos shoppings. Essa avaliação mais favorável deve também ser influenciada pela maior oferta de opções de lazer, entretenimento e alimentação nos shoppings.

As maiores vantagens dos shopping centers em relação aos polos varejistas de rua consistem nos três últimos itens da Tabela 3: Fatores Ambientais, Segurança e Infraestrutura. Quanto a fatores ambientais, a desvantagem dos polos de rua ocorre, já que os shopping centers oferecem um confortável ambiente climatizado, onde o consumidor está protegido do sol, calor e chuva. A maior desvantagem dos polos de rua está no item Infraestrutura, indicando que a melhoria, por exemplo, do mobiliário urbano, calçadas, áreas de lazer, banheiros públicos, nos polos de rua seria uma prioridade a fim de aumentar a satisfação dos consumidores. Assim, uma parceria público-privada com o objetivo de minimizar o desconforto de fatores ambientais, melhoria do equipamento urbano e da infraestrutura dos polos de rua deve impactar positivamente a satisfação e a *patronage intention*, melhorando o desempenho e competitividade dos polos de rua em comparação com shopping centers.

A importância do fator segurança emergiu fortemente, mesmo ao longo das entrevistas preliminares realizadas, quando as entrevistadas mencionaram que a insegurança sentida nos polos de rua era um fator que influenciava fortemente uma vantagem competitiva dos shopping centers. Como o fator segurança é um grave problema em grande parte das metrópoles brasileiras, e uma vez que as ruas são vistas como menos seguras, os consumidores podem passar cada vez mais a preferir shopping centers para realizar suas compras. Como comentado no capítulo 6 deste livro (André Luiz B. da Silva e Juracy Parente), os projetos de revitalização realizados em polos varejistas de São Paulo (como na Rua Oscar Freire e Rua João Cachoeira) se concentraram exatamente na melhoria desses aspectos de segurança e melhor iluminação, como também nas reformas de calçadas, espaços para descanso e, em geral, na melhoria e embelezamento do mobiliário urbano. Estes aspectos continuam sendo as prioridades de melhoria para que, em parceria com o poder público, os polos varejistas consigam aumentar sua atratividade para consumidores, cada vez mais exigentes e com maior mobilidade.

2. Comportamento e Preferências do Consumidor para Polos de Rua | 63

Por fim, mas não menos importante, o tema do preconceito racial percebido pelos consumidores merece uma especial atenção. O preconceito é caracterizado como um sentimento de desconforto, especialmente entre as clientes de origem afro-brasileira, durante suas visitas aos shopping centers. Algumas dessas clientes queixam-se de uma postura um tanto menos amistosa dos seguranças dos shoppings e até de muitas lojas como se sinalizassem que elas não são bem-vindas ou não pertencessem a esses ambientes[18]. As citações abaixo são de duas entrevistadas que se queixaram da postura dos agentes de segurança do shopping, reflexo talvez do velado, mas ainda forte, preconceito racial muito presente na sociedade brasileira.

> No shopping, os seguranças ficam olhando para a gente feio (...). Eu entrei numa loja, ele já fica olhando torto, aí eu fui perguntar por que ele tava me olhando, aí ele falou que era o serviço dele (...) mas não precisa ficar assim atrás da gente (...) deixei de frequentar a loja.
>
> Fui com um grupo de amigos, tinham mais meninos do que meninas, e os seguranças foram atrás de nós. (...) é ladrão vai roubar alguma coisa.

No trabalho de Adelson Silva Jr. e Parente[19], foram conduzidas entrevistas em profundidade de forma a examinar como o preconceito é percebido por consumidores quando interagem com a equipe de vendas do varejista. Os relatos confirmam que é frequente o sentimento de desconforto e de insegurança de consumidores afro-brasileiros em shopping centers, especialmente forte ao entrarem em lojas de padrão mais alto por temerem serem atendidos com pouca atenção. A pesquisa também revela que muitos consumidores afro-brasileiros ainda indicam pouca clareza e até certo bloqueio em relatar suas percepções de preconceito. Em alguns casos, esses consumidores tentam justificar o mau atendimento recebido, assumindo a própria responsabilidade pelo ocorrido, explicando que não foram bem atendidos porque "naquele dia não estavam bem vestidos". Assim, de certa forma, tentam

---

[18] PARENTE et al., 2012, op. Cit.
[19] SILVA JR., A. B; PARENTE, J. *Prejudice and Racial Discrimination in Retail Settings:* Perceptions and Reactions of consumers in a n Emerging Market. Artigo apresentado na Academy of Marketing Science World Marketing Congress, Christchurch, Nova Zelândia, 2017.

negar terem sido vítimas do preconceito racial. Alguns desses consumidores também comentam que procuram vestir roupas "especiais" ao saírem para fazer compras em shopping centers, como se buscasse um escudo para se protegerem de serem tratados com pouca atenção nas lojas. Curiosamente mostram grande resistência em admitir que sofrem preconceito. Apesar de não adotarem um posicionamento ativo de reclamação quando percebem um mau atendimento, estes consumidores passam a demonstrar uma forte rejeição a essas lojas. Outro aspecto que chama a atenção é que mesmo quando o cliente e o vendedor são do mesmo grupo étnico-racial, ainda há ocorrência de preconceito e discriminação, uma nova nuance que ainda não foi abordada por teorias que tratam desse fenômeno.

Os achados mostram que a questão do preconceito racial ainda precisa ser bastante trabalhada pelos varejistas, não só em lojas de shopping centers, onde os consumidores afro-brasileiros mencionam sentir um maior desconforto, mas em todos os tipos de varejo. Não é novidade no Brasil o fato das pessoas de pele escura enfrentarem maiores dificuldades de serem contratadas do que as de pele mais clara. Para combater o preconceito nos processos de contratação, torna-se necessário que o presidente da empresa claramente oriente a sua equipe na adoção de práticas não-discriminatórias, que explicitamente estimule a contratação de funcionários que representem a diversidade racial do país, e assim sinalizem a toda sua equipe o princípio antissegregacionista adotado pela empresa. Ao conversar com diretores do Magazine Luiza, ficamos sabendo que a Luiza Helena (ex-CEO e atual presidente do conselho da empresa) adota exatamente essa prática. Em suas visitas às lojas da empresa, costumava questionar o gerente caso não encontrasse na loja uma equipe caracterizada pela diversidade racial.

3 Valores de Compra Hedônico e Utilitário

O entendimento do comportamento do consumidor é enriquecido pela investigação sobre os valores envolvidos na experiência de compra. O interesse em abordar esses aspectos do consumo se justifica pela necessidade de as organizações conhecerem seus clientes e satisfazê-los, para, consequentemente, permanecerem competitivas no mercado. Estudos sobre comportamento do consumidor, abordando valor de compra, inicialmente, estavam voltados para a visão tradicional de consumo, caracterizado pelo consumo utilitário[20]. Consistente com a lógica da relação benefício/custo, o valor utilitário de compra pode ser caracterizado pela procura de uma alternativa com maior qualidade e pelo menor preço[21]. O valor utilitário de uma compra é reconhecido por fatores como sua utilidade, eficiência e conveniência[22], sendo baseado na compra racional e na satisfação de uma necessidade[23]. Assim, pela perspectiva da compra utilitária, o consumidor seria um solucionador de problemas racionais e o consumo seria o meio para se alcançar objetivos previamente planejados[24]. Neste sentido, a dimensão de preço costuma ter uma influência muito forte sobre o comportamento do consumidor, tendo um peso maior dentro do cálculo da utilidade.

Com o início dos estudos voltados ao consumo de características emocionais, em que a escolha racional dá lugar a uma visão experiencial, e tendo em mente que o valor utilitário não seria suficiente para representar as verdadeiras razões de compra do consumidor, surge uma modalidade denominada de consumo hedônico[25]. Definido por características que remetem à sensibilidade e aos cinco sentidos, como sons, gostos, impressões táteis e imagens visuais, o consumo hedônico, por sua vez, está relacionado com a experiência do consumidor e processo de compra, e não somente com o produto. É uma situação diferente da visão tradicional e utilitária que se tinha de consumo na qual as atitudes dos consumidores eram vistas como totalmente baseadas na relação à utilidade econômica dos produtos. Assim, surge esta nova maneira de se encarar a atuação do consumidor, e sobre sua percepção de valor, reconhecendo não só a existência de valores utilitários,

---

[20] D'ANGELO, A. C. *Valores e significados do consumo de produtos de luxo*. Dissertação de Mestrado. Universidade Federal do Rio Grande do Sul, 2004.

[21] ANDERSSON, P.; ENGELBERG, E. *Affective and rational consumer choice modes:* The role of intuition, analytical decision-making, and attitudes to money. Stockholm School of Economics. n° 13, 2006.

[22] ALLEN, M. W.; NG, S. H. The direct and indirect influences of human values on product ownership. *Journal of Economic Psychology*, v. 20, n. 1, p. 5-39, 1999.

[23] ADDIS, M.; HOLBROOK, M. B. On the conceptual link between mass customization and experiential consumption: an explosion of subjectivity. *Journal of consumer behaviour*, v. 1, n. 1, p. 50-66, 2001.

[24] RINTAMÄKI, T.; KANTO, A.; KUUSELA, H.; SPENCE, M. T. Decomposing the value of department store shopping into utilitarian, hedonic and social dimensions: Evidence from Finland. *International Journal of Retail & Distribution Management*, v. 34, n. 1, p. 6-24, 2006.

[25] HOLBROOK, M. B.; HIRSCHMAN, E. C. The experiential aspects of consumption: Consumer fantasies, feelings, and fun. *Journal of consumer research*, v. 9, n. 2, p. 132-140, 1982.

mas também de valores hedônicos que se manifestam diferentemente nas experiências de compra do consumidor[26].

De acordo com Holbrook e Hirschman[27], os valores percebidos durante a compra são artefatos simbólicos e decisivos para a motivação da compra. Portanto, diferente do comportamento utilitário, no qual prevalece a compra racional e funcional, o comportamento hedônico é marcado pela presença de aspectos multissensoriais e emocionais e seu principal objetivo é a busca por diversão e prazer. O comportamento hedônico e utilitário do consumidor também pode estar relacionado ao local de compra[28] [29]. O shopping center, enquanto aglomerado varejista, além das lojas, oferece praças de convivência e cinemas, aspectos hedônicos e de lazer e entretenimento, como exposições culturais e atividades recreativas. Essa diferenciação, através de características multissensoriais do ambiente de varejo, incluindo sons, sensações táteis e aspectos visuais, é reforçada por Addis e Holbrook[30] como facilitadora do comportamento de compra hedônico por parte do consumidor.

Quando comparamos os dois tipos de valores de compra, a compra hedônica não é apenas mais envolvida com aspectos emocionais, mas também aparece como mais subjetiva que a utilitária, podendo ser relacionada com prazer e diversão. Assim, independentemente de ser uma compra planejada ou não, a dimensão hedônica é percebida como um ato de "comprar apreciado"[31], mostrando que o consumidor sente prazer em vivenciar aquela experiência. Neste sentido, a compra hedônica pode ser terapêutica[32] e apresentar aspectos recreacionais[33] nos quais há a satisfação na busca e descoberta de lojas, nos diferentes aprendizados que a experiência oferece, sendo que a efetivação da compra fica em segundo plano, podendo ou não ocorrer.

---

[26] HOLBROOK, M. B.; HIRSCHMAN, E. C., 1982, op. Cit.
[27] HOLBROOK, M. B.; HIRSCHMAN, E. C., 1982, op. Cit.
[28] DONOVAN, R. J. et al. Store atmosphere and purchasing behavior. *Journal of retailing*, v. 70, n. 3, p. 283-294, 1994.
[29] COTTET, P.; LICHTLÉ, M.; PLICHON, V. The role of value in services: a study in a retail environment. *Journal of consumer marketing*, v. 23, n. 4, p. 219-227, 2006.
[30] ADDIS, M.; HOLBROOK, M. B, 2001.
[31] BABIN, Barry J.; DARDEN, William R.; GRIFFIN, Mitch. Work and/or fun: measuring hedonic and utilitarian shopping value. *Journal of consumer research*, v. 20, n. 4, p. 644-656, 1994.
[32] Ibid.
[33] JARBOE, G. R.; MCDANIEL, C. D. A profile of browsers in regional shopping malls. *Journal of the Academy of Marketing Science*, v. 15, n. 1, p. 46-53, 1987.

Assim, ao passo que a compra utilitária está ligada a um comportamento racional (uma compra consciente que busca a utilidade de determinado produto ou serviço), a compra hedônica está ligada à emoção envolvida no ato no qual diversos sentidos tomam parte, sendo a decisão de compra apenas um dos fatores que tomam parte na experiência. Desta maneira, mesmo que ambos os valores sejam buscados pelos consumidores na maioria das experiências de compra, estas podem ser consideradas tanto *com* um objetivo de valor utilitário de compra, quanto *como* um objetivo de valor hedônico[34]. O Quadro 1 sintetiza uma comparação entre os aspectos dos valores de compra hedônico e utilitário.

Quadro 1 – Dimensões utilitárias e hedônicas

DIMENSÃO	Utilitária	Hedônica
Visão/Perspectiva	Processamento da informação (cognitiva)	Experiencial
Propósito	Meio para realizar algum fim	Um fim em si mesmo
Benefícios	Econômico; Conveniência; Funcional	Emocional; Entretenimento; Diversão
Sacrifícios	Dinheiro, tempo e esforço	Stress; Emoções Negativas

Fonte: Martins, 2017. Adaptado de Rintamäki et al. (2006)

A pesquisa realizada por Martins[35] avaliou para uma amostra de 308 mulheres residentes em São Paulo de renda familiar alta (acima de R$7.200,00) e baixa (abaixo de R$1.800,00) os valores utilitários e hedônicos em suas compras em aglomerados varejistas. Para medição das variáveis foi utilizada uma escala Likert de 7 pontos (1 para "discordo fortemente" e 7 para "concordo fortemente"). A Tabela 5, abaixo, apresenta os resultados para os dois segmentos de renda pesquisados.

---

[34] MARTINS, P. L. O. *O Papel Moderador da Renda e do Local de compra na Relação entre Valor na Experiência de Compra e as Respostas do "Shopper"*. Dissertação Mestrado na FGV-EAESP, 2017.
[35] MARTINS, P. L. O., 2017, op. Cit.

Tabela 5 – Valores Utilitários e Valoreis Hedônicos: Alta e Baixa renda

	Média Valor Utilitário	Média Valor Hedônico
Alta Renda	4.30	4.05
Baixa Renda	5.85	5.12

Fonte: Adaptado de Martins, 2017

Os dados da Tabela 5, curiosamente, mostram que os consumidores de baixa renda apresentam valores tanto utilitários como hedônicos superiores aos da alta renda. Estes achados reforçam a ideia de que, em função de consumir com uma restrição de recursos, a baixa renda busca priorizar seu consumo e atuar de maneira mais racional e planejada, compactuando com o valor utilitário maior que o da alta renda. Por outro lado, os aspectos simbólicos de um compra podem ter significados mais fortes na baixa renda do que na alta. Além disso, considerando as condições adversas de vida e trabalho típicas consumidores de baixa renda, uma experiência de fazer compras em um aglomerado varejista pode ter um significado maior na baixa renda do que na alta renda.

4 *Crowding*

Estudos que investigam o comportamento do consumidor em lojas varejistas apontam uma forte relação entre o comportamento de compra e os aspectos físicos do ambiente de varejo[36][37][38]. A sensação de *crowding* ocorre no ambiente varejista quando, em um espaço limitado, o volume de pessoas, objetos, ou ambos restringe a atividade do consumidor ou a realização do

---

[36] MACHLEIT, K. A.; EROGLU, S. A.; MANTEL, S. P. Perceived retail crowding and shopping satisfaction: what modifies this relationship?. *Journal of consumer psychology*, v. 9, n. 1, p. 29-42, 2000.
[37] GREWAL, D. et al. The effects of wait expectations and store atmosphere evaluations on patronage intentions in service-intensive retail stores. *Journal of retailing*, v. 79, n. 4, p. 259-268, 2003.
[38] PONS, F.; LAROCHE, M. Cross-cultural differences in crowd assessment. *Journal of business research*, v. 60, n. 3, p. 269-276, 2007.

2. Comportamento e Preferências do Consumidor para Polos de Rua | 69

objetivo de compra[39]. No Brasil, a experiência do *crowding* é muito mais percebida em polos varejistas de rua do que em shopping centers, como pode ser ilustrada nas lojas abarrotadas de gente e de produtos estocados em aglomerados varejistas como os da Rua 25 de Março em São Paulo e o Saara no Rio de Janeiro.

Existem assim duas dimensões que caracterizam a sensação de *crowding* em um ambiente de loja. A condição de *crowding*, a partir da densidade humana, é reflexo da dificuldade, ou até do impedimento, da escolha de compra devido à aglomeração formada por outros consumidores na loja. Esse aspecto do *crowding* apresenta um fator ambiental dinâmico, uma vez que o movimento na loja pode variar ao longo do dia de acordo com o fluxo de clientes. A condição de alta densidade espacial, por sua vez, ocorre quando esse impedimento é consequência de um volume excessivo de produtos em exposição, impossibilitando o consumidor de encontrar um produto ou de se locomover na loja[40].

Segundo Rompay e outros pesquisadores[41], a partir de resultados de uma pesquisa norte-americana, pode-se verificar que a sensação de *crowding* dos consumidores mostrou-se mais intensa quando houve densidade espacial do que em casos de densidade humana. Contudo, no Brasil, a densidade humana parece incomodar mais os consumidores do que a espacial. Tal fato pode ser resultado da lentidão no atendimento, característica moderadora da percepção de *crowding* e muito comum em lojas de varejo brasileiras[42], especialmente naquelas voltadas para o consumidor de baixa renda.

Desta forma, vemos que a percepção de aglomeração tem relação com a cultura e com a experiência de cada indivíduo. Assim, dois consumidores em um mesmo ambiente de varejo podem ter diferentes pontos de vista em relação à percepção do grau de desconforto provocado pelo nível de *crowding*. Desta maneira, a avaliação de densidade para cada consumidor depende de suas próprias concepções e de sua disposição a interagir com o meio em que se encontra. Enquanto alguns consumidores, por exemplo, podem avaliar uma experiência de compra na rua 25 de Março de forma

---

[39] MACHLEIT; EROGLU; MANTEL, 2000, op. Cit.
[40] BRANDÃO, M. M.; PARENTE, J. G.; OLIVEIRA, B. B. Percepção de crowding no varejo: Uma investigação exploratória no mercado brasileiro. *RAE-eletrônica*, v. 9, n. 2, 2010.
[41] ROMPAY, T. JL van et al. Human and spatial dimensions of retail density: Revisiting the role of perceived control. *Psychology & Marketing*, v. 25, n. 4, p. 319-335, 2008.
[42] BRANDÃO; PARENTE; OLIVEIRA, 2010.

negativa, percebida como disfuncional, confinadora e restritiva, outro consumidor poderá reagir à mesma situação com uma sentimento positivo não só pela percepção de uma favorável relação de benefício/custo nas compras efetuadas, mas também como uma experiência mais movimentada, mais intensa e até mesmo mais hedônica. Assim, além das características pessoais e de aspectos culturais, a percepção de crowding também pode depender da motivação do consumidor à compra e dos valores hedônico e utilitário[43], conforme explicados anteriormente.

A alta densidade humana na loja poderia comunicar uma imagem de tratar-se de uma alternativa extremamente atrativa, possivelmente pela excelente relação de custo-benefício dos produtos oferecidos. Já a alta densidade espacial, com exposição massificada e alto volume de produtos, em oposição à exposição minimalista típica de lojas que vendem bens de luxo, sugere aos consumidores um ambiente típico de atacadistas, que ao comprarem produtos em grande quantidade conseguem preços mais competitivos. No Brasil, diferente da maioria das lojas em shopping centers, as lojas localizadas em polos varejistas de rua tendem a adotar uma apresentação com características de alta densidade espacial, com exposições massificadas de alto volume de produtos e com layouts apertados muitas vezes dificultando a locomoção do cliente na loja. Verifica-se que esse tipo de apresentação consegue comunicar aos consumidores claramente uma imagem de produtos mais "populares" e preços mais competitivos, fatores determinantes para atrair consumidores de renda mais baixa, mais presentes nos polos varejistas de rua do que em shopping centers.

5 Perfil do Consumidor dos Polos Varejistas de Ruas

Por vezes, o consumidor de baixa renda (bastante conectado com o consumo nos polos varejistas de rua) é visto somente por uma ótica de consumo utilitário, uma vez que ele precisa priorizar seus gastos e tomar decisões de compra racionais para gastar os recursos escassos de forma adequada. Todavia, nem todo comportamento do consumidor é voltado para uma abordagem funcional ou de necessidade econômica[44]. Como vimos anterior-

---

[43] TELLER, 2008, op. Cit.
[44] BABIN; DARDEN; GRIFFIN, 1994, op. Cit.

mente, o consumidor de baixa renda está mais ligado ao valor hedônico do que o consumidor de alta renda[45]. Assim, ao mesmo tempo em que trazem algumas características que atendem a motivações utilitaristas, as lojas dos polos varejistas de rua deverão também satisfazer as necessidades hedônicas dos clientes ao oferecerem lojas alegres e festivas, que gerem experiências prazerosas e que também satisfaçam as motivações aspiracionais dos clientes. Algumas das seguintes características de instalações e comunicação visual têm sido observadas em lojas que alcançam grande sucesso em polos varejistas de rua: cores vivas na apresentação do interior da loja, música, abundância e visibilidade do volume de estoques dos produtos expostos, forte sinalização de preços, pisos de mármore (que fortalece o status da loja e o aspiracional do consumidor de baixa renda), forte iluminação, produtos expostos e visíveis na porta da loja e vendedores na entrada da loja[46].

As motivações de compra são muito conectadas ao perfil socioeconômico do consumidor. Assim, vale ressaltar alguns aspectos característicos do consumidor de baixa renda para melhor entender as suas escolhas entre polos varejistas de rua e shopping centers. Há ainda uma predominância de jovens na baixa renda, sendo a faixa de cinco a 19 anos a mais populosa; esta característica torna-se ainda mais relevante quando comparamos com o perfil da alta renda, na qual as faixas de idade mais populosas são de 20 a 34 anos e de 45 a 59 anos (IBGE, 2012). Este maior número de jovens, os quais apresentam um perfil consumo fortemente aspiracional[47] e relacionado às motivações hedônicas. Assim, os polos varejistas de rua enfrentam o desafio de estarem conectados aos segmentos mais jovens de baixa renda, que apresentam ambições de consumo muitas vezes diferentes das gerações anteriores, havendo uma necessidade de se reinventar para atrair também essa nova geração de consumidores mais jovens.

Mesmo com os avanços econômicos, com o crescimento da renda e com mais pessoas deixando o nível de pobreza extrema, a baixa classe média ainda sofre com uma fonte de renda que é instável, fazendo com que fique vulnerável a qualquer mudança ambiental. A crise econômica que o país

---

[45] MARTINS, 2017, op. Cit.
[46] BARKI; PARENTE, 2010, op. Cit.
[47] ABDALLA, C. C.; ZAMBALDI, F. Ostentation and funk: An integrative model of extended and expanded self theories under the lenses of compensatory consumption. *International Business Review*, v. 25, n. 3, p. 633-645, 2016.

atravessa nos últimos anos vem obrigando grande parte da população a rever seus gastos e reduzir o consumo de produtos e serviços menos essenciais. Uma característica bastante relacionada a isso é a grande informalidade que ainda reside nos empregos nos quais seus integrantes atuam: somente 51% da classe média possui empregos formais (IBGE, 2012). Em função desta instabilidade, mesmo que a renda venha a ser maior em alguns momentos, a baixa renda permanece em um perfil de consumo no qual as necessidades básicas consomem a maior parte do orçamento. Neste sentido, as despesas com a casa consomem aproximadamente um terço da renda familiar (sendo a maior parte destinada a energia e comida); gastos com transporte, educação, saúde e serviços públicos consomem mais um terço e cuidados pessoais, viagens, empréstimos, economias e outros gastos (maior parte) consomem o restante (IBGE, 2012).

Mesmo que a categoria de serviços tenha passado a ser uma realidade para este segmento em função do aumento da renda, ela é a primeira a ser cortada das atividades familiares quando há necessidade de se fazer uma priorização nos gastos, sendo que comer fora, atividades de lazer e serviços de beleza são os três primeiros tipos de serviço a serem descartados (Plano CDE/*Netquest*). Isso impacta a escolha por deixar de frequentar ambientes como shopping centers, uma vez que estes estão altamente ligados a serviços e atividades de lazer. Isto fica mais evidente quando vemos que os consumidores da baixa renda não deixam de realizar algumas atividades, apenas adaptando o formato e passando a realizá-las em casa (Plano CDE/*FocusVision*). Assim, polos de rua varejistas têm a oportunidade de oferecer em suas lojas uma experiência de compra mais respeitosa e prazerosa, fatores extremamente valorizados pelos consumidores que atribuem uma dimensão de caráter hedônico a essas situações. É sempre bom ressaltar que as populações de baixa renda, devido sua baixa autoestima, são extremamente sensíveis a um atendimento cordial e personalizado, fator que tem grande peso na seleção das lojas onde compram.

6 Mudanças na nova jornada de compra do consumidor: *Omnichannel* e *Showrooming*

Com as constantes mudanças que vêm ocorrendo no cenário varejista, a adaptação para formatos multicanal torna-se uma necessidade a qualquer rede, seja ela atuante em polo de rua, shopping center ou ambos. Essas mudanças estão atreladas principalmente à característica de multicanalidade que o varejo vem adquirindo[48]. O varejo multicanal caracteriza-se como uma oferta de produtos ou serviços por parte de uma empresa varejista através de diversos canais de compra[49]. Numa evolução deste conceito, o *Omnichannel*, é trazida não só a noção da existência de múltiplos canais que fazem a interface com o consumidor, mas, principalmente, a gestão foca na otimização da experiência do cliente, que percorre os diversos canais do varejista ao longo do processo de sua jornada de compra, sendo difícil para o varejista tentar exercer controle sobre esse processo, uma vez que as fronteiras entre canais são fluidas, tendendo a desaparecer[50].

Assim, a atuação em diversos canais passa a ser cada vez mais uma realidade dos varejistas. Nesse contexto o diferencial competitivo será construído por aqueles varejistas que melhor souberem operar nesses múltiplos pontos de contato e de prestação de serviços ao consumidor. Alavancando esta vantagem competitiva, os resultados de pesquisas mostram que os consumidores que se utilizam de múltiplos canais de um mesmo varejista tornam-se clientes mais fiéis e trazem maiores receitas do que os que se limitam a um canal de venda apenas[51][52].

O crescimento no uso da internet e dos smartphones no consumo começa a integrar e modificar este cenário do varejo multicanal: informações encontradas online passam a ser cruzadas com as informações da loja física[53], trazendo novos desafios aos varejistas e seus vendedores em como lidar com esta nova configuração. O uso da internet vem contribuindo para um cenário de empo-

---

[48] ROSEMBLOOM, B. *Marketing Channels: a Management View*. (7th ed.). International Thompson Press, 2004.

[49] KOTLER, P.; KELLER, K. L. *Administração de Marketing*. Pearson, 14ª Edição, 2012.

[50] VERHOEF, P. C.; KANNAN, P. K.; INMAN, J. J. From multi-channel retailing to omni-channel retailing: introduction to the special issue on multi-channel retailing. *Journal of retailing*, v. 91, n. 2, p. 174-181, 2015.

[51] KUMAR, V.; VENKATESAN, R. Who are the multichannel shoppers and how do they perform? Correlates of multichannel shopping behavior. *Journal of Interactive marketing*, v. 19, n. 2, p. 44-62, 2005.

[52] WEINBERG, B. D.; PARISE, S.; GUINAN, P. J. Multichannel marketing: Mindset and program development. *Business Horizons*, v. 50, n. 5, p. 385-394, 2007.

[53] VANHEEMS, R.; KELLY, J. S.; STEVENSON, K. The Internet, the Modern Death of a Salesman: Multichannel Retailing's Impact on the Salesperson's Role. *International Journal of Integrated Marketing Communications*, v. 5, n. 2, 2013.

deramento do consumidor, que ao fazer uso mais proativamente das mídias sociais vem percorrendo um processo dinâmico de ganho de poder através de ações que mudam o *status quo* dos equilíbrios de poder vigentes[54]. Ou seja, um cenário que antes era dominado por empresas e marcas que comandavam o fluxo de comunicação com o consumidor em via de uma só direção, agora passa a ser uma conversa na qual o consumidor assume uma voz muito forte, dialogando praticamente de igual para igual com empresas e marcas.

Essa nova configuração faz com que o consumidor modifique não apenas sua relação de diálogo com empresas, mas também seu comportamento de compra: com o acesso à internet sendo praticamente ubíquo, da mesma forma que o acesso à informação. O consumidor conquista assim maior poder na hora da compra, uma vez que pode pesquisar informações sobre produtos e preços a qualquer momento, podendo alterar a sua decisão ao longo de sua jornada de compra, e após ter contato com o produto, durante sua visita a uma loja. Essa maior flexibilidade para comprar ocorre pois os sites e aplicativos fornecem serviços *mobile* que permitem ao consumidor a conclusão da compra em qualquer momento. Essas novas tecnologias fizeram surgir um novo fenômeno no comportamento de compra denominado de "*showrooming*" que permite o consumidor a melhor aproveitar as oportunidades em seu novo modelo de jornada de compra (FERREIRA JÚNIOR; PARENTE, 2018).

Por se tratar de um fenômeno relativamente novo, a sua definição ainda sofre variações. De maneira geral, *showrooming* é entendido como a situação na qual o consumidor, durante sua jornada de compra, entra em contato com um produto em uma loja física, mas durante a sua visita à loja, opta por finalizar a compra acessando o ambiente online de outro varejista[55][56]. Desta maneira, a loja física passa a servir mais como um "showroom" ou mostruário das opções existentes, ficando o ambiente online destinado à conclusão da compra. Isso traz novos desafios para os varejistas pois o consumidor não necessariamente irá finalizar a compra na mesma rede em que teve o primeiro contato com o produto.

---

[54] LABRECQUE, L. I. et al. Consumer power: Evolution in the digital age. *Journal of Interactive Marketing*, v. 27, n. 4, p. 257-269, 2013.
[55] WOLNY, J.; CHAROENSUKSAI, N. Mapping customer journeys in multichannel decision-making. *Journal of Direct, Data and Digital Marketing Practice*, v. 15, n. 4, p. 317-326, 2014.
[56] VERHOEF; KANNAN; INMAN, 2015, op. Cit.

Redes como o Magazine Luiza e varejistas que atuam com foco no setor de eletrodomésticos, com ampla atuação em polos varejistas de rua, têm cada vez mais se preparado para lidar satisfatoriamente com esse novo fenômeno do *showrooming*. Essa mudança se torna necessária frente à forte tendência de mudança no comportamento do consumidor. Para produtos do setor de varejo eletro, é muito forte o hábito dos consumidores visitarem as lojas físicas para conhecerem melhor as opções de produtos que pretende comprar, checar informações sobre os produtos com vendedores nas lojas, e também pesquisarem os preços online antes de efetuar a compra. Muitas vezes, enquanto o consumidor ainda está na loja física do varejista, usam seu celular para efetuar a compra do produto desejado no site de outra empresa varejista. Para manterem sua atratividade, as lojas que operam em polos varejistas de rua deverão desenvolver não só uma estratégia que integre bem os diversos canais de compra, mas também, treinar suas equipes de vendas no conhecimento profundo das características dos produtos vendidos, para interagirem mais fluentemente com consumidores cada vez mais bem informados.

Conclusão

Neste capítulo buscamos aprofundar o conhecimento sobre o comportamento do consumidor em polos varejistas de rua, trazendo, por vezes, comparações com seus comportamentos e atitudes em relação a shopping centers. Tratamos de conceitos relevantes como satisfação, *patronage intention*, percepção de valor, valores de compra utilitário e hedônico, *crowding*, preconceito racial, *omnichannel* e *showrooming*. Apresentamos também um panorama sobre quem é o consumidor do polo varejista de rua e como seu comportamento vem se modificando, sendo caracterizado por um consumidor majoritariamente de baixa renda e que vem ficando cada vez mais conectado com o ambiente online. A partir do conteúdo que foi abordado neste capítulo, empresários do varejo devem buscar entender melhor seus consumidores, o que eles buscam quando decidem realizar uma compra em um polo varejista de rua, e como vocês podem fazer para melhor atenderem suas necessidades. Também buscamos sensibilizar os varejistas de polos de rua sobre a concorrência crescente que vem sendo exercida pelos shopping centers, mostrando, porém, possíveis caminhos para que os polos varejistas possam resgatar e reforças suas vantagens competitivas. Já os gestores públicos, ao melhor entenderem quem é este consumidor e quais as suas necessidades, podem desenvolver projetos urbanísticos mais adequados para garantirem a maior atratividade dos polos varejistas de rua, evitando sua deterioração e assim preservando a qualidade de vida e a valorização da região. Ainda é muito escasso o conhecimento que temos sobre o comportamento do consumidor em polos varejistas de rua. Existem assim uma área promissor para a comunidade acadêmica desenvolver novas pesquisas para ampliarem nosso entendimento nessa área. Ainda é necessário desenvolver uma melhor exploração sobre os valores de compra deste consumidor (hedônico e utilitário), principalmente quando pensamos em consumidores mais jovens e que passam a ter uma realidade, muitas vezes, diferente do que tiveram seus pais e avós.

Referências

ABRASCE. Associação Brasileira de Shopping Centers. Disponível em: <http://www.portaldoshopping.com.br/>. Acesso em: 19 ago. 2017.

ABDALLA, C. C.; ZAMBALDI, F. Ostentation and funk: An integrative model of extended and expanded self-theories under the lenses of compensatory consumption. *International Business Review*, v. 25, n. 3, p. 633-645, 2016.

ADDIS, M.; HOLBROOK, M. B. On the conceptual link between mass customization and experiential consumption: an explosion of subjectivity. *Journal of consumer behaviour*, v. 1, n. 1, p. 50-66, 2001.

ALLEN, M. W.; NG, S. H. The direct and indirect influences of human values on product ownership. *Journal of Economic Psychology*, v. 20, n. 1, p. 5-39, 1999.

ANDERSSON, P.; ENGELBERG, E. *Affective and rational consumer choice modes: The role of intuition, analytical decision-making, and attitudes to money.* Stockholm School of Economics. N° 13, 2006.

ANSELMSSON, J. Sources of customer satisfaction with shopping malls: a comparative study of different customer segments. *International Review on Retail, Distribution and Consumer Research*, v. 16, n. 1, p. 115-138, 2006.

BABIN, Barry J.; DARDEN, William R.; GRIFFIN, Mitch. Work and/or fun: measuring hedonic and utilitarian shopping value. *Journal of consumer research*, v. 20, n. 4, p. 644-656, 1994.

BAKER, J. J.; PARASURAMAN, A.; GREWAL, D.; VOSS, G. B. The influence of multiple store environment cues on perceived merchandise value and patronage intentions. *Journal of Marketing*, v. 66, n. 2, p. 120-141, 2002.

BARKI, E.; PARENTE, J. Consumer Behaviour of the Base of the Pyramid Market in Brazil. *Greener Management International*, n. 56, 2010.

BRANDÃO, M. M.; PARENTE, J. G.; OLIVEIRA, B. B. Percepção de crowding no varejo: Uma investigação exploratória no mercado brasileiro, *RAE-eletrônica*, v. 9, n. 2, 2010.

COTTET, P.; LICHTLÉ, M.; PLICHON, V. The role of value in services: a study in a retail environment. *Journal of consumer marketing*, v. 23, n. 4, p. 219-227, 2006.

D'ANGELO, A. C. *Valores e significados do consumo de produtos de luxo*. Dissertação de Mestrado. Universidade Federal do Rio Grande do Sul, 2004.

DONOVAN, R. J. et al. Store atmosphere and purchasing behavior. *Journal of retailing*. v. 70, n. 3, p. 283-294, 1994.

FERREIRA JÚNIOR, Adelson; PARENTE, Juracy, *Ameaça do Showrooming: Como o Trabalho dos Vendedores de Lojas Físicas Pode Enfrentá-lo*. Artigo apresentado no 8º CLAV – Congresso Latino Americano de Varejo, São Paulo, 2015.

GREWAL, D. et al. The effects of wait expectations and store atmosphere evaluations on patronage intentions in service-intensive retail stores. *Journal of retailing*. v. 79, n. 4, p. 259-268, 2003.

HIRSCHMAN, E. C.; HOLBROOK, M. B. Hedonic consumption: emerging concepts, methods and propositions. *The Journal of Marketing*. p. 92-101, 1982.

HOLBROOK, M. B.; HIRSCHMAN, E. C. The experiential aspects of consumption: Consumer fantasies, feelings, and fun. *Journal of consumer research*. v. 9, n. 2, p. 132-140, 1982.

IBGE – Instituto Brasileiro de Geografia e Estatística. Pesquisa de Orçamentos Familiares, Rio de Janeiro, 2012.

JARBOE, G. R.; MCDANIEL, C. D. A profile of browsers in regional shopping malls. *Journal of the Academy of Marketing Science*. v. 15, n. 1, p. 46-53, 1987.

KOTLER, P.; KELLER, K. L. *Administração de Marketing*. Pearson. 14ª Edição, 2012.

KUMAR, V.; VENKATESAN, R. Who are the multichannel shoppers and how do they perform? Correlates of multichannel shopping behavior. *Journal of Interactive marketing*. v. 19, n. 2, p. 44-62, 2005.

LABRECQUE, L. I. et al. Consumer power: Evolution in the digital age. *Journal of Interactive Marketing*. v. 27, n. 4, p. 257-269, 2013.

MACHLEIT, K. A.; EROGLU, S. A.; MANTEL, S. P. Perceived retail crowding and shopping satisfaction: what modifies this relationship? *Journal of consumer psychology*. v. 9, n. 1, p. 29-42, 2000.

MARTINS, P. L. O. *O Papel Moderador da Renda e do Local de compra na Relação entre Valor na Experiência de Compra e as Respostas do "Shopper"*. Dissertação Mestrado na FGV-EAESP, 2017.

OLIVER, R. L. A cognitive model of the antecedents and consequences of satisfaction decisions. *Journal of Marketing*. v. 17, n. 4, p. 460-469, 1980.

PAN, Y.; ZINKHAN, G. M. Determinants of retail patronage: a meta-analytical perspective. *Journal of Retailing*. v. 82, n. 3, p. 229-243, 2006.

PARENTE, J. et al. Polos varejistas de rua ou shopping centers? Comparando as preferências da baixa renda. *BBR-Brazilian Business Review*. p. 162-189, 2012.

PONS, F.; LAROCHE, M. Cross-cultural differences in crowd assessment. *Journal of business research*. v. 60, n. 3, p. 269-276, 2007.

RINTAMÄKI, T.; KANTO, A.; KUUSELA, H.; SPENCE, M. T. Decomposing the value of department store shopping into utilitarian, hedonic and social dimensions: Evidence from Finland. *International Journal of Retail & Distribution Management*. v. 34, n. 1, p. 6-24, 2006.

ROMPAY, T. JL van et al. Human and spatial dimensions of retail density: Revisiting the role of perceived control. *Psychology & Marketing*. v. 25, n. 4, p. 319-335, 2008.

ROSEMBLOOM, B. *Marketing channels: a management view*. (7th ed.). International Thomson Press, 2004.

SILVA, A. L.; PARENTE, J. *Revitalização de Polos Varejistas de Rua:* exemplos bem-sucedidos no Brasil, capítulo 5 desse livro de Polos Varejistas. 2019.

SILVA JR., A. B; PARENTE, J. *Prejudice and Racial Discrimination in Retail Settings:* Perceptions and Reactions of consumers in a n Emerging Market. Artigo apresentado na Academy of Marketing Science World Marketing Congress, Christchurch, Nova Zelândia, 2017.

TELLER, C. Shopping streets versus shopping malls: determinants of agglomeration format attractiveness from the consumers' point of view. *The International Review of Retail, Distribution and Consumer Research*. v. 18, n. 4, p. 381-403, 2008.

TELLER, C. et al. Place marketing and urban retail agglomerations: an examination of shoppers' place attractiveness perceptions. *Place Branding and Public Diplomacy*, v. 6, n. 2, p. 124-133, 2010.

VANHEEMS, R.; KELLY, J. S.; STEVENSON, K. The Internet, the Modern Death of a Salesman: Multichannel Retailing's Impact on the Salesperson's Role. *International Journal of Integrated Marketing Communications*. v. 5, n. 2, 2013.

VERHOEF, P. C.; KANNAN, P. K.; INMAN, J. J. From multi-channel retailing to omni-channel retailing: introduction to the special issue on multi-channel retailing. *Journal of retailing*. v. 91, n. 2, p. 174-181, 2015.

WEINBERG, B. D.; PARISE, S.; GUINAN, P. J. Multichannel marketing: Mindset and program development. *Business Horizons*. v. 50, n. 5, p. 385-394, 2007.

WOLNY, J.; CHAROENSUKSAI, N. Mapping customer journeys in multichannel decision-making. *Journal of Direct, Data and Digital Marketing Practice*. v. 15, n. 4, p. 317-326, 2014.

ZEITHAML, V. A consumer perceptions of price quality, and value: a means-end model and synthesis of evidence. *Journal of Marketing*. v. 52, n. 3, p. 2-22, 1988.

3. Evolução de Formatos de Lojas Físicas e de Polos Varejistas de Rua

Ana Paula Miotto
Juracy Parente

Introdução

Este trabalho foi motivado para expandir e desenvolver um conhecimento mais estruturado sobre os formatos de lojas de vestuário no contexto da classe média baixa em ascensão em mercados emergentes como o Brasil, além de contribuir para preencher algumas lacunas existentes na literatura. Os resultados da pesquisa realizada que apresentamos nesse capítulo foi orientada por algumas questões: Como se pode descrever melhor e sintetizar a grande diversidade de tipos de lojas em uma taxonomia de formatos de varejo? Como podemos descrever melhor e sintetizar a grande diversidade de tipos de loja de vestuário, encontrada em polos varejistas de rua no Brasil? Quão diferentes são as estratégias utilizadas pelas lojas de vestuário em mercados emergentes em relação às variáveis do mix de varejo? O modelo Big Middle pode ser adaptado para retratar as estruturas transitórias do varejo encontradas em mercados emergentes?

Instituições varejistas podem em geral ser classificadas de acordo com os seus formatos de lojas, ou seja, o conjunto de características que definem o tipo de varejo físico. Assim, supermercados, lojas de departamento, lojas de conveniência, padaria, são exemplos de formatos varejistas bem conhecidos. Como veremos ao longo deste capítulo, os formatos físicos do varejo evoluem ao longo do tempo, em um processo que se assemelha ao do ciclo de vida de um produto, ou seja: nascimento, crescimento, maturidade e declínio. Os varejistas estão sempre inovando em sua estratégia para atrair mais consumidores, atender melhor seu público, superar a concorrência ou ainda aproveitar vantagens decorrentes do avanço da tecnologia. A estratégia traçada pelo varejista em suas lojas físicas está diretamente relacionada ao formato da loja. Este, por sua vez, resulta da configuração das variáveis do seu composto mercadológico, ou seja, suas escolhas para ofertas de produto e preço, tamanho e layout da loja, forma de apresentação da mercadoria, tipo de serviço prestado por seu pessoal, intensidade e formas de promoção e a localização da loja.

A despeito da concorrência acirrada que caracteriza o varejo nos polos de rua, os menores custos de operação dessas lojas, em comparação com os custos impostos em centros comerciais planejados como shopping centers, parecem oferecer condições mais generosas para a sobrevivência de varejistas em estágios menos avançados de gestão – empresas caracterizadas por uma menor clareza na definição estratégica e por ainda adotarem conceitos varejistas mais tradicionais. Desta forma, a rua permite uma variedade maior de formatos, principalmente no grau de modernidade dos varejistas que decidem implantar suas lojas nestes polos.

Este capítulo se dedica a apresentar os diferentes estágios de evolução que o varejo físico assume nos polos comerciais de rua quando consideradas as estratégias empregadas pelos varejistas e pelos seus diferentes níveis de gestão em cada empresa. São abordados conceitos que diferenciam o varejo físico tradicional e moderno, seguidos de uma discussão sobre as características do varejo em países emergentes. Definições sobre formatos varejistas e as teorias de evolução varejistas são apresentadas, além dos resultados de uma pesquisa realizada em polos de rua da cidade de São Paulo com o objetivo de classificar os formatos de lojas físicas de confecção, visando entender o processo de evolução desses formatos.

1 Varejo Tradicional e Varejo Moderno

As atividades varejistas recebem intensa influência do contexto local e, portanto, as características do varejo variam entre diferentes regiões de acordo com as condições econômicas, sociais e institucionais locais. Assim, formatos de loja evoluem constantemente, estimulados por diferentes

3. Evolução de Formatos de Lojas Físicas e de Polos Varejistas de Rua

aspectos de seu ambiente de negócios Semelhante aos produtos, os formatos varejistas também seguem um padrão evolutivo semelhante ao ciclo de vida: nascimento, desenvolvimento, maturidade e declínio. Formatos tradicionais e antigos são gradualmente substituídos por modelos mais eficientes e modernos.

O varejo físico moderno é caracterizado por formatos mais competitivos que adotam tecnologias de informação atualizadas, técnicas de *merchandising*, marketing e *branding*. O varejo moderno de lojas físicas geralmente engloba formatos mais eficientes como supermercados, serviços de autoatendimento, redes de lojas e varejos multicanais. Os varejos físicos tradicionais ou menos organizados incluem bancas de feira livre, mercearias, empórios, lojas tipo bazar e lojas antiquadas, pequenas e operadas por uma família, geralmente encontradas em países ou regiões de menor renda.[1][2] Apesar de não existir uma clara definição que distinga as lojas do varejo moderno e do tradicional, alguns aspectos varejistas ajudam a caracterizar esses dois tipos de formatos. O Quadro 1 ilustra algumas dessas diferenças, que caracterizam esses dois tipos de formato. No processo de evolução, muitos comércios no formato tradicional vão, gradualmente, incorporando características do varejo "moderno", podendo assim se situar em estágios intermediários nessa transição entre tradicional e moderno.

---

[1] AITHAL, R..Marketing channel length in rural India: Influence of the external environment and rural retailer buyer behavior. International *Journal of Retail and Distribution Management*. Vol. 40, No. 3 (2012), pp. 200-217.
[2] D'ANDREA, G.; , Lopez-Aleman, B. and Stengel, A. (2006), "Why small retailers endure in Latin America", International Journal of Retail and Distribution Management, Vol. 34 No. 9, pp. 661-673.

Quadro 1 – Diferenças entre formatos varejistas "tradicionais" e "modernos"

	Formato Varejo Tradicional	Formato Varejo Moderno
Localização	Localizadas em rua, em polos varejistas de rua, em regiões menos afluentes.	Em geral localizadas em regiões mais afluentes e em Shopping Centers.
Porte da empresa	Empresa pequena, em geral operando apenas uma loja	Empresa em geral operando uma rede de várias lojas
Perfil de clientes	Em geral renda baixa	Todos os níveis de renda
Qualidade dos produtos	Média a baixa	Média a alta
Linha de Produtos	Média e menos profunda	Ampla e/ou especializada e profunda
Nível de Preços e margens	Em geral preços e margens médias	Em geral, preços e margens mais baixos
Preços – descontos para clientes	Descontos de preços podem ser negociados	Preços fixos sem espaço para negociação
Crédito	Crédito concedido informalmente com base em confiança pessoal	Crédito via cartões de crédito da própria loja
Promoção e Propaganda	Pouca ou inexistente	Intensa e regular
Atendimento	Venda Pessoal sem autosserviço	Autosserviço, ou auto seleção assistida
Relacionamento da loja com os cientes	Em geral intenso, alto envolvimento, e atenção personalizada.	Pouco envolvimento e pouca atenção personalizada
Comunicação Visual e sinalização	Confusa e Pouco visível	Clara e de fácil compreensão que facilita a auto seleção
Varejo online e multicanal	Inexistente	Existente
Porte da Empresa – número de lojas	Pequena empresa, em geral com uma única loja.	Em geral, grande empresa, com extensa rede de lojas
Grau de profissionalização da gestão	Baixo e estagnado	Alto e sempre em processo de aprendizado
Tecnologia e informação na Gestão	Baixa	Alta

2 Características do Varejo e dos Aglomerados Varejistas em Países Emergentes e Países Desenvolvidos

Nos países emergentes e em processo de desenvolvimento, os formatos modernos de varejo encontram-se ainda em estágios iniciais de crescimento do ciclo de vida, enquanto os formatos tradicionais já estão em diferentes níveis de intensidade e velocidade, em fase de declínio. A modernização dos canais de distribuição está relacionada com o fenômeno da evolução varejista e difere fortemente nos países em desenvolvimento do que é encontrado nos países desenvolvidos[3]. Enquanto os formatos modernos dominam totalmente o mercado varejista das regiões mais desenvolvidas, como nos países da América do Norte e da Europa, a maior parte das vendas em países mais pobres, como na Índia e na maior parte dos países Africanos, a grande maioria das vendas ocorre por meio de formas tradicionais de varejo. A participação de cada um desses tipos de varejo depende do grau de urbanização e desenvolvimento do país e da região. Na Índia, por exemplo, um país ainda essencialmente rural, a grande maioria das vendas de alimentos é dominada por milhões de pequenas e tradicionais lojas de alimentos, e pelos vendedores ambulantes. O formato supermercados que representam o varejo moderno, apesar da rápida expansão, ainda representa uma pequena fatia do mercado indiano. No Brasil, entretanto, o moderno varejo de alimentos – supermercados, hipermercados e "atacarejos" – já participam com a maior parte das vendas de produtos alimentícios, ficando o resto da distribuição a cargo de formatos tradicionais, como as tradicionais mercearias, mercados e feiras.

No caso dos produtos não alimentícios, como confecções e eletroeletrônicos, existem duas principais alternativas varejistas: os modernos e planejados aglomerados de lojas, como os shopping centers, e os "tradicionais" aglomerados que surgiram espontaneamente, pela formação de polos varejistas nas ruas dos centros das cidades e em bairros. Nos países menos desenvolvidos, os shopping centers ainda estão em um estágio de crescimento, sendo os tradicionais polos varejistas de rua formados por um conjunto de lojas ainda em formatos tradicionais que exercem um papel dominante no comércio varejista dessas regiões. À medida que o varejo de um país se moderniza, também muda a composição das lojas nos polos varejistas de rua,

---

[3] SAMIEE, S. Retailing and channel consideration in developing courtiers: a review and research propositions. Journal of Business Research. Vol. 27, n° 2 (1993), 103-129.

que também evoluem e passam a apresentar formatos modernos de lojas, incluindo unidades de grandes redes varejistas. O grau de modernidade dos polos varejistas de rua pode assim ser definido, de acordo com a participação de varejistas de formato moderno em sua composição de lojas.

Nos países mais desenvolvidos, os shopping centers já atingiram um estágio de maturidade e desempenham, em geral, um papel muito mais relevante do que os polos varejistas de rua. Entretanto deve-se registrar que, em países da América do Norte e da Europa, o poder público e os varejistas desenvolvem um intenso e bem-sucedido esforço de revitalização dos polos varejistas de rua. Nesses países, existe um crescente reconhecimento da essencial função que os polos de rua exercem para preservar a atratividade e qualidade de vida das comunidades onde estão localizados e, por meio de políticas públicas, procuram evitar situações de degradação urbana em regiões onde os polos correm o risco de entrar em decadência.

Consistente com o avançado estágio de modernidade do varejo local, os polos de rua dos países desenvolvidos são formados por modernos formatos varejistas. Uma indicação do dinamismo do varejo em polos varejistas de rua pode ser comprovada pelo elevado custo de locação por metro quadrado dos pontos comerciais. Todos os dez mais altos custos de locação por metro quadrado no mundo estão em ruas, como a 5ª Avenida (de longe o ponto mais caro, avaliado em cerca de US$ 40 mil dólares por ano por m^2) e a Avenida *Madison* em Nova York, a Avenida *Champs Elysees* em Paris e a *Bond Street* em Londres.

Como ocorre no Brasil, outros estudos sobre varejo em países emergentes relatam que ainda existe um contraste substancial nos hábitos de compras e na estrutura de varejo que atende aos públicos de maior renda se comparado às classes socioeconômicas mais baixas[4]. Em um mesmo país, os segmentos de renda mais alta são servidos por modernos formatos operados por grandes e bem estruturadas redes varejistas, cujas lojas estão localizadas principalmente em regiões de renda mais alta e nos modernos e confortáveis shopping centers. Já a atividade varejista para as classes de renda mais baixa ocorre predominantemente em formatos de varejo tradicional situados em polos varejistas de rua, em ambientes menos confortáveis, localizadas em torno de terminais de transporte público.

---

[4] AMINE, A; LAZZAOUI, N. Shoppers' reaction to modern food retailing systems in an emerging country: the case of Morocco. International Journal of Retail and Distribution Management, Vol. 39, n°8 (2011), pp 5620581.

A rápida expansão do poder de compra de grandes países emergentes como China e Índia está transformando estes países em grandes mercados para bens de consumo. Empresas varejistas de todo o mundo perceberam que a expansão de suas atividades e novas oportunidades ocorrem principalmente em países emergentes, especialmente em suas áreas urbanas, caracterizadas por rápidos índices de crescimento populacional.

3 Formatos Varejistas: Definições

Formato de varejo é estabelecido pela combinação das variáveis do *marketing mix* do varejista, ou seja pelo "6"Ps" do varejo: Produto (categorias de produtos vendidas, grau de qualidade dos produtos, amplitude e profundidade da variedade), Preço (nível de competitividade do preço), Promoções (intensidade das ofertas, gastos com propaganda), **Pessoas** (que reflete o nível atendimento e tipo de serviço oferecido pela loja), a**P**resentação (tamanho da loja, equipamentos de exposição, tipo de layout e exposição dos produtos) e Ponto (tipo de localização, nível socioeconômico do ponto).

O formato da loja, além de refletir a estratégia da empresa, pode ainda determinar a estrutura competitiva do varejista[5]. O formato pode ser considerado o resultado do composto mercadológico oferecido pelo varejista, sendo formado por suas características básicas que constituem os elementos utilizados para satisfazer as necessidades dos consumidores. A estratégia traçada pelo varejista está diretamente relacionada ao formato da loja. Este, por sua vez, resulta da configuração das variáveis do seu composto mercadológico, ou seja, suas escolhas para ofertas de produto e preço, forma de apresentação da mercadoria, tipo de serviço prestado por seu pessoal, intensidade e formas de promoção e a localização da loja. Muitos formatos, como supermercados, hipermercados, refletem um tipo de composição varejista adotada por várias empresas[6].

---

[5] GONZÁLEZ-BENITO, Óscar, MUÑOZ-GALLEGO, Pablo A. KOPALLE, Praveen K. Asymmetric completion in retail store formats: evaluating inter-and-intra-format spatial effects. *Journal of Retailing*, v.81, n.1, p.59-73, 2005.

[6] LEVY, M.; WEITZ, B.; GREWAL, D. Retailing Management. 10ª ed. Boston, McGraw-Hill Irwin, 2017.

A diversificação dos formatos varejistas é uma das consequências da grande transformação vivida pelo setor nas últimas décadas[7]. Isso pode ser explicado pelo caráter dinâmico dos modelos de negócio desenvolvidos pelos varejistas que criam, alteram e descartam formatos em resposta a mudanças no ambiente competitivo[8]. O varejo de alimentos no Brasil tem uma classificação bastante difundida, para os demais segmentos não existe uma classificação amplamente divulgada e a variedade de formatos dificulta esse trabalho. Sem considerar os polos varejistas especializados em determinados segmentos, comuns nas cidades grandes, nos polos generalistas a variedade de setores de varejo é grande e dentro de cada setor há ainda uma grande variedade de formatos.

4 Evolução de Formatos: Teorias

Formatos de loja evoluem constantemente, pois os varejistas estão sempre inovando suas estratégias para atrair mais consumidores, atender melhor seu público, superar a concorrência ou ainda aproveitar vantagens decorrentes do avanço da tecnologia. Os formatos seguem um padrão evolutivo semelhante ao ciclo de vida dos produtos. Novos formatos e instituições de varejo emergem como resultado da adaptação a diferentes necessidades do mercado e das forças ambientais. Para descrever e explicar esse ciclo evolutivo, diferentes hipóteses e modelos têm sido desenvolvidos para ajudar a entender a evolução dos formatos de varejo.

Algumas dessas teorias foram desenvolvidas há várias décadas e são bastante difundidas, entre elas o "círculo do varejo" (*the Wheel of Retailing*) proposta por MacNair em 1958. Essa teoria propõe que novos formatos começam como um modelo de baixo custo de operação, com instalações simples, baixo nível de serviços, margens baixas e preços competitivos. O sucesso desse novo formato atrai competidores que começam a sofisticar o formato inicial, aumentando as margens e gradualmente perdendo as vantagens competitivas de baixo custo que inicialmente os diferenciavam

---

[7] MORGANOSKY, M. Retail market structure change: implications for retailers and consumers. *International Journal of Retail and Distribution Management*. Vol. 25 (1997), pp. 269-278.

[8] REYNOLDS, J, HOWARD, E., CUTHBERTSON, C., HRISTOV, L. (2007), Perspectives of retail format innovation: relating theory and practice, International Journal of Retail & Distribution Management, Vol. 35 No. 8, pp. 647-660.

dos varejistas tradicionais. Essa teoria parece caracterizar muitas inovações ocorridas em países desenvolvidos, como foi o caso das lojas de desconto, versões de baixo custo que passaram a concorrer com as tradicionais lojas de departamento, atualmente em fase de declínio. Em países menos desenvolvidos como no Brasil, novos formatos de varejo introduzidos no país são transposições de formatos existentes e já consagrados em países desenvolvidos que geralmente desembarcam no Brasil com um posicionamento de mercado mais sofisticado para atender inicialmente os segmentos menos sensíveis a preço, como por exemplo as lanchonetes tipo fast food, lojas de conveniência, e megalojas.

Outra teoria de evolução do varejo físico, o Acordeom do Varejo proposta por Hollander em 1966 considera que o sortimento de produtos é o principal direcionador da inovação dos formatos varejistas. Essa é teoria cíclica atesta que a evolução dos formatos acontece em um movimento contínuo de expansão e contração do sortimento de produtos. Na fase de expansão o sortimento cresce em variedade, mas declina em profundidade e o contrário acontece na fase de contração. Historicamente, essa teoria se confirma na observação de instituições varejistas que passaram de generalistas a lojas especializadas e então se voltaram para outro período de extensão e posterior ciclo de contração.

O processo dialético proposto por Maronick e Walkers em 1974 oferece outra explicação para o processo de evolução dos formatos varejistas. Segundo essa teoria, um novo formato de varejo surge como resultado da síntese de duas forças opostas (tese e antítese), quando os varejistas se adaptam mutuamente, adquirindo características de competidores opostos e essa mudança gera um novo formato. Por exemplo, o formato conhecido como "hortifrúti" ou "sacolão" é um formato característico do Brasil, resultando da síntese do formato tradicional da feira livre com o moderno formato do supermercado.

Mais recentemente, o modelo conhecido como *Big Middle* apresentado por Levy e seus colegas em 2005 busca descrever e explicar como os formatos e as instituições de varejo evoluem para os grandes ou principais varejistas. O conceito do *Big Middle* é definido como o espaço de mercado onde a maior parte dos varejistas compete para servir os segmentos de mercado de massa. Eles propõem que os grandes varejistas que dominam esse mercado são originados de dois outros formatos, ou seja, evoluem a partir de formatos especializados e inovadores ou a partir de formatos de preço baixo.

Entretanto, alguns varejistas são incapazes de desenvolver uma vantagem competitiva ou entregar altos níveis de valor relativo e são então classificados como Varejistas-Problema. Com base nas hipóteses Big Middle, instituições de varejo e formatos podem ser classificadas em três tipos:

Inovador ou specializado: ofertas de serviços especiais para nichos específicos de mercado, exigentes na qualidade;

Preço Baixo: estratégia para mercados sensíveis a preço;

Big Middle: prosperaram por causa de sua vantagem competitiva, oferecendo ampla variedade de mercadoria (sortimento e profundidade) e preços razoáveis.

O modelo incluiu adicionalmente uma 4ª classificação, denominada de "Lojas Problemas", referindo-se a qualquer das três categorias acima, incapazes de oferecer uma vantagem competitiva em relação aos seus concorrentes. O modelo evolucionista de Levy e seus colegas, ilustrado na *Figura 1*, fornece um quadro conceitual valioso para enriquecer a análise dos diferentes formatos varejistas. Este modelo, desenvolvido com base na realidade do varejo norte americano reflete um cenário do varejo maduro e moderno.

Figura 1 – O formato "Big Middle" e os demais formatos varejistas

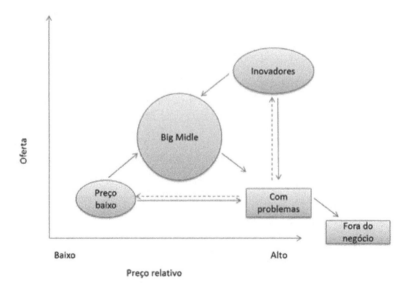

Fonte: LEVY, M. and WEITZ, B. (2009), Retailing Management, 6th ed., McGraw-Hill Irwin, Boston, USA.

Nas próximas seções apresentaremos os resultados de pesquisa, desenvolvida pelos autores em São Paulo, que ajudará no ajuste desse modelo à realidade de países emergentes, como o Brasil, onde ainda existem, lado a lado, formatos **tradicionais** e formatos **modernos**.

5 Pesquisa Sobre os Formatos do Varejo de Vestuário em São Paulo

Com o intuito de contribuir para o entendimento da evolução dos formatos de varejo de confecções no Brasil, realizamos pesquisa em polos comerciais de rua da cidade de São Paulo. As lojas de vestuário são o principal componente do mix de lojas desses polos, respondendo por cerca de 20% de suas lojas[9]. Considerando-se o potencial de crescimento dos mercados de baixa renda e também a importância econômica do varejo de moda, esta pesquisa é relevante e única porque preenche uma lacuna na literatura de varejo sobre a estrutura e evolução de formatos de varejo em mercados de baixa renda.

No Brasil, o aumento substancial do poder de compra dos consumidores de baixa renda ocorrido durante a primeira década desse século, acelerou o ritmo de modernização dos varejistas localizados nos polos varejistas de rua que servem esses segmentos. Lojas de vestuário, um dos principais componentes do mix de lojas desses polos varejistas, representa uma grande diversidade de formatos, tamanhos, estratégias e níveis de modernização. Pode-se encontrar formatos tradicionais, ou seja, lojas antiquadas, lojas únicas de atuação local que convivem lado a lado com outras mais modernas de grandes redes nacionais. Estes polos são, portanto, um terreno fértil para a investigação da diversificação de formatos de lojas e do ciclo de evolução e de modernização que está em curso no setor de varejo brasileiro que atende consumidores de baixa renda.

As unidades de análise do estudo foram lojas de vestuário localizadas em polos varejistas de rua que servem especialmente consumidores de baixa renda[10]. Foram avaliadas 108 varejistas de vestuário dentro de três polos varejistas localizados na cidade de São Paulo, nos bairros de S. Miguel Paulista

---

[9] PARENTE et al., 2011, op. Cit.
[10] MIOTTO, A.; PARENTE, J. Retail evolution model in emerging markets: apparel store formats in Brazi. International Journal of Retail & Distribution Management. Vol. 43 n° 3 (2015), pp.242-260.

(na Zona Leste), Vila Nova Cachoeirinha (na Zona Norte) e Capão Redondo (Zona Sul). Os três polos comerciais selecionados para essa investigação são grandes aglomerados de lojas, com uma média de cerca de 400 lojas em cada um desses distritos, e têm níveis de renda familiar semelhantes, entre dois e cinco salários mínimos, representando a maior classe social no Brasil, conhecida no país como Nova Classe Média, formada pelos consumidores urbanos de classe média baixa.

Um instrumento de observação foi projetado para capturar características do mix de marketing das lojas, e um curto questionário foi desenvolvido para obter informações complementares dos gestores das lojas (ou proprietários). Foram pesquisadas as variáveis de produto, preço, promoção, pessoal, apresentação e localização. As observações e entrevistas foram realizadas por um único pesquisador, a fim de evitar diferenças na percepção que poderiam criar alguma influência pessoal na análise, seguindo estritamente critérios metodológicos para avaliar objetivamente as características das lojas. A análise de agrupamento (ou *cluster analysis*) foi o método de tratamento estatístico de dados utilizada para obter taxonomia ou *clusters* de formatos de lojas.

A pesquisa revelou achados muito consistentes com os três formatos propostos pela Teoria do *Big Middle*. Três dos quatro formatos de lojas mostraram uma semelhança surpreendente com os formatos de varejo moderno propostos pelo modelo *Big Middle*. Devido a essa semelhança, adotamos seus nomes: "Inovador" ou Especializado, Ênfase em Preço Baixo (ou Focada em Preço), Big Middle (ou Consolidada). Ainda identificamos, porém, um formato adicional que agrupa as lojas com características dominantes de varejo Tradicional ou "antiquado", ainda muito encontradas em países emergentes.

As características dos quatro formatos são sumarizadas no *Quadro 2*. Ao comparar os dados desse quadro com os do Quadro 1 (Diferenças entre formatos varejistas "tradicionais" e "modernos"), verifica-se que as 40 lojas classificadas no Cluster 1, que denominamos de Tradicional, realmente apresentam todas as caraterísticas do varejo comum. Por outro lado, o formato do Cluster 4, Consolidado, apresenta todos os aspectos do varejo "moderno". Já as lojas classificadas no Cluster 2 ("Ênfase no Preço Baixo") e no Cluster 3 (Especializada) são exemplos de formatos em transição, que, apesar do predomínio das características do varejo moderno, ainda guardam algumas poucas características do varejo tradicional.

Quadro 2 – Características dos quatro formatos de varejo de confecção

Características	Cluster 1 Tradicional ou Antiquado	Cluster 2 Ênfase no Preço Baixo	Cluster 3 Especializado ou Inovador	Cluster 4 Consolidada ou Big Middle
Número de lojas encontradas nos três polos	40	43	12	13
Porte da Empresa	Muito Pequena	Média	Média	Grande
Número de lojas	Uma	Médio	Médio	Alto
Grau de profissionalização da gestão	Baixo	Médio	Médio	Alto
Tecnologia e informação na Gestão	Baixa	Médio	Médio	Alto
Intensidade do relacionamento com cliente	Alto	Baixo*	Médio	baixo*
Predomínio do Serviço pessoal	Alto	Baixo	Médio	Baixo
Predomínio do autosserviço e auto seleção assistida	Baixo	Alto	Médio	Baixo
Amplitude da Linha de Produtos	Média	Média	Baixa	Alta
Profundidade da Linha de Produtos	Baixa	Média	Alta	Alta
Preços e margens	Alto	Baixo	Alto	Médio
Flexibilidade para cliente conseguir descontos	Alto	Baixo	Médio	Baixo
Promoção e Propaganda	Baixa	Média	Média	Alta
Uso do Cartão de crédito da loja	Não	Média	Média	Alto
Crédito Informal baseado na confiança	Alto	Não	Baixo	Não
Localização em rua ou shopping	Rua	Rua	Rua e shopping	Rua e shopping
Nível de Renda da região da loja	Baixa	Baixa e Média	Baixa, Média e Alta	Baixa, Média e Alta
Qualidade da Comunicação Visual e sinalização	Baixa	Média	Alta	Alta
Adoção do Varejo online e multicanal	Não	Baixa	Média	Alta

Fonte: Pesquisa realizada pelos autores, Miotto, A., Parente, J. (2015),

Cluster 1, Tradicional (ou Antiquado): este grupo é formado por 40 lojas situadas nos três polos varejistas de rua investigados. Essas lojas apresentam muitas das características do varejo Tradicional sugeridas no Quadro 1. Com uma área de vendas média de 90 m2, a maioria das lojas neste grupo são lojas únicas, o que sugere que elas são dirigidas por empreendedores, em geral famílias, sem ambição ou competência para se expandir. O seu mix de produtos é pouco desenvolvido, uma vez que carece de consistência e atratividade – não existem marcas próprias nem esforço de oferecer produtos atualizados com as tendências da moda. Estas lojas oferecem preços médios e não fornecem ofertas de preços ou promoções atraentes, portanto, eles não tentam projetar a imagem de uma loja de preço baixo. A maioria declara que não segue um calendário promocional, nem oferece o seu próprio cartão de crédito. A apresentação física e visual das lojas também demonstra falta de cuidado – por exemplo, elas são normalmente mal iluminadas e os produtos expostos como *commodities* sem a preocupação de apresentar sugestões de combinações aos consumidores. Não há nenhuma tentativa de agregar valor aos produtos, ou sugerir a coordenação de peças ou equipamentos, o que poderia contribuir para uma área de venda mais atraente. Estas lojas adotam um estilo tradicional de serviço, no qual os vendedores ficam atrás de um balcão para atender os clientes. Há, portanto, pouco incentivo para o comportamento de compra por impulso. O formato Tradicional ainda é muito representativo, correspondendo a quase 40% das lojas de vestuário nesses polos comerciais.

No Brasil, esse formato é geralmente restrito às áreas de baixa renda, não sendo encontrado nos shopping centers que servem pincipalmente os segmentos de média e alta renda. Como em outros países emergentes, os formatos "tradicionais", estão em fase de declínio em seu ciclo de vida, sendo substituídos gradualmente por formatos mais modernos, representados pelos outros três formatos encontrados na pesquisa.

Cluster 2, Preço Baixo: com um tamanho médio de cerca de 150 m2, este grupo inclui 43 lojas. Eles adotam uma estratégia muito similar ao segmento análogo proposto pelo modelo do *Big Middle*. Parte das lojas pertence a pequenas cadeias (de dois a dez estabelecimentos). Preços baixos parecem ser o principal diferencial desse grupo. Para reforçar esse posicionamento utilizam uma intensa e agressiva sinalização promocional na área de vendas e em suas vitrines. A maioria dessas lojas segue um calendário promocional que é amplamente adotado pelo setor de varejo. Cerca de um terço dessas lojas têm o seu próprio cartão de crédito – geralmente por meio de uma parceria com instituições financeiras. Em relação à apresentação e ambiente físico, a maioria dessas lojas não tem preocupação em seguir as tendências de moda e a mercadoria é exposta por categoria e não por estilo ou ocasião de uso. Todas as lojas trabalham com autosserviço assistido, mas a aparência do seu pessoal de vendas é descuidada. Em relação ao produto, a maioria das lojas vendem duas ou três categorias de produtos, e não oferecem produtos com marca própria. Este formato é geralmente restrito a polos que atendem a população de menor renda e não é encontrado em shoppings. Apesar de apresentar alguns aspectos de varejo Tradicional, a maioria de suas características permite classificá-las como lojas de um formato moderno.

Cluster 3, Especializado: este grupo é formado por 12 lojas menores, encontrados nos polos investigados, com um tamanho médio de 60 m2. Eles adotam uma estratégia muito similar ao segmento "inovador", tal como proposto pela teoria do *Big Middle*. Este formato mostra de fato uma estratégia mais criativa e diferenciada em relação aos outros dois grupos (antiquado e focado em preço). Como eles são pequenos, parecem ser capazes de competir devido a sua estratégia de especialização, em categorias específicas (como lingerie) ou em segmentos de estilo de vida (como *surfwear*). A maioria dessas lojas pertence a pequenas cadeias. Embora eles não ofereçam produtos de marca própria, a maioria delas trabalha com produtos alinhados com as tendências de moda recentes. Os preços que cobram são mais elevados, uma vez que oferecem produtos a consumidores mais exigentes em relação à qualidade e marca. A apresentação da loja está em um nível intermediário, com uma atmosfera agradável e merchandising que adota a coordenação entre as peças. Todas essas lojas usam o sistema de autoatendimento assistido, e a apresentação dos vendedores é bem cuidada.

Cluster 4, *Big Middle*: as treze lojas que compõem este cluster são grandes em tamanho, têm uma área média de vendas de cerca de 700m2, e foram encontradas nos três polos comerciais. Algumas destas lojas pertencem a grandes cadeias nacionais de varejo, que reconheceram as necessidades crescentes da "baixa classe média emergente" brasileira. Eles estão, por conseguinte, na fase de crescimento do ciclo de vida. Todos praticam estratégias de marketing de varejo e procedimentos operacionais atualizados, portanto já atingiram um nível de modernização e competência semelhante às lojas de países desenvolvidos, apesar da maioria delas adotarem uma apresentação e uma comunicação visual direcionadas para a baixa renda, este cluster tem características semelhantes ao segmento *Big Middle*, como proposto por Levy e seus colegas em 2005. Elas são generalistas, carregando uma vasta gama de categorias de produtos (feminino, masculino, infantil, calçados, cosméticos) e desempenham um papel dominante nestes polos comerciais – em comparação com os outros três formatos. Considerando o total de metros quadrados oferecidos pelos quatro formatos de lojas nos três polos varejistas pesquisados, as lojas desse formato "*Big Middle*" apresentam a maior participação de área de vendas total. Todas as lojas desse formato seguem fortemente as tendências de moda e trabalham com produtos, na maioria, de marcas próprias. Elas oferecem preços médios e possuem seus próprios cartões de crédito. Essas lojas apresentam a mercadoria de forma massificada, a fim de transmitir ideias de abundância e, portanto, eliminar uma imagem de preços mais elevados. Apresentação da loja é muito boa; todos têm um ambiente físico moderno e uma atmosfera adequada. A mercadoria é apresentada de uma forma muito coordenada, e está classificado por diferentes estilos ou por tipo de ocasião de uso. A exibição de coleções e a coordenação das peças é totalmente consistente, desde a vitrine até o interior da loja. As novas tendências da moda em termos de cores, padrões e formas são refletidas na mercadoria oferecida nessas lojas. Todas as lojas trabalham com um sistema de autoatendimento assistido e se preocupam com a apresentação de seus vendedores. Em relação às promoções, todas essas lojas seguem o calendário promocional, anunciam em meios de comunicação locais e nacionais, e adotam uma intensa atividade promocional, com sinalização de preços adequada.

6 Evolução Formatos: Proposta de Modelo para Países Emergentes

Para integrar os achados desta investigação aos achados dos outros estudos sobre evolução varejista e, para melhor caracterizar semelhanças e peculiaridades encontradas no cenário do varejo brasileiro, propusemos novo modelo denominado Modelo de Evolução dos Formatos Varejistas em Mercados Emergentes (Figura 2), com uma configuração semelhante ao do modelo do *Big Middle*, anteriormente apresentado na Figura 1[11].

---

[11] MIOTTO, A; PARENTE, J., 2015, op. Cit.

3. Evolução de Formatos de Lojas Físicas e de Polos Varejistas de Rua | 95

Na Figura 2, o eixo vertical indica a intensidade das ofertas (variedade, moda, apresentação loja e atmosfera) e o eixo horizontal (x) representa a posição de preços. Semelhante ao modelo proposto por Levy e seus colegas em 2005, os quatro formatos derivados da análise de cluster – Antiquado, Preço Baixo, Especializado e *Big Middle* – são posicionados de forma a refletir sua proposta de valor (preço e promoções). Dois tipos de linhas conectam os formatos: linhas de traço cheio com setas indicam as nossas hipóteses sobre a direção do caminho evolutivo do formato. Eles mantêm estreita analogia com as proposições do *Big Middle*. O modelo mostra ainda linhas pontilhadas que ligam os formatos de preço baixo e especializados ao *Big Middle*. Essas linhas refletem uma ideia ainda em caráter especulativo sobre como se daria a evolução desses formatos, uma vez que não pudemos encontrar na literatura ou em dados empíricos apoio para indicar as direções evolutivas.

Figura 2 – Formatos Varejistas em Mercados Emergentes e Perspectivas de Evolução.

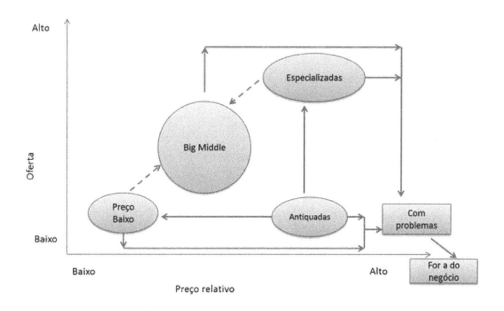

Adaptado pelos autores com base no modelo de Formatos Varejistas de LEVY, M. and WEITZ, B. (2009).

O modelo proposto (Figura 2) coloca esses formatos em posições equivalentes aos que estavam no modelo do *Big Middle* (Figura 1). Dessa forma, estamos sugerindo que em mercados emergentes as características dos formatos de lojas e alguns dos movimentos evolutivos entre os formatos parecem manter um padrão semelhante, com o cenário encontrado em varejos maduros e modernos.

O modelo proposto, porém, introduz o formato Tradicional para melhor retratar as características específicas do varejo em mercados emergentes. O modelo propõe que, com base na tendência amplamente reconhecida existente na literatura varejo em mercados emergentes, uma grande tendência de transformação consiste na transição do formato de pequenos varejistas que vendem suas roupas à moda antiga para formatos mais modernos, como os Especializados ou de Preço Baixo. Com base no trabalho empírico feito nesta pesquisa, parece que as pequenas lojas do grupo Tradicional percorrem um processo evolutivo se ajustando gradualmente para formatos mais modernos ou estão sendo substituídas por eles. Esses novos formatos parecem ser mais bem-sucedidos do que o antigo, uma vez que a maioria deles pertence a redes de mais de uma loja. O formato "Tradicional" descreve um grupo de lojas que ainda mantém um tipo de varejo antiquado, refletindo varejistas pequenos e não organizados. A presença deles, no entanto, tende a diminuir gradualmente à medida que novos formatos de varejo modernos e organizados são introduzidos, como uma resposta natural aos crescentes níveis de renda, educação e expectativas dos consumidores dos mercados emergentes. Como no modelo do *Big Middle*, a Figura 2 mostra também o segmento de *com problemas*, indicando que qualquer varejista que não seja capaz de manter sua vantagem competitiva fará a transição para este segmento e, em seguida, ser forçado a sair do mercado, caso não seja capaz de recuperar ou desenvolver uma proposta de valor atraente.

A proposta do Modelo de Evolução dos Formatos Varejistas em Mercados Emergentes baseado no modelo do *Big Middle* incluiu o formato de loja Tradicional. Esse ajuste ajudou não só a retratar melhor o cenário de varejo do mercado brasileiro de baixa renda, mas ajudou a tornar o modelo proposto mais generalizável em outros países emergentes.

7 Níveis de Evolução de Polos Varejistas de Rua

Com base na pesquisa realizada[12], pode-se também conceber uma metodologia para se avaliar o nível de evolução de um polo varejista ao se estimar o seu grau de modernidade, utilizando-se como critério a participação de lojas tradicionais e modernas no polo varejista. No trabalho empírico desta investigação, 37% das lojas (40 de 108) foram classificados como Tradicionais. Este formato reflete os formatos não organizados e tradicionais que em muitos países pouco desenvolvidos continuam a desempenhar um papel dominante.

A Tabela 1 oferece uma visão mais completa do nível de evolução do varejo de confecção dos três polos pesquisados. Além da participação do número de lojas de cada formato, o quadro traz um indicador mais representativo da importância, com base na participação da área de vendas total de cada formato. As lojas de confecção pesquisadas nos três polos varejistas ocupam uma área total de quase 20 mil m². Apesar de representar 37% do número de lojas, o formato Tradicional ocupa apenas 20% da área total de vendas do varejo de confecções.

Tabela 1 – Representatividade dos diferentes formatos nos polos pesquisados

Formatos	Nº de Lojas	% Nº de Lojas	Área/loja M²	Área Total / formato M²	% na Área Total por formato
1) Varejo Tradicional	40	37%	90	3600	18%
2) Ênfase em Preço Baixo	43	40%	150	6150	32%
3) Especializada	12	11%	60	720	4%
4) Consolidada (ou *Big Middle*)	13	12%	700	9100	46%
Total – Vestuário	108	100%	-		100%

Fonte: Pesquisa realizada pela autora, Miotto, A. P. (2009).

---

[12] MIOTTO, A. P. *Formatos de Lojas de Confecção para Baixa Renda*. Dissertação em Mestrado em Administração de Empresas. São Paulo, FGV-EAESP, 2009.

Nos três polos pesquisados, o formato **Consolidado** (ou *Big Middle*), com clara caracterização de varejo moderno, apesar de contar com apenas 13 lojas, representa quase metade (46%) da área total de confecções. Como nos shopping centers, essas grandes lojas consolidadas exercem um papel de âncora nos polos varejistas de rua, e contribuem assim para conferir maior vitalidade e papel polarizador do polo de rua. Interessante observar que o formato Ênfase em Preço Baixo tem um peso muito expressivo de cerca de 30%, muito maior do que a pequena participação de apenas 4% do formato Especializado. É possível que essa supremacia do formato Ênfase em Preço Baixo em relação às Especializadas seja justificada pela atratividade que o apelo de baixo preço possa exercer para clientes de baixa renda. Por outro lado, com base em observações pessoais realizadas pelos autores, percebe-se que em shopping centers, por serem mais direcionados para a classe média e alta, a participação do formato Especializado é muito expressiva.

Os três formatos que caracterizam o varejo moderno representam cerca de 80% da área de venda desses polos, indicando, portanto, um elevado nível de evolução e modernidade desses polos varejistas. Considerando apenas as lojas de confecções, pode-se então concluir que o grau de modernidade dos três polos pesquisados em São Paulo é de 80%. É de se esperar que esse percentual varie em diferentes regiões e países e em diferentes setores do varejo. É provável que um polo varejista de uma cidade de porte médio, em um estado de baixa renda, apresente uma maior representatividade do varejo Tradicional e, portanto, um menor nível de modernidade. Por outro lado, o polo varejista da Rua Oscar Freire, localizado em região afluente de São Paulo e direcionado para público de alta renda, é dominado por formatos modernos de varejo, contando inclusive com bom número de lojas sofisticadas e grifes internacionais.

A despeito da concorrência acirrada que caracteriza o varejo nos polos de rua, os menores custos de operação dessas lojas, em comparação com os elevados custos em centros comerciais planejados como shopping centers, parecem oferecer condições mais generosas para a sobrevivência de varejistas em estágios menos avançados de gestão – empresas caracterizadas por uma menor clareza na definição estratégica e por ainda adotarem conceitos varejistas mais tradicionais. Dessa forma, os polos comerciais de rua permitem uma variedade maior de formatos, principalmente no que diz respeito ao grau de modernidade dos varejistas que decidem implantar suas lojas nestes polos. É possível, nos polos, a coexistência de formatos em estágios distintos de modernização e de uso de estratégias e técnicas de marketing.

A presença de varejistas em estágios menos avançados não é possível nos shopping centers, seja pelo alto custo ou pela seleção mais criteriosa que os administradores impõem aos varejistas que desejam implantar seus negócios lá. Nos shoppings é mais fácil encontrar os formatos *Big Middle* e os Especializados, pois não há muito espaço para empresas de preço baixo e para lojas mais tradicionais. Isso faz com que os polos comerciais de rua sejam uma opção mais democrática e mais diversificada para o varejo. Além de uma opção de convivência mais humanizada para as cidades.

O grau de evolução dos polos varejistas de rua não depende apenas da modernidade dos varejistas ali localizados, mas também da qualidade do mobiliário urbano existente no polo e no conforto que oferece para seus frequentadores. Nesse sentido, alguns esforços de revitalização dos polos têm sido desenvolvidos no Brasil por meio de parcerias público-privada. Exemplos desses casos foram os processos percorridos alguns anos atrás em São Paulo para a revitalização dos polos varejistas da Rua Oscar Freire, da Rua João Cachoeira e a do Brás. Entre outros benefícios que contribuíram para a melhoria e modernização do mobiliário urbano do polo, pode-se destacar: a instalação e/ou melhorias das calçadas, iluminação, jardinagem e embelezamento, conforto, estacionamentos, e maior segurança, com o objetivo de ampliarem o nível de competitividade para enfrentarem a crescente concorrência dos shopping centers.

Conclusão

Formatos de loja variam e evoluem buscando atender melhor e com mais eficiência seu público alvo, nas ruas é possível encontrar o varejo moderno e o tradicional disputando a preferência dos consumidores. Por ser um espaço mais democrático e com menos barreiras de entradas, principalmente de custos, o polo de rua acaba apresentando uma diversidade maior de formatos do que o shopping center.

Com base na taxonomia desenvolvida para as lojas de varejo de vestuário no Brasil e, a partir da literatura existente sobre a evolução de formatos de varejo, especialmente a partir dos conceitos do *Big Middle*, analogias foram obtidas comparando formatos de lojas e hipóteses foram desenvolvidas sobre a evolução do ciclo de vida dos formatos de varejo nos mercados emergentes.

Ao sintetizar a vasta gama de tipos de varejo em uma taxonomia de formatos de lojas, este estudo pretende ajudar a descrever melhor o cenário de varejo de vestuário em polos comerciais de baixa renda do Brasil. Os quatro formatos derivados da análise de cluster encontraram forte semelhança com os segmentos propostos pelo modelo Big Middle. Essa "coincidência" tem um amplo impacto, uma vez que sugere que o modelo *Big Middle*, anteriormente projetado para refletir o mercado de varejo EUA, também pode ser ajustado para os mercados emergentes e em transição.

Considerando o rápido crescimento e a importância econômica da nova "classe média baixa" dos mercados emergentes, e a relevância do varejo de vestuário, esta pesquisa investigou o fenômeno da diversificação de varejo encontrado nos polos comerciais de rua na cidade de São Paulo, onde há uma grande diversidade de formatos, tamanhos, estratégias e níveis de modernização. A partir da identificação das características das variáveis do mix de marketing, o estudo derivou empiricamente uma taxonomia de formatos de vestuário que operam nestes polos. Foram identificados quatro grupos distintos que retratam os principais tipos de formatos de lojas no universo muito diversificado de varejo de vestuário no Brasil: Antiquado, Preço Baixo, Especializados e *Big Middle*. Estes representam não só uma ampla variedade de estratégias de venda do varejo, mas também parecem estar em diferentes fases de evolução e modernização.

Os resultados deste trabalho têm implicações gerenciais e de políticas públicas relevantes. Eles podem oferecer aos varejistas uma compreensão da complexa dinâmica competitiva do mercado de varejo, permitindo-lhes identificar melhor os efeitos da concorrência dos formatos de lojas e responder com melhorias operacionais e estratégicas em suas variáveis do mix de marketing para encarar a competição com mais agilidade. Os resultados também podem servir como um sinal de alerta para os varejistas acomodados do formato Tradicional a procurar de forma proativa avançar para formatos com características de varejo moderno. As políticas públicas poderiam ser desenvolvidas para oferecer assistência especial para ajudar a sobrevivência desses pequenos empresários locais, através do desenvolvimento de políticas de planejamento de varejo, leis reguladoras e programas de treinamento para ajudá-los a ajustar suas estratégias, e para adotar formatos mais modernos e técnicas de varejo atualizadas. No Brasil, a rápida expansão dos Shopping Centers, amplos e confortáveis, está afetando gradualmente a vitalidade dos polos comerciais de rua, onde os formatos antiquados são encontrados. Como acontece em muitos outros países, as políticas públicas devem ser desenvolvidas para manter e restaurar a atratividade destes polos por meio de: investimentos públicos em equipamentos do mobiliário urbano, incentivos fiscais para os investimentos das empresas na área, bem como o estabelecimento de uma parceria eficaz com as associações comerciais locais.

Referências

AITHAL, R..Marketing channel length in rural India: Influence of the external environment and rural retailer buyer behavior. *International Journal of Retail and Distribution Management*. Vol. 40, No. 3 (2012), pp. 200-217.

AMINE, A; LAZZAOUI, N. Shoppers' reaction to modern food retailing systems in an emerging country: the case of Morocco. *International Journal of Retail and Distribution Management*, Vol. 39, n°8 (2011), pp 5620581.

Associação Brasileira de Shopping Centers (ABRASCE) (2018). Disponível em: https://abrasce.com.br/numeros/setor/. Acesso em: 19 abr. 2019

D'ANDREA, G.; LOPEZ-ALEMAN, B.; STENGEL, A., Why small retailers endure in Latin America. *International Journal of Retail and Distribution Management*, Vol, 34, n° 9 (2006), pp 661-673.

DUNNE, P.; LUSCH, R.; CARVER, J. *Retailing*. 7ª ed., Mason, South-Estern Cengage Learning, 2010.

GONZÁLEZ-BENITO, O.; MUÑOZ-GALEGO, P.; KOPALLE, P.; PRAVEEN, K. Asymmetric completion in retail store formats: evaluating inter-and-intra-format spatial effects. *Journal of Retailing*, Vol. 81 No. 1 (2005), pp. 59-73.

GREWAL, D.; LEVY, M; KUMAR, V. Customer experience management in retailing: an organizing framework. *Journal of Retailing*, Vol. 85 (2009). pp. 1-14.

HOLLANDER, C. S. The wheel of retailing. *Journal of Marketing*. 24 (1960), 37-42.

HOLLANDER, C. S. Notes on the retail accordion. *Journal of Retailing*. 42 (2) (1966), 24-40.

Instituto Brasileiro de Geografia e Estatistca (IBGE). *Censo*. 2010. Disponível em: http://www.ibge.govol.br/english/presidencia/noticias/noticia_visualiza.php?id_noticia=1766andid_pagina=1. Acesso em: 15 fev. 2019

Instituto Brasileiro de Geografia e Estatistca (IBGE) (2010b), *Pesquisa Anual do Comércio – PAC*. Vol. 21 (2010). Disponível em: http://www.ibge.gov.br/home/estatistica/economia/comercioeservico/pac/2009/default.shtm. Acesso em: 8 nov. 2011.

LEVY, M.; WEITZ, B.; GREWAL, D. *Retailing Management.* 10ª ed. Boston, McGraw-Hill Irwin, 2017.

LEVY, M; GREWAL, D.; PETERSON, R.; CONNOLLY, B. The concept of the Big Middle. *Journal of Retailing,* 2005, 83-88.

MIOTTO, A. P. *Formatos de Lojas de Confecção para Baixa Renda.* Dissertação em Mestrado em Administração de Empresas. São Paulo, FGV-EAESP, 2009.

MIOTTO, A.; PARENTE, J. Retail evolution model in emerging markets: apparel store formats in Brazi. *International Journal of Retail & Distribution Management.* Vol. 43 n° 3 (2015), pp.242-260.

MORGANOSKY, M. Retail market structure change: implications for retailers and consumers. *International Journal of Retail and Distribution Management.* Vol. 25 (1997), pp. 269-278.

PARENTE, J.; MIOTTO, A.; BRANDÃO, M.; PLUTARCO, F. Polos Comerciais de Rua- Achados de pesquisa Empírica na Cidade de São Paulo. *Anais do XXXV Encontro da ANPAD.* EnNANPAD, Rio de Janeiro, 2011.

REYNOLDS, J, HOWARD, E., CUTHBERTSON, C., HRISTOV, L. (2007), Perspectives of retail format innovation: relating theory and practice, *International Journal of Retail & Distribution Management,* Vol. 35 No. 8, pp. 647-660.

SAMIEE, S. Retailing and channel consideration in developing courtiers: a review and research propositions. *Journal of Business Research.* Vol. 27, n° 2 (1993), 103-129.

4. Revitalização de Polos Varejistas de Rua: Experiências de Sucesso na Europa

Luís Fernando Varotto

Introdução

Este capítulo faz um paralelo entre o momento atual dos polos comerciais de rua no Brasil e o de mercados desenvolvidos da Europa, mostrando experiências bem-sucedidas de revitalização de polos comerciais de rua, principalmente no Reino Unido. O papel desempenhado pelos polos de rua é exposto não só sob a ótica comercial, mas também ressaltando a sua importância como ponto convergente na vida das comunidades do seu entorno. O capítulo busca ainda trazer inspiração para a gestão pública com foco no papel desempenhado pelo varejo como promotor da qualidade de vida nas cidades, além de estímulo para a mobilização dos varejistas que atuam em polos de rua. Tendo por base seis importantes dimensões sugeridas pelo *British Retail Consortium* – sensação única de lugar, espaço público atraente, planejamento, acessibilidade, segurança e limpeza, e regime fiscal e regulatório favorável –, esses conceitos chave são apresentados e discutidos, trazendo alguns exemplos ilustrativos de iniciativas bem-sucedidas de fora do Brasil. O Capítulo é concluído com algumas reflexões sobre esse processo e sugestões para o mercado brasileiro.

1 Polos Varejistas de Rua

As pessoas compram de diferentes maneiras e com diferentes motivos – podem ser necessidades básicas e questões de luxo, de maneira rotineira, por impulso, ou simplesmente por lazer. O ato de comprar é mais do que uma ação de cunho econômico com o objetivo de satisfazer necessidades; comprar é antes de tudo uma experiência e, como tal, o modo e o local em que a compra é realizada são tão fundamentais para a satisfação das pessoas quanto o próprio produto ou serviço. O aumento da complexidade e da concorrência nos mercados, e do nível de exigência dos consumidores demanda e favorece o surgimento de canais de compra diversificados, adaptados e adequados às diferentes necessidades de consumo. Nesse contexto os polos de rua oferecem maior flexibilidade e conveniência para o consumidor, melhorando a sua qualidade de vida. Essa constatação faz parte dos estudos realizados pelo *British Retail Consortium*[1] [2] em duas recentes publicações – que avaliam o cenário atual dos polos de rua no Reino Unido.

1.1 Mas qual o Papel dos Polos Comerciais de Rua como Canal de Compras?

Diferente de outros locais de compra, com características mais planejadas como os shopping centers, polos comerciais de rua têm um significado maior que o de simples local de compras. Esses espaços são importantes centros de interação social, e atuam como verdadeiras veias e artérias que mantém sadio o coração das suas comunidades. Neles as pessoas encontram com seus amigos e vizinhos, desenvolvem suas atividades, sabem das novidades e trocam experiências.

Embora as características dos polos comerciais de rua sejam semelhantes em todos os lugares, eles vivem realidades diferentes dependendo do local e do contexto em que estão inseridos. Em países desenvolvidos da Europa por exemplo, polos comerciais de rua viveram nos últimos anos um momento bastante desafiador. Esses lugares vêm concorrendo por menos compradores que gastam menos em cada visita e com o crescimento de canais alternativos de vendas, como o e-commerce.

---

[1] Consortium, B.R. 21st Century High Streets: A new vision for our town centres. 2009.
[2] Consortium, B.R. 21st Century High Streets: A new vision for our town centres, 2012.

4. Revitalização de Polos Varejistas de Rua: Experiências de Sucesso... | 105

De fato, esse novo cenário nos mercados mais desenvolvidos é explicado principalmente pelo crescimento do comercio eletrônico e do *mobile retailing*[3], pela expansão acelerada das grandes redes varejistas nacionais e internacionais, e as experiências cada vez mais impactantes criadas pelos shopping centers, além da recessão econômica que tem forçado uma mudança no cenário varejista[4]. Enfim, a mudança acelerada dos hábitos de consumo e a crescente concorrência têm ameaçado de maneira bastante significativa a sobrevivência dos polos comerciais de rua nesses locais.

Mas e nos mercados emergentes como o brasileiro?

A situação atual dos polos de rua no Brasil ainda é confortável quando comparada com a de seus congêneres em mercados mais desenvolvidos. Os polos comerciais de rua no Brasil ainda detêm a maior fatia das vendas no varejo[5], graças ao aumento do poder de compra observado, principalmente na última década, entre os consumidores das classes C, D e E – que são os principais clientes dos polos de rua no Brasil. Vem também contribuindo para isso o maior acesso ao crédito e a concorrência ainda pequena de compras via internet, além da ainda relativamente pequena presença de grandes redes internacionais no mercado brasileiro. Entretanto, as mesmas tendências que afetam negativamente a sobrevivência dos polos de rua em mercados desenvolvidos também já se apresentam no cenário brasileiro, como o forte crescimento dos shopping centers, a estagnação econômica, problemas crescentes de acessibilidade, violência e degradação urbana, crescimento das vendas on-line e a mudança dos hábitos de consumo.

Na cidade de São Paulo, por exemplo, os polos comerciais de rua respondem pela maior parte do varejo – existem quase duas vezes mais polos de rua do que shopping centers na cidade de São Paulo, principalmente em regiões de renda mais baixa[6] – embora venham perdendo espaço para os shoppings.

Mas qual a lição que se pode tirar do que vem sendo feito em polos de rua localizados em mercados mais desenvolvidos?

---

[3] Joanna, V.G.P.M. Global Expansion: When, Where, Why, How. 2014. Disponível em: http://jebcommerce.com/global-expansion-when-where-why-how/. Acessado em: 1 Jan. 2015.
[4] Portas, M., 2011. The Portas Review: an independent review into the future of our high streets. 2011, p.50.
[5] PARENTE et al., 2007.
[6] PARENTE et al., 2012.

Já existe nesses países uma preocupação genuína com o futuro e com o momento presente dos polos varejistas de rua, além de um grande esforço e mobilização dos varejistas, comunidade e governo em prol de ações planejadas coordenadas para a revitalização e dinamização dos polos. Há a consciência de que o dinamismo dos polos de rua garante a vitalidade das cidades e de que a sua decadência traz a deterioração do entorno.

Um importante e inspirador exemplo é dado pelo Reino Unido, onde existe um engajamento do poder público em parceria com as comunidades e o varejo para a preservação e revitalização dos polos comerciais de rua. De fato, conforme o *British Retail Consortium*[7] – principal associação varejista do Reino Unido, que congrega todos os setores varejistas (grandes, independentes, polos de rua, lojas físicas e on-line), e que trabalha em parceria com o governo para a criação de condições adequadas ao crescimento e a inovação no setor – muitos polos de rua têm encontrado maneiras de reverter as tendências negativas que se apresentam, evidenciando um futuro bastante promissor para os polos de rua que se configuram como pontos centrais de suas comunidades locais.

Sob esta perspectiva polos comerciais de rua, para se manterem competitivos, devem oferecer flexibilidade, conveniência e experiência de compra, cumprindo alguns papeis fundamentais:

Servir às necessidades da comunidade local;
Oferecer lazer, entretenimento e equipamentos culturais;
Oferecer serviços públicos e privados;
Ser um setor de emprego e de negócios;
Ter acessibilidade por meios de transporte;
Ser percebido pela comunidade local como a sua região central.

2 Classificação dos Polos de Rua

Outra questão fundamental em se tratando de polos comerciais de rua está relacionada à classificação de acordo com seu porte, vocação e a localização comercial. Essas classificações são úteis porque ajudam a direcionar o tipo de ação mais adequada ao perfil do polo, tendo por base as necessidades

---

[7] BRITISH RETAIL CONSORTIUM, 2009.

de suas comunidades no entorno e o público consumidor do polo. Algumas classificações sugeridas pelo BRC (2009) são:

Centro de destino nacional/regional;
   Ex. Rua Vinte e Cinco de Março;
Centro local de uma cidade;
   Ex. Largo Treze de Maio;
Vizinhança;
   Ex. Artur Alvim – Rua Maciel Monteiro – São Paulo;
Destino histórico/cultural;
   Ex. Rua Amador Bueno – Liberdade – São Paulo.

Embora haja muita diversidade em relação às necessidades de cada polo comercial de rua para manter a sua vitalidade, dadas as especificidades de cada um, muitas questões básicas a serem enfrentadas e seus respectivos direcionamentos são similares. Algumas diretrizes prioritárias para ação podem, portanto, ser sistematizadas. Essas ações devem ser endereças pelo setor público e por todos os atores que operam nesses centros de compras, sejam eles lojas, restaurantes, bares e outros negócios locais e serviços públicos, com o objetivo de manter a viabilidade atual e futura desse espaço.

Esse esforço para a perenização desse espaço público precisa envolver:

a) a identificação dos principais desafios a curto e longo prazo que esses espaços enfrentam;
b) identificação das soluções efetivas para esses desafios;
c) desenvolvimento de estratégias para o enfrentamento desses desafios e entrega de prosperidade para os centros comerciais.

3 Principais Dimensões para a Vitalidade dos Polos de Rua

O BRC (2009) em um estudo voltado ao mapeamento das dificuldades e oportunidades para o desenvolvimento dos polos de rua no Reino Unido, estabeleceu seis importantes dimensões necessárias à regeneração desses polos varejistas de rua:

a) sensação única de lugar;

b) espaço público atraente;
c) planejamento;
d) acessibilidade;
e) segurança e limpeza;
f) regime fiscal e regulatório favorável.

Essas dimensões são detalhadas a seguir:

4 Sensação Única de Lugar

Quando se fala da sensação única de lugar estamos nos referindo objetivamente aos motivos que levam as pessoas a elegerem determinados locais para realizarem as suas compras ou passarem o seu tempo livre. Um dos fatores que torna um espaço de compras atrativo e especial para o consumidor é o seu ambiente – a sua paisagem urbana e os laços com o passado e o futuro da comunidade. Centros comerciais admirados por suas comunidades possuem uma identidade única que marca o caráter da comunidade que ele serve. Esse senso de lugar pode influenciar de maneira importante as decisões dos compradores sobre quando, porquê e com que frequência eles visitam o polo de rua. Essa sensação única de lugar deve estar muito relacionada à vocação e ao desenvolvimento histórico da região sob a qual o polo se desenvolveu.

Esse dimensionamento se desenvolve por meio de um processo de identificação das características que diferenciam o polo de outros locais de compra. Esse processo de identificação e construção de um senso de lugar passa pela criação de proposições únicas associadas ao polo, que se materializam sob uma marca e o desenvolvimento de uma identidade única que deve ser trabalhada para produzir lealdade por meio da diferenciação, dando aos consumidores uma razão para eleger aquele polo como o lugar de preferência para gastar o seu dinheiro e passar o seu tempo. É o caso por exemplo da Rua Santa Ifigênia, tradicional polo do segmento de eletrônica, ou a Rua da Consolação no segmento de iluminação, ambos importantes polos na cidade de São Paulo.

A seguir apresentamos alguns exemplos de experiências bem-sucedidas no Reino Unido associadas à sensação única de lugar:

Ipswich Waterfront era um antigo porto industrial da década de 1850 que se tornou decadente ao longo das últimas décadas do século XX. O comércio vinha se esvaziando, as pessoas das outras regiões não vinham mais para comprar e os próprios comerciantes locais fechavam lojas. Por meio da organização local e tendo por base o resgate de seu passado histórico e a sua vocação comercial, *Ipswich Waterfront* recebeu importantes investimentos públicos e privados que a transformaram na maior doca da Europa. Foram criados festivais marítimos que atraem mais de sessenta mil visitantes para a localidade a cada edição, além da criação de cartões de fidelidade, da promoção do comércio local e a construção de um site específico para o comercio, com um calendário das datas festivas. Tendo por base a vocação local, fortaleceu-se a comunidade, remodelou-se o centro do local, atraindo um público bastante significativo para o comércio local.

Outra iniciativa importante ocorreu em Belfast na Irlanda no Norte. Duas importantes regiões comerciais da cidade – *Castle Street e North Street* – estavam sofrendo um processo crescente de degradação ao longo dos últimos anos, tanto sob o aspecto socioeconômico, quanto sob o cultural, reflexo da falta de investimentos públicos e privados na região. Por meio de uma parceria entre o comércio e o poder público investiu-se em elementos que melhoraram e ampliaram a atratividade desses locais. Foram implementadas melhorias na iluminação, padronização de fachadas, realização de eventos culturais, como shows de rock, música, exposições, que aumentaram a movimentação diária e noturna dos locais. A cidade de Belfast ganhou outras duas importantes áreas comerciais, além do tradicional centro da cidade, que complementam o composto comercial da região.

Tendo por exemplo as experiências citadas acima, podemos destacar alguns elementos chave para a criação de um senso de lugar:

a) construção sob as bases do que já é forte – é fundamental maximizar as vantagens inerentes às características originais ou naturais das redondezas. O desenvolvimento do centro comercial deve respeitar e complementar as características originais do local;

b) assegurar um mix de lojas adequado, tanto em termos de diversidade como de escolha do varejista. Assim, centros comerciais em grandes cidades devem prover grande quantidade de varejistas concorrentes, enquanto polos menores poderiam eleger alguns varejistas, porém com uma oferta maior de produtos – por exemplo duas ou três lojas ancoras como supermercado, farmácias a fim de criar uma atmosfera de movimento e manter outras lojas funcionando;

c) assegurar uma oferta complementar de varejo – a oferta de lojas deve atender a percepção de identidade do centro comercial. As lojas devem estar alinhadas às expectativas dos consumidores em termos de idade, questões étnicas e renda;
d) as ações de comunicação e marketing são fundamentais para o desenvolvimento de um efetivo senso de lugar e para que as pessoas identifiquem a essência natural do centro comercial. Eventos sob medida e datas temáticas são ações importantes para atrair consumidores, assim como o oferecimento de entretenimento e equipamentos culturais ajudam a estabelecer e manter uma identidade local única.

5 Espaço Público Atraente

O conceito de espaço público atraente está relacionado à visibilidade, estética e segurança do local. Esses três fatores são muito importantes para a atração quando se pensa em polos de rua bem-sucedidos e perenes. Em um ambiente em que as pessoas têm a cada dia menos tempo e os recursos são mais escassos, há um aumento na seletividade quanto a como e onde gastar o seu dinheiro. Numa realidade como essa, com uma profusão de alternativas de locais e meios que oferecem produtos e serviços muito parecidos, locais inseguros, sujos, mal iluminados, ou desorganizados tendem a ser cada dia mais preteridos como opções de compra e de lazer. Esse mesmo raciocínio é válido para os polos de rua como locais geradores de atração. As pessoas que frequentam os polos de rua – consumidores, empregados e comerciantes – devem sentir que o local é seguro, hospitaleiro e limpo para que conserve e aumente o seu poder de atração.

Dois exemplos significativos dessa dimensão para o sucesso de polos comerciais de rua, também oriundos da experiência do Reino Unido é o que ocorreu em *Cardinal Place* e em *Exhibition Road – Kensington*.

Cardinal Place, em Londres, passou por um intenso processo de revitalização, com a preocupação em integrar o comércio e o espaço público, de forma a tornar o local atraente e agradável para a comunidade. O teto de uma loja foi transformado em praça, espaço público no qual as pessoas podem socializar e relaxar, e onde ocorrem apresentações circenses e shows. Dessa forma um espaço comercial se tornou um espaço social de convivência, mais visitado e apreciado pela população.

Outro exemplo é o processo ocorrido em *Exhibition Road – Kensington*. Nesse local, o processo de revitalização se preocupou em não excluir nenhuma forma de acesso. Além do transporte público, incorporou locais de estacionamento para veículos de passeio e bicicletários. Foram estabelecidos espaços bem definidos para pedestres, incorporando elementos arquitetônicos que facilitam o deslocamento de pessoas com mobilidade reduzida ou deficiência visual. Foram retirados os meios-fios, conferindo ao local um visual mais bonito e limpo, mas que ao mesmo tempo, preserva os espaços de cada um dos ambientes – do transporte público, dos automóveis, das bicicletas e dos pedestres.

No Brasil, a iniciativa da Associação dos Lojistas dos Jardins (ALOJ), da cidade de São Paulo, no processo de revitalização da Rua Oscar Freire e seu entorno é um bom exemplo do uso do espaço público como fator de atração de público. A ALOJ foi fundada como uma empresa, sem fins lucrativos em 2004, e tem como objetivo principal aumentar o fluxo de pessoas na região da rua Oscar Freire, com reflexos diretos no volume de vendas das lojas instaladas no polo. A Associação desenvolve parcerias com os lojistas e o poder público, e tem como foco melhorias no bairro dos Jardins, principalmente em termos de segurança, limpeza, suporte e orientação aos varejistas.

Dentre as principais iniciativas capitaneadas pela ALOJ estão a reurbanização da rua Oscar Freire e do seu entorno por meio do enterramento da fiação urbana, instalação de novo mobiliário urbano, ampliação das calçadas, melhoria da acessibilidade e instalação de lixeiras e árvores. Desenvolve projetos para aumento de visibilidade das lojas, ações em datas comemorativas, assessoria de imprensa, suporte nas relações com o poder público e outras associações, além de várias outras atividades de apoio ao varejista.

Como se percebe dos exemplos acima, para o estabelecimento de espaços públicos atraentes algumas características são essenciais:

> Espaços sociais: deve haver espaços em que as pessoas possam comprar, comer, relaxar, socializar e se divertir;
> Espaços característicos: uso de materiais, plantas e paisagens que aumentem a experiência das pessoas que utilizam aquela área;
> Sinalização efetiva: existência de comunicação visual que facilite a movimentação e a orientação das pessoas de maneira fácil e rápida (mapas, diferentes materiais de pavimentação, etc);

Mobiliário de rua apropriado: calçadas confortáveis, consistência no estilo e facilidade na circulação das pessoas. O uso de arte pública pode proporcionar pontos focais de inspiração;
Boa qualidade de iluminação: iluminação proveniente de várias fontes aumenta a sensação de segurança e da aparência do local.

Essas características são fundamentais para a atração não só de pessoas, mas também de investimentos. Lojas âncoras ou grandes empresas que possuem uma maior capacidade de atração de público e geração de tráfego para um polo de rua também são atraídas por locais seguros, hospitaleiros e limpos.

Mas afinal, de quem é a responsabilidade pela criação e manutenção de espaços públicos atraentes? Normalmente essa tarefa tem sido atribuída exclusivamente ao poder público, porém o setor privado e a comunidade que vive em torno do polo de rua pode e deve se envolver nessa dinâmica, principalmente por meio de parcerias e assumindo responsabilidades no processo. Experiências bem-sucedidas em países como o Reino Unido mostram que esse processo de criação e manutenção de espaços públicos atraentes é mais efetivo no nível local.

Um importante mecanismo de governança quando se fala de polos de rua são os denominados BIDs, ou *Business Improvements Districts*. Os BIDs são órgãos gestores constituídos para implementar melhorias em uma determinada região comercial. Em geral são constituídos por meio de consulta e votação, na qual os comerciantes de determinada região votam por uma proposta ou plano de negócios para a área. Essa proposta ou plano de negócios estabelece as prioridades de melhorias e como o BID será gerenciado, tornando-se esse documento juridicamente válido e vinculante após o pleito. Essa mesma proposta é que estabelece a estrutura que guiará a operação do BID por um período de cinco anos, ao final do qual deve ser realizado um novo pleito para a escolha de uma nova proposta para o próximo período. A operação de um BID advém de uma taxa, que é uma pequena percentagem rateada entre os comerciantes da área. A maioria dos BIDs estão em centros de cidades, embora estejam aumentando em área industriais, bem como em áreas comerciais e de uso misto. A legislação que regulamentou a formação dos BIDs no Reino Unido começou a ser estabelecida em 2003, porém os primeiros BIDs foram criados ainda na década de 1960 no Canadá e EUA, e atualmente existem modelos ao redor de todo o mundo, incluindo África do Sul, Alemanha, Japão, Nova Zelândia e Austrália[8] [9].

Em Portugal e Espanha, locais mais próximos de nossa cultura latina, existem também exemplos de revitalização urbana tendo por base o comércio varejista de rua. Em Lisboa a zona da Baixa-Chiado é um dos locais em que um plano de revitalização em implantação pretende colocar o comércio de rua sob um papel de destaque. Com o objetivo de tornar a região da Baixa-Chiado um centro comercial a céu aberto estão previstas várias ações, que envolvem desde questões estruturais como a construção de estacionamentos e políticas públicas para a limpeza e a segurança, até o desenvolvimento de atividades de animação de rua e a ampliação dos horários de funcionamento das lojas[10].

Em Madri, é emblemático o projeto de revitalização da *Calle Serrano*, uma das principais avenidas da cidade, e que concentra as mais importantes lojas de luxo do comércio madrilenho. O processo de revitalização da *Calle Serrano* envolveu o aumento de quase 50% na área de circulação, o incremento na arborização da região, a troca do mobiliário urbano e a criação de estacionamentos subterrâneos, que ampliou e facilitou o acesso ao comércio. Todo o processo de revitalização, orçado em mais de cem milhões de euros, foi custeado pela empreiteira que venceu o processo de licitação em troca do direito de exploração das três mil vagas de estacionamento idealizadas e construídas durante a consecução do projeto[11].

Fica evidente nas experiências de sucesso que melhoramentos efetivos na condução e manutenção de polos de rua só podem ser atingidos por meio da cooperação entre as autoridades locais, órgão públicos e o interesse privado.

---

[8] Department of Small Business Services. Starting a Business Improvement District: a step-by-step guide. Development. Nova York, 2002. Disponível em: http://www.nyc.gov/html/sbs/downloads/pdf/bid_guide_complete.pdf. Acessado em: 1 Jan. 2005.
[9] BIDS, B. Guiding. Principles of a Well Managed BID: Business Improvement District. 2015.
[10] Cushman & Wakefield. Business Briefing High Street Retail in Lisbon and Porto, 2013.
[11] Comunicacion, D. Renovación de la Calle Serrano en Madrid, 2012. Disponível em: https://vimeo.com/36093633. Acessado em: 1 Jan. 2005.

6 Planejamento

Como qualquer negócio, os polos de rua precisam de estratégias cuidadosamente elaboradas para terem sucesso. O desenvolvimento de uma visão clara de negócios é essencial para a entrega de uma sensação única de lugar e de um espaço público atraente, mas ela só se torna real por meio de planejamento e implementação de estratégias pensadas e adequadas aos diferentes tipos de destinação de compra (por ramo varejista ou por tipo de experiência de compra: conveniência, compra comparada, compra utilitária, compra hedônica), considerando os vários contextos dos polos.

Para assegurar a viabilidade de longo prazo de um polo de rua, é necessário que ele seja capaz de atrair movimento de pessoas e investimentos, o que demanda um planejamento adequado à realidade e ao contexto do polo. No Reino Unido, o planejamento para a preservação e desenvolvimento dos polos de rua e centros de cidades faz parte do *The National Planning Policy Framework* – políticas nacionais de desenvolvimento – editado pelo Ministério do Planejamento do Reino Unido desde a década de 1990.

O planejamento estratégico precisa também prever o modelo adequado para os diferentes tipos de destinação de compra, considerando os vários tipos de contextos (nacional, regional, sub-regional e local), o que ajudará na determinação dos tipos de investimentos mais adequados para determinada área. A transformação dos polos de rua só acontece quando os setores público e privado compartilham da mesma visão e combinam recursos para torná-la real. Sob essa perspectiva são necessárias parcerias estratégicas envolvendo autoridades locais, fóruns de vizinhança, empresas, grupos comunitários, governo e investidores.

Polos de rua são importantes "ativos" de uma cidade e de uma comunidade, e como qualquer ativo precisa ser bem gerenciado para que seja preservado e mantenha ou aumente o seu valor ao longo do tempo. O gerenciamento dos polos de rua, tendo por base um planejamento de longo prazo, deve ser capaz de antecipar – na melhor das hipóteses –, ou mitigar – no pior dos cenários – os efeitos do abandono ou da falta de planejamento, sendo fundamental nos processos de regeneração desses locais.

De fato, o varejo desempenha um papel chave em processos de regeneração de polos de rua. Essa regeneração pode envolver desde a reconstrução de um centro urbano ou, a um nível mais localizado, pode transformar a aparência de uma seleção menor de ruas. Ao nível micro, pode simplesmente se referir à renovação de um pequeno número de fachadas de lojas.

Os benefícios criados pela regeneração voltada para o varejo incluem:

> **Bens e Serviços**: melhor acesso a produtos e serviços para as pessoas que vivem no entorno do projeto;
> **Emprego**: o varejo e os serviços associados fazem uma importante contribuição para a geração de emprego, incluindo muitos empregos de entrada, que se estendem além das lojas propriamente. Para cada 100 empregos gerados nacionalmente no Reino Unido, outros 50 empregos indiretos ou induzidos são criados em algum lugar;
> **Comunidade/Social**: a regeneração de polos comerciais contribui para a amenizar a exclusão social e melhorar a qualificação, além de gerar oportunidades de carreira para as pessoas nas regiões envolvidas. Além disso, muitos projetos de regeneração melhoram o acesso a serviços de saúde, equipamentos de lazer, reduzindo o custo e o tempo de viagem para acessar produtos e serviços essenciais, incentivando também novos investimentos;
> **Empreendedorismo**: polos de rua saudáveis são importantes para o fomento ao empreendedorismo local. Ao contrário de shopping centers, cujos varejistas, para se instalar normalmente demandam uma marca conhecida e já estabelecida no mercado, polos varejistas de ruas são tradicionalmente mais democráticos e propiciam o ambiente ideal para o início de novos negócios.

Parcerias e trabalho colaborativo são a essência de todo projeto de regeneração varejista bem-sucedido, e o foco deve estar centrado naqueles que já estão ou estão se aproximando do ponto de inflexão, uma vez que reverter uma situação de declínio é muito mais difícil de manejar. Prevenção é melhor do que cura, e geralmente exige um investimento menor, sendo necessário um programa de monitoramento da "saúde" desses centros comerciais.

O monitoramento da saúde de um polo de rua deve estar baseado em dados atualizados e confiáveis sobre a evolução das vendas e dos lucros dos varejistas locais, e em aspectos como necessidade de serviços e de emprego na área, bem como o mapeamento do que já existe, mensuração sobre perfil de clientes e comportamento de compra, dados sobre a logística de recebimento de mercadorias no polo, uso de energia, e também estudos de acompanhamento sobre a imagem e a percepção pública do polo e suas microrregiões. Com base nessas informações, é possível estimar se o centro comercial está se expandindo ou encolhendo. Esses dados são extremamente valiosos para a conformação do plano estratégico e para o dimensionamento da visão de futuro, também para o diagnóstico de risco e decadência do polo.

Igualmente importante para o planejamento estratégico é o relacionamento entre o varejo e outros setores da economia. Estratégias regionais de espaço devem coordenar planos para o desenvolvimento varejista abrigando desenvolvimento econômico e transporte, de forma que os serviços certos sejam criados nos locais adequados.

7 Acessibilidade

O movimento de pessoas é essencial para o sucesso dos polos de rua, de forma que o acesso fácil para consumidores, pessoas que trabalham no local e fornecedores é fundamental. Linhas de transporte exíguas e provisão inadequada de estacionamentos ameaçam a viabilidade de varejistas de rua. Estacionamentos caros, distantes e inseguros, transporte público de má qualidade, regimes de tarifação mal dimensionados, e restrições de entregas diminuem os visitantes, encurtam as visitas e reprimem o potencial de negócios, o que desencoraja o investimento varejista de longo prazo.

Estacionamento e transporte público devem ser gerenciados em conjunto de forma a suportar o desenvolvimento do centro comercial. Devem ser vistos como complementares e não como opções concorrentes, valorizando o que já existe. Estacionamentos insuficientes e baixa acessibilidade minam de forma significativa a viabilidade de compras em centros comerciais de rua. O acesso direto ao centro por meio de transporte público e um gerenciamento inovador e adequado de estacionamentos podem reduzir o congestionamento e a necessidade de locais para estacionamento, sem afetar a movimentação de pessoas. A cobrança de altas tarifas de estacionamento deve ser vista como um sintoma de falha sistêmica ao invés de um mecanismo de aumento de receita.

A facilidade de estacionamento desempenha um papel vital. É necessário proporcionar espaço suficiente para visitantes e direcionar parte da receita oriunda desses espaços para o aprimoramento de qualidade dos estacionamentos em termos de segurança, iluminação, visual, gerenciamento, sinalização e aumento da disponibilidade. Alternativas como estacionamento gratuito ou de baixo custo para períodos curtos de compra (1 ou 2 horas), ou em horários determinados pode ajudar a dinamizar o comercio do polo, sem comprometer o trânsito ou concorrer com o transporte público.

A logística para entregas de mercadorias é outra questão crucial. O desafio dos varejistas é balancear a necessidade de redução de custos e agilizar as operações, com a necessidade de ter produtos de qualidade disponíveis a todo momento. Restrições quanto aos horários e locais permitidos para entregas limitam a atividade nesses locais. Horários alternativos para entregas, como no período noturno e madrugada, bem como a utilização de veículos adaptados às necessidades e condições específicas dos polos de rua, ou mesmo o desenvolvimento de Centros de Distribuição compartilhados podem ser boas alternativas para minimizar os problemas com entregas, e melhorar a competitividade e atração dos polos de rua. Congestionamentos representam um importante custo para os varejistas que dependem da rede urbana para acessar clientes, funcionários e mercadorias, então políticas efetivas para reduzir congestionamentos devem andar de mãos dadas com outros meios de melhora de acessibilidade.

Uma iniciativa interessante e bem-sucedida nesse sentido foi desenvolvida na localidade de *Bristol Brodman*, no Reino Unido por iniciativa dos comerciantes locais. O centro da cidade sofria de um problema constante de congestionamento que comprometia o fluxo e gerava custos muito altos para a cidade e o comércio local. A solução foi a montagem de um Centro de distribuição a cerca de 6 milhas da região central, em que os lojistas que participaram da iniciativa passaram a concentrar o recebimento de suas mercadorias, que são então reagrupadas e entregues em veículos menores para os varejistas. Como resultado houve a diminuição significativa do trânsito nessa região central da cidade, a melhora na frequência de entregas, a diminuição de rupturas e do custo de operação desses varejistas. A iniciativa começou com uma pequena participação dos varejistas, mas com o tempo a percebeu-se a relevância e a validade da iniciativa. Hoje segundo os cálculos locais, em comparação à situação anterior à implantação do projeto, houve uma queda de 66% do número de veículos circulando para o centro e para fora do centro do local, o que aumentou muito a lucratividade na operação dessas lojas.

8 Segurança e Limpeza

A sensação de insegurança é fatal para qualquer empreendimento comercial, e polos de rua não são diferentes. As pessoas não saem de casa ou são atraídas para um determinado centro comercial se sentem que há o risco de serem furtadas, ameaçadas ou de sofrerem algum tipo de violência. Essa sensação é ainda mais acentuada em áreas nas quais os consumidores pessoalmente testemunhem crimes – particularmente ataques a clientes ou funcionários de lojas –, ou percebam ações decorrentes de vandalismo e pichações. Crimes e sensação de insegurança têm um impacto significativo nos investimentos e na viabilidade dos locais de varejo e de lazer.

É, portanto, muito importante dissuadir e tratar todas as formas de crimes de varejo e comportamentos antissociais, restaurando as propriedades danificadas o mais rápido possível, inclusive áreas auxiliares como estacionamentos, que também devem ser consideradas seguras para as pessoas e veículos.

A fim de assegurar um centro comercial protegido e seguro deve haver:

Cenários urbanos bem desenhados, o que inclui boa iluminação e áreas não negligenciadas;
Lojas bem desenhadas, com *layout* adequado, equipe de apoio treinada e equipamentos de segurança;
Uma resposta organizada para lidar com o crime;
Compartilhamento de inteligência e informação (incluindo monitoramento por câmeras) por meio de parceria com a polícia, cidade e comerciantes;
Policiamento visível, guardas comunitários e outras medidas de segurança proporcionais aos riscos do local;
Gerenciamento adequado da economia noturna, incluindo bom transporte publico;
Restauração rápida de qualquer dano a lojas, mobiliário urbano ou equipamentos;
Uso efetivo de medidas como regulamentos contra comportamento antissocial e notificações de exclusão.

Além de afastar consumidores o crime tem um custo alto. No Reino Unido estima-se em cerca de £1,4 bilhão anualmente. Somente o esforço organizado de todos os agentes envolvidos pode deter de fato o aumento da criminalidade. Parcerias locais podem criar iniciativas de combate ao crime, como a cessão de espaço pelos varejistas para que os policiais possam fazer o trabalho burocrático, aumentando a visibilidade e a sensação de vigilância e segurança. O policiamento de vizinhança deve estar em consonância com as necessidades da comunidade local de negócios. Informações sobre os tipos de crime que afetam a área devem ser mapeados, de forma que o policiamento se adeque com efetividade às necessidades do varejo.

Problemas específicos como consumo de drogas e desordem associada ao alcoolismo têm implicações bastante sérias para o varejo. A ação coordenada entre polícia, varejistas, bares e casas noturnas é necessária para a redução de problemas associados à economia noturna.

Um exemplo notável nesta dimensão foi a iniciativa tomada na região de *Kingston-upon-Thames*, em Londres. Essa região foi a primeira a ter um BID organizado, e tiveram uma preocupação muito grande com limpeza e segurança de seu centro local. Foi formado um time de vigilantes (*rangers*) com patrulhas nas ruas sete dias por semana, composto ainda por carros de limpeza de asfalto e de calçadas, que já limparam mais de 50 mil metros de calçadas. Houve também a remodelação e a aplicação de tratamento antipichação nos mobiliários urbanos, e a remoção de chicletes dos calçamentos. Nesse processo foram retiradas mais de 20 toneladas de lixo que estava jogado nas ruas.

9 Regime Fiscal e Regulatório Favorável

Centros comerciais prósperos necessitam de um varejo próspero. Muitos dos custos que afetam a rentabilidade do varejo estão associados a taxas e regulamentações. O varejo é um setor intensivo em propriedade, cuja localização é crucial para o movimento de pessoas, porém locais com alta visibilidade atraem também aluguéis altos e taxas negociais. No Reino Unido, por exemplo, o varejo chega a pagar proporcionalmente cerca de 3 vezes mais do que a sua participação na geração de riqueza da economia (PIB).

Decisões locais também podem agravar esse quadro, por meio de:
Introdução de taxas suplementares;
Cobrança por infraestrutura comunitária;
Taxas de estacionamento.

A cidade de *Holy Head* no Reino Unido desenvolveu uma iniciativa criativa e positiva para o problema de desocupação de estabelecimentos comerciais, que tendem a agravar o problema de circulação e deterioração dos polos comerciais de rua.

A cidade apresentava uma taxa de desocupação dos imóveis comerciais próxima a 40%. Por meio de uma iniciativa local envolvendo autoridades, comerciantes e associação comunitária, os proprietários dos imóveis foram convencidos a ceder esse espaço ocioso para novos, pequenos e inovadores varejistas independentes, porém com poucos recursos, para que montassem seus negócios por um período determinado, em troca de pequenas reformas nos estabelecimentos. A iniciativa diminuiu para menos de 10% a vacância de imóveis comerciais, gerando maior movimentação para o polo, ocupação dos imóveis, geração de emprego e renovação dos contratos com os proprietários dos imóveis no pagamento de aluguel, com a consequente geração de renda e remuneração do capital.

Conclusão

As mudanças econômicas e comportamentais apresentam um grande desafio para os polos comerciais de rua. Muitos centros podem nunca mais voltar a ter a importância que tiveram no passado, outros ainda podem vir a perder o seu movimento tradicional pela ascensão do comercio eletrônico, mas isso não significa que os polos comerciais de rua não têm futuro. Significa tão somente que este segmento precisa se reinventar e se readaptar às novas demandas dos consumidores. Isso inclui se transformar em centros para outros serviços locais, atividades culturais e entretenimento, com lojas essenciais e varejos de nicho florescendo dentro de uma mais ampla comunidade comercial.

Este capítulo mostrou experiências bem-sucedidas de revitalização dos polos de rua, tendo por fio condutor as seis dimensões chaves identificadas pelo *British Retail Consortium*. Mostrou ainda a importância desempenhada por polos de rua saudáveis para a qualidade de vida das cidades, bem como a necessidade de se estabelecer parcerias entre varejistas, comunidade e o poder público para o desenvolvimento e a preservação dos polos de rua como verdadeiros patrimônios locais.

Para isso é necessário, mesmo nos momentos de crise, planejar e alimentar esses centros comerciais. O ponto essencial é que esse processo deve ser gerenciado pelas autoridades locais em parceria com os varejistas locais, outros negócios e os residentes. Grandes centros comerciais de rua já existentes precisam ser cuidadosamente planejados, apropriadamente geridos e pacientemente alimentados, de forma que o planejamento estratégico sustentável seja uma norma e não uma exceção.

Os exemplos de experiências bem-sucedidas mostradas ao longo deste capítulo são uma clara indicação de que é possível recuperar, manter e desenvolver polos comerciais de rua de forma consistente, estável e sustentável, e que estratégias claras e bem delineadas, envolvendo varejistas, comunidade e poder público dão resultado.

Ao mesmo tempo as experiências apresentadas devem chamar a atenção e inspirar varejistas e gestores públicos para a relevância de se construir e preservar polos de rua de sucesso como forma de geração de crescimento econômico e de qualidade de vida para as cidades e as comunidades do seu entorno. Para a comunidade acadêmica, este capítulo também serve de inspiração para a investigação dos fenômenos associados às práticas empreendidas em projetos de revitalização de polos de rua, evidenciando o papel fundamental das parcerias e das políticas públicas como fatores essenciais para o sucesso do varejo em polos de rua.

Referências

BIDS, B. *Guiding Principles of a Well Managed BID:* Business Improvement District, 2015.

COMUNICACION, D. *Renovación de la Calle Serrano en Madrid*, 2012. Disponível em: https://vimeo.com/36093633. Acesso em: 1 jan. 2015.

Consortium, B.R. *21st Century High Streets:* a new vision for our town centres, 2009.

Consortium, B.R. *21st Century High Streets:* a new vision for our town centres, 2012.

Cushman & Wakefield. *Business Briefing High Street Retail in Lisbon and Porto*, 2013.

Department of Small Business Services, N.Y.C. *Starting a Business Improvement District:* A step-by-step guide, 2002. Disponível em: http://www.nyc.gov/html/sbs/downloads/pdf/bid_guide_complete.pdf. Acesso em: 1 jan. 2015.

JOANNA, V.G.P.M. *Global Expansion:* When, Where, Why, How...., 2014. Disponível em: http://jebcommerce.com/global-expansion-when-where-why-how/. Acesso em: 1 jan. 2015.

PARENTE, J. et al. Polos varejistas de rua ou shopping centers? Comparando as preferências da baixa renda. *Brazilian Business Review - BBR*, (Edição Especial BBR Conference). pp.162–189, 2012.

PARENTE, Juracy; MIOTTO, Ana; BARKI, Edgard. Pólos comerciais de rua. *GV--executivo*, v. 6, n. 6, p. 49-54, 2007.

PORTAS, Mary. *The Portas Review:* An independent review into the future of our high streets. Department for Business, Innovation and Skills, 2011.

5. Revitalização dos Polos Varejistas de Rua: Análise de Três Casos em São Paulo

André Luiz B. da Silva
Juracy Parente

Introdução

Os polos varejistas de rua no Brasil são responsáveis pela maior parte do comércio nas cidades. Estes são compostos por dezenas ou centenas de lojas que funcionam como um aglomerado integrado à cidade e assumem um papel essencial no desenvolvimento urbano. No entanto, devido à expansão da concorrência com shoppings centers, aglomerados planejados, que apresentam vantagens competitivas de lazer, segurança e infraestrutura adequada aos consumidores, a vitalidade dos polos varejistas de ruas já começa a ser ameaçada e, em muitos casos, como nos centros das cidades, já entraram em declínio. Esse processo de degradação provoca graves consequências negativas às cidades, como o aumento da criminalidade, a depreciação imobiliária e a redução da vitalidade e da qualidade de vida em toda a região.

Nota-se, no Brasil e em outras partes do mundo, essa gradual decadência dos polos varejistas de ruas. Entretanto, muitos países da Europa e América do Norte já reconheceram que a revitalização dos polos de rua exerce uma influência positiva decisiva na qualidade de vida das cidades, e nesse sentido vem desenvolvendo, de forma prioritária, políticas públicas e modelos de parcerias público-privadas. No Brasil, entretanto, os governantes em geral ainda não despertaram para essa prioridade, sendo o Sebrae responsável por desempenhar um valioso e pioneiro papel de apoio às iniciativas de projetos de revitalização de ruas comerciais em muitas cidades do Brasil. (Vide o capítulo 8 para maiores detalhes sobre a experiência do Sebrae nessa área).

Esse capítulo analisará três casos de revitalização de polos de rua que ocorreram na cidade de São Paulo, todos eles com base na iniciativa dos próprios comerciantes que se associaram para buscar a parceria com o poder público, e com eventuais contribuições de outras instituições. Exemplos desses casos foram os processos percorridos alguns anos atrás em São Paulo para a revitalização dos polos varejistas da Rua Oscar Freire, da Rua João Cachoeira e do Brás.

Resgataremos as experiências e os processos adotados nesses polos varejistas. Com base nesses casos brasileiros e nos exemplos mais consolidados e melhor estruturados de outros países, verifica-se que essa trajetória para desenvolver o processo de revitalização exige alto grau de articulação do poder público, envolvimento do setor privado e principalmente forte mobilização do próprio polo de rua. Torna-se relevante analisar os ingredientes necessários para o sucesso da revitalização dos polos varejistas de rua. Nesse sentido, o principal objetivo deste capítulo é descrever e explicar os ingredientes do processo de revitalização em face aos diversos atores envolvidos, e como eles influenciaram a realização do projeto de revitalização dos polos de ruas.

Alguns dos questionamentos que nortearão este capítulo são: como ocorreu o processo percorrido nos três casos de revitalização de São Paulo? Como e quais são os atores que influenciam no processo de revitalização? Quais as dificuldades encontradas? Quais os ingredientes contribuíram para sucesso? Essa abordagem ajudará ao oferecer um melhor entendimento desse processo, analisando diferentes aspectos tais como: motivações que deram origem a essas iniciativas, o papel fundamental exercido por lideranças do polo como empreendedores institucionais, o árduo processo de legitimação percorrido por essas lideranças, a formação da associação dos lojistas do polo, as dificuldades para conquistar a adesão dos lojistas, elaboração do projeto de revitalização, as articulações junto aos diferentes atores do setor público e empresarial, e os resultados obtidos. Espera-se que a leitura deste capítulo possa ampliar o conhecimento sobre a dinâmica sistêmica e institucional da revitalização dos polos de rua, inspirar, servir de exemplo e ajudar que outros polos varejistas de rua empreendam seus processos de revitalização. O capítulo objetiva também sensibilizar o poder público a incentivar, com a adoção de modelos estruturados e institucionalizados, as iniciativas de revitalização das regiões centrais da cidade e seus polos varejistas de rua.

1 Os Modelos Adotados em Outros Países para a Revitalização dos Polos Varejistas

Na Europa e nos Estados Unidos, modelos de parceria público privada têm sido desenvolvidos para a revitalização de centros de cidade e áreas urbanas. São instituições legitimadas, denominadas de TCM (*Town Center Management*) e BID (*Business Improvement Districts*), que por meio de planos estratégicos entre área pública e privada propõem melhorias em uma determinada região comercial. São modelos que possuem uma visão de "baixo para cima", em que os varejistas se organizam pro ativamente e discutem melhorias públicas para revitalizar o comércio local[1].

Nesse cenário, os investimentos realizados pelos polos de ruas são aplicados de forma estratégica e operacional[2]. Ou seja, melhoram a mobilidade, adequam a infraestrutura e mobiliário urbano, ampliam a calçada, criam senso de lugar por meio de uma marca local, aumentam a segurança. Essas estruturações tornam-se mais atrativas e possibilitam maior integração dos polos varejistas de ruas com a cidade. As consequências são o aumento de investidores locais e maior fluxo de consumidores[3][4][5][6].

---

[1] BALSAS, C. L. City center revitalization in Portugal. *Cities*, 17(1), 19–31, 2000.

[2] STUBBS, B.; WARNABY, G.; MEDWAY, D. Marketing at the public/private sector interface: town centre management schemes in the south of England. *Cities*, 19(5), 317–326, 2002. http://doi.org/10.1016/S0264-2751(02)00040-9.

[3] COOK, I. R. Mobilising Urban Policies: The Policy Transfer of US Business Improvement Districts to England and Wales. *Urban Studies*, 45(4), 773–795, 2008. http://doi.org/10.1177/0042098007088468.

[4] COOK, I. R. Private sector involvement in urban governance: The case of Business Improvement Districts and Town Centre Management partnerships in England. *Geoforum*, 40(5), 930–940, 2009. DOI: http://doi.org/10.1016/j.geoforum.2009.07.003.

[5] NISCO, A. De; RIVIEZZO, A.; NAPOLITANO, M. R. The role of stakeholders in town centre management: guidelines for identification and analysis. *Journal of Place Management and Development*, 1(2), 166–176, 2008. http://doi.org/10.1108/17538330810889998.

[6] WARNABY, G.; BENNISON, D. J.; DAVIES, B. J. Marketing town centres: retailing and town centre management. *Local Economy*, 20(2), 183–204, 2005. DOI: http://doi.org/10.1080/13575270500053282.

Mas a vantagem do TCM e BID é que apresentam um modelo estruturado e integrado, permitindo a sua replicação. Esses modelos já estão espalhados geograficamente pela Europa e América do Norte[7][8][9][10][11], demonstrando a sua relevância no processo de revitalização. Esses dois modelos são exemplos de instituições que desenvolveram e construíram articulações entre vários atores em função um objetivo comum: criar uma estratégia prática para o desenvolvimento do processo de revitalização urbana e de vitalidade dos polos[12][13][14][15].

A revitalização requer uma capacidade de articulação entre o polo varejista de ruas e diversas instituições públicas e privadas na busca de recursos para o desenvolvimento e execução desta proposta urbanística. Além disso, o processo de revitalização exige dos polos uma liderança local, mobilização de recursos estruturais e humanos para manter a sobrevivência e/ou buscar seu crescimento[16][17][18][19][20]. Caso contrário, o polo de rua poderá apresentar

---

[7] COOK, 2008.

[8] Idem, 2009.

[9] BALSAS, 2000.

[10] COCA-STEFANIAK, J. A.; PARKER, C.; QUIN, S.; RINALDI, R.; BYROM, J. Town centre management models: A European perspective. *Cities*, 26(2), 74–80, 2009. DOI: http://doi.org/10.1016/j.cities.2008.12.001.

[11] FORSBERG, H.; MEDWAY, D.; WARNABY, G. Town centre management by co-operation. Evidence from Sweden. *Cities*, 16(5), 315–322, 1999. DOI: http://doi.org/10.1016/S0264-2751(99)00029-3.

[12] BALSAS, 2000.

[13] COOK, 2009.

[14] PAGE, S.; HARDYMAN, R. Place marketing and town centre management: a new tool for urban revitalization. *Cities*, 13(3), 153–164, 1996.

[15] WARNABY, BENNISON, & DAVIES, 2005.

[16] BEELITZ, A.; MERKL-DAVIES, D. M. Using discourse to restore organisational legitimacy: "CEO-speak" After an incident in a German nuclear power plant. *Journal of Business Ethics*, 108(1), 101–120, 2012. DOI: http://doi.org/10.1007/s10551-011-1065-9.

[17] DEEPHOUSE, D. L. Does Isomorphism Legitimate? The Academy of Management Journal, 1996.

[18] LAMBERTI, L.; LETTIERI, E. Gaining legitimacy in converging industries: Evidence from the emerging market of functional food. *European Management Journal*, 29(6), 462–475, 2011. DOI: http://doi.org/10.1016/j.emj.2011.08.002.

[19] LIGERO, F. J. R.; SÁNCHEZ, A. V. (2013). Las presiones institucionales del entorno medioambiental: Aplicación a los campos de golf. *Revista Europea de Direccion Y Economia de La Empresa*, 22(1), 29–38, 2013. DOI: http://doi.org/10.1016/j.redee.2012.04.001.

[20] ZIMMERMAN, M. a.; Zeitz, G. J. Beyond survival: Achieving new venture growth by building legitimacy. *Academy of Management Review*, 27(3), 414–431, 2002. DOI: http://doi.org/10.5465/AMR.2002.7389921.

uma tendência de declínio e gerar problemas sociais. Os polos varejistas de rua desempenham um papel primordial no desenvolvimento das cidades e precisam manter sua vitalidade, assim trazendo contribuições sociais, culturais, econômicas e para a qualidade de vida. Nesse sentido, o processo de revitalização torna-se relevante ao propor uma transformação urbanística e gerar um ambiente favorável aos consumidores e possibilitar a preservação e o fomento da competitividade dos empresários varejistas locais.

No Brasil, diferente de muitos outros os países, não existem modelos institucionalizados de desenvolvimento urbano, como os do TCM e BID, que facilitem uma articulação e mobilização coesa para o processo de revitalização. Aqui, as políticas públicas de incentivo à recuperação e valorização de centros urbanos ou são inexistentes ou caminham de forma lenta e desestruturada. Percebe-se também que movimentos iniciais para processo de revitalização emergem pela iniciativa dos próprios varejistas localizados nos polos varejistas de rua. Por exemplo, em São Paulo, os projetos realizados no Brás, Jardins e na João Cachoeira são casos concretos de iniciativas de lideranças locais que construíram articulações na busca de parcerias e captação de recursos para desenvolvimento dos projetos de revitalização.

Esses líderes reconheceram a necessidade da revitalização e iniciaram o processo de articulação e mobilização entre os varejistas e construíram associações formais que permitiram maior legitimidade do polo. Posteriormente, esses líderes locais articularam com as demais intuições, como por exemplo, o setor público, instituições financeiras, objetivando o desenvolvimento local[21] [22] por meio de melhorias estruturais e funcionais dos espaços comerciais[23]. Assim, baseado nessa abordagem torna-se relevante descrever e explicar quais os ingredientes foram utilizados pelos polos varejistas de ruas brasileiros no processo de revitalização e como influenciaram as demais instituições, por apresentarem tais caracterísiticas peculiares quando comparado a TCM

---

[21] PRESTI, J. *Neighborhood Business District Analysis:* Pioneer Square Business Improvement Area, Seattle. professional project submitted in partial fulfillment of .... University of Washington, 2003.

[22] PRYOR, S.; GROSSBART, S. Ethnography of an American Main Street. *International Journal of Retail & Distribution Management*, 33(11), 806–823, 2005. DOI: http://doi.org/10.1108/09590550510629400.

[23] DOKMECI, V.; ALTUNBAS, U.; YAZGI, B. Revitalisation of the Main Street of a Distinguished Old Neighbourhood in Istanbul. *European Planning Studies*, 15(1), 153–166, 2007. DOI: http://doi.org/10.1080/09654310601016788.

e BID. A próxima seção analisa como são essas relações entre o polo e as demais insituições.

Para avançar na compreensão do processo de revitalização torna-se necessário reconhecer o papel do polo varejista de rua no ambiente mercadológico. Como um conglomerado sinérgico de lojas, o polo é um sistema aberto que mantem intensa relação de troca com os consumidores de sua área de influência, sendo capaz de interagir com outras instituições tanto do setor público quanto do privado a fim de captar recursos para sua sobrevivência. Ou seja, sofre forte influência do seu meio ambiente que afeta toda a sua dinâmica e atuação na região. Dessa forma, o polo varejista está imerso em um sistema com alto grau de interação entre as organizações, e precisa processar as informações geradas no ambiente mercadológico. Esse processo de interagir e articular aumenta a complexidade para qualquer tentativa de gestão conjunta entre os participantes para o estabelecer objetivos comuns[24].

Assim, é desejável que os polos varejistas criem uma forte articulação entre os próprios varejistas locais, garantindo uma oferta diversificada e coerente para atender as necessidades da região e assim assegurar sua sobrevivência. Para isso, o desafio nos projetos de revitalização é desenvolver estratégias convergentes entre os dois ambientes, o polo de rua e as demais organizações que compõem o ambiente mercadológico[25]. De nada adianta o polo traçar uma estratégia isolada sem garantir que essa estratégia esteja sintonizada e em harmonia não só com as demandas do seu mercado, mas com as características estruturais da região que facilitem uma intensa relação de troca entre o polo e o seu mercado.

E quanto mais forte as pressões estruturais ambientais, menor a flexibilidade adaptativa do polo de rua. Neste cenário, o mais provável é que ocorra uma seleção natural[26] caso o polo varejista não apresente recursos e habilidades para responder as demandas ambientais. Somado a este cenário crítico, uma série de processos podem gerar uma inercia estrutural dentro do

---

[24] DIMAGGIO, P. J.; POWEL, W. W. The iron cage revisited: Institutional isomorphism and collective rationality in orgnizational fields. *American Sociological Review*, 48, 147–160, 1983.
[25] ZUCKER, L. (1987). Institutional theories of organization. *Annual Review of Sociology*, 13, 443–464, 1987.
[26] HANNAN, M.; FREEMAN, J. The population ecology of organizations. *American Journal of Sociology*, 82(5), 929–964, 1977.

polo varejista e como consequência torna-se fundamental escolher modelos de adaptação ou seleção. Ou o polo se adapta ao ambiente ou o ambiente atuará de forma seletiva, comprometendo a sobrevivência do polo e buscando melhores alternativas que atendam mais adequadamente às necessidades do ambiente. Dessa forma, o polo deve buscar seu equilíbrio por meio das sua adequação permanente e assim garantir sua vitalidade. Para isso o polo deverá fortalecer inicialmente a integração interna entre os seus lojistas, e então articular suas interações com as demais esferas institucionais, como por exemplo a prefeitura e a comunidade.

De certa forma, as ideias acima apresentadas ilustram o atual risco enfrentado pela maioria dos atuais e desarticulados polos varejistas de rua, que devido ao seu inadequado mobiliário urbano e poucas condições de conforto e segurança, enfrentam uma concorrência crescente e ameaçadora dos shoppings centers. Essa capacidade de fortalecer a sua integração e gestão deve ser adotada pelos polos de rua e assim minimamente garantir uma abertura para defender seus interesses e discutir a sua interação com consumidores, fornecedores, governo e sociedade local. Nesse sentido podem conseguir manter a sua sobrevivência em caso de intervenções inesperadas realizadas pelo mercado. No entanto, se os polos de rua não desenvolverem uma articulação que possa de forma legitimada ser reconhecida por outros agentes, como o setor público, poderão ser surpreendidos por inesperadas intervenções urbanas que venham a comprometer a própria sobrevivência do polo varejista.

Na próxima seção vamos analisar como os polos da Oscar Freire, João Cachoeira e Brás desenvolveram um processo articulado entre os varejistas e mobilizaram o setor público e privado na busca da revitalização.

2 Os Três Polos Analisados neste Capítulo

Com uma população de cerca de 12 milhões de habitantes, a cidade de São Paulo registra mais de sessenta grandes polos varejistas de rua, alguns localizados no centro, sendo a maioria deles situada em bairros espalhados pela cidade. Enquanto os consumidores das classes C e D costumam realizar suas compras em polos varejistas de rua, os segmentos das classes A e B frequentam principalmente os shopping centers. As características dos três polos analisados são descritos a seguir:

Oscar Freire: o polo varejista na região da Rua Oscar Freire engloba, além da rua de mesmo nome, as ruas Haddock Lobo, Bela Cintra, Melo Alves, Augusta e Alameda Lorena. Está localizado na sofisticada área conhecida com a região dos Jardins. Diferente da maioria dos aglomerados varejistas de rua, a Rua Oscar Freire atende um público consumidor predominantemente de Classe Alta, e registra grande número de lojas de alto luxo que oferecem produtos sofisticados de marcas nacionais e estrangeiras. A região apresenta também hotéis, restaurantes, bares e baladas que atraem turistas e moradores. A Oscar Freire foi eleita uma das oito ruas mais luxuosas do mundo, segundo a *Excellence Mistery Shopping*, com 1,5km de extensão. A região foi revitalizada no ano de 2005, melhorando a circulação, a interação das pessoas com a cidade e trazendo retorno para quem investe, trabalha, visita e vive em toda a região. Em março de 2014 foi realizada uma pesquisa de fluxo que registrou uma presença média por dia de 7.200 pessoas em dias de semana, 10.600 nos sábados e 4.600 nos domingos.

Figura 1 – Rua Oscar Freire após revitalização

Fonte: Revista Veja

5. Revitalização dos Polos Varejistas de Rua... | 131

Figura 2 – Mapa da localização da Rua Oscar Freire

Fonte: Google Maps

João Cachoeira: a Rua João Cachoeira está localizada no Bairro do Itaim Bibi, na Zona Oeste, em região predominantemente de classe alta e média. A rua apresenta uma forte vocação comercial, com 130 lojas nos 500 metros do trecho revitalizado, 23 segmentos do comércio/serviço, com predomínio do varejo de moda e confecções, direcionado para a classe média. Após a reforma, houve um aumento nas vendas de 11% no 1º ano após a reforma; 9% no 2º ano e 10,5% no 3º ano, além de uma diminuição de 12% na rotatividade das lojas da R. João Cachoeira. Registrou também aumento do turismo de compras e do fortalecimento do associativismo como ferramenta de crescimento para pequenas e médias empresas.

Figura 3 – Totem de localização implantado após revitalização da Rua João Cachoeira

Fonte: Blog A Moda ao seu Modo

Figura 4 – Mapa de localização da Rua João Cachoeira

Fonte: Google Maps

Brás: localizada no Centro da cidade, a região do Brás é conhecida como um polo de comércio e produção de roupas em geral, sendo o maior polo de jeans da América Latina. A região inclui 55 ruas comerciais com 6 mil lojas, 4 mil confeccionistas, 15 mil boxes e 200 mil empregos diretos. Também com uma circulação diária média na região de 300 mil pessoas, o Brás hoje está consolidado como o principal centro de distribuição de pronta entrega de confecções no Brasil. Seu faturamento anual estimado em 2014 foi de treze bilhões e trezentos milhões de reais. O perfil das lojas é em sua maioria constituída de pequenas e médias empresas com perfil familiar, voltadas ao atendimento de atacado e varejo, atendendo principalmente às classes B e C. A região do Brás possui um projeto de revitalização urbanística, envolvendo a padronização das calçadas, recapeamento asfáltico, enterramento da rede elétrica, renovação do mobiliário urbano, cobertura nas ruas, monitoramento por câmeras de segurança, informações turísticas para os visitantes, parceria com agências de turismo, circuito de vans para circulação interna, cartão de fidelidade e promoções conjuntas, auxílio no translado e na entrega das compras. O Brás hoje está consolidado como principal centro de distribuição de pronta entrega de confecções do Brasil. Faturamento anual estimado em 2014 de treze bilhões e trezentos milhões de reais.

3 Origem dos projetos de revitalização

Em geral os processos de revitalização têm duas principais origens: ou surgem da iniciativa privada, pela mobilização dos varejistas de uma região ou por associações empresariais, ou do setor público que em alguns casos pode provocar modificações radicais de intervenção urbana[27]. No entanto, os três casos revitalizados analisados neste capítulo tiveram como base a percepção de alguns varejistas da necessidade da melhoria do mobiliário urbano do polo para a melhoria das vendas.

Para iniciar o processo de revitalização, os polos de rua precisam inicialmente identificar os principais problemas que influenciam negativamente em suas vendas e consequentemente na sua sobrevivência de forma geral. Pois, além do processo de expansão dos shoppings, as ruas sofrem com o avanço de novos canais de compras e a utilização de novas tecnologias, que possibilitaram aos clientes outras oportunidades de acesso e consequente diminuição na sua frequente realização de compras em lojas varejistas de rua, assim como também pode contribuir para esse fracasso interferências de ordem das políticas públicas, como por exemplo a mudança na engenharia de trânsito ou a lei da cidade limpa, considerados como exemplos capazes

---

[27] SILVA, A. L. B.; PARENTE, J. G. Os Desafios da Construção da Legitimidade do Empreendedor Institucional no Processo de Revitalização de Polos Varejistas de Ruas. *REGEPE*, 7, 190-214, 2018.

de afetar, de forma negativa, a divulgação e acesso dos consumidores aos polos varejistas[28].

Esse diagnóstico inicial foi percorrido pelos três polos. A Oscar Freire recebeu em 2004, o título da oitava rua mais elegante do Mundo. Mas neste mesmo ano, a rua possuía calçadas quebradas, nenhum canteiro, lixeiras amassadas, árvores com risco de queda. No Brás, o processo de degradação do local foi ocorrendo ao longo do tempo e isso influenciou a imagem do polo de rua para as classes A e B, devido a falta de infraestrutura e segurança. No caso da João Cachoeira percebeu-se uma progressiva queda das vendas das lojas. A iniciativa foi liderada pelo varejista Felipe Naufel, proprietário da papelaria Dante. Ele comenta que entre os lojistas da João Cachoeira já havia uma semente de associativismo que era a tradição de decorar a rua no natal, com coleta dos recursos, a chamada "vaquinha" entre lojistas.

Neste cenário, observa-se que compreender quais são os aspectos que influenciam o processo de declínio do polo é fundamental. A falta de infraestrutura, risco de segurança, ausência de centralidade de gestão podem interferir de forma negativa no desenvolvimento do polo de rua. Nesses casos, os consumidores afastam e buscam novos aglomerados varejistas, como por exemplo os shoppings centers ou novos canais de compras no ambiente virtual.

No entanto, para caminhar no processo da revitalização emergiram líderes nestes três polos varejistas que trilharam uma longa jornada e se transformaram em empreendedores institucionais. Quando assume esse papel, o empreendedor institucional possui a capacidade de modificar e estruturar uma nova organização[29][30][31]. Nos três casos apresentados, houve uma convergência de interesses em comum entre alguns varejistas. No Brás, os varejistas mais proeminentes da região se uniram em torno da fundação da Associação de Lojistas do Brás, a AloBrás. A liderança desenvolvida por esses empreendedores foi totalmente voluntária, não houve ganhos

---

[28] Ibid.
[29] GREENWOOD, R.; SUDDABY, R. Institutional entrepreneurship in mature fields: The big five accounting firms. *Academy of Management Journal*, 49(1), 27–48, 2006. DOI: http://doi.org/10.5465/AMJ.2006.20785498.
[30] LECA, B.; BATTILANA, J.; BOXENBAUM, E. Agency and Institutions : A Review of Institutional Entrepreneurship. *HBS Working Paper*, 96(8), 2008.
[31] SEO, M.-G.; CREED, W. E. D. Institutional Contradictions and Institutional Change : a Dialectical. *Management*, 27(2), 222–247, 2002.

financeiros, mas existiu uma idealização, o resgate e valorização do bairro. No polo João Cachoeira, Felipe Naufel, conduziu junto a um grupo informal de varejistas o desenvolvimento da Associação Comercial do polo.

Na Oscar Freire, Rosangela Lyra, Renato Kelarkian e Paulo Borges se mobilizaram e tentaram iniciar um diálogo com poder público na busca de apoio para desenvolvimento do processo da revitalização. Mas devido a divergência de ideias, Rosangela seguiu com projeto de criar uma associação comercial. Ela convidou os principais varejistas da rua, estruturou o projeto e os dez lojistas convidados apoiaram o financiamento, com R$ 10 mil reais de cada varejista, a criação da Associação comercial do Jardins.

Nos três polos varejistas de ruas, Oscar Freire, Brás e João Cachoeira, os empreendedores institucionais apresentaram determinados comportamentos semelhantes. Todos mostraram um propósito e discurso para o desenvolvimento do processo de revitalização. Eles identificaram que seus respectivos polos varejistas estavam posicionados inicialmente em um estágio crítico, ou com infraestrutura inadequada, risco de degradação e queda nas vendas. Perceberam que os polos não possuíam instituições, regras, normas, políticas, agenda de discussões ou mecanismos de controle centralizados e não estavam organizados e estruturado como instituição. Os empreendedores institucionais varejistas conseguiram ver que esforços em conjunto e coordenados poderiam atingir resultados maiores para polo varejista.

A atuação direta desses líderes se torna essencial para desenvolvimento do projeto e processo da revitalização. Eles atuam de forma estratégica e ultrapassam as barreiras existentes, e propõem uma nova forma de normas e estrutura para garantir o crescimento do polo. Mas, para avançarem na agenda de mudanças do polo, os empreendedores institucionais varejistas precisam construir a sua legitimidade entre seus pares. Mesmo que incipientes, os empreendedores institucionais varejistas conseguem acesso aos recursos necessários para estimular e iniciar projetos de revitalização por meio de parcerias com o setor público e privado.

Todas as ações exigiram destes empreendedores institucionais varejistas estratégias de cooperação e interação em diversos níveis de atuação e interesses. Mas à medida que esses esforços se ampliavam, novos grupos eram mobilizados, a legitimidade se consolidava. E ao criar um discurso e uma proposta direcionada para construção de uma nova lógica de estrutura organizacional para polos varejistas, esses empreendedores institucionais serviam de motivação para demais polos varejistas de rua para aderirem no processo de revitalização.

4 O Início do Processo e a Busca da Adesão dos Lojistas

Entretanto, como todo projeto inicial, a aderência dos demais varejistas pode ocorrer de forma gradativa e lenta. A liderança pode ocorrer de forma legítima por lojistas da região, como por exemplo na João Cachoeira ou uma liderança inicial como ocorreu na Oscar Freire, quando o líder do processo conseguiu a adesão de 10 outros lojistas da rua para estruturar o projeto de revitalização ou por um grupo de lojistas mais influentes como no Brás. Esse processo de convencer e mobilizar pelo ideal da revitalização é extremamente desgastante e exige um intenso esforço dos empreendedores institucionais que coordenam o processo, já que os próprios varejistas dos polos não reconhecem a relevância deste movimento para revitalização. As dificuldades encontradas pelos líderes locais englobaram aspectos tais como: o fraco comprometimento dos varejistas com o projeto de revitalização em suas diferentes etapas como concepção, estruturação, execução e acompanhamento.

Na Oscar Freire, os varejistas assumiram a responsabilidade do financiamento do projeto, no entanto a gestão do processo e captação de mais recursos ficou sob a responsabilidade da liderança de Rosangela. Na João Cachoeira mesmo com a criação da associação comercial e sendo a mensalidade voluntária, os varejistas apenas apoiavam os projetos de revitalização se esses mostrassem algum resultado direto e imediato.

Com base na análise realizada, verificamos que a criação das associações dos lojistas, uma instituição legitimada representando os lojistas do polo, não consegue garantir o sucesso do projeto de revitalização. Esse processo de adesão exige dos líderes empreendedores e da Associação intenso esforço para a conquista e a manutenção dos associados varejistas comprometidos com o projeto. Cada polo e sua associação continuamente desenvolvem estratégias de forma constante. No Brás, por exemplo, a associação desenvolve estratégias de impacto. Realiza pesquisas de percepção do consumidor com relação ao local, espaço, a rua e problemas. Os resultados são apresentados em reuniões e as fotos identificam os problemas das calçadas, nas fachadas, com lixo e outros aspectos do ambiente. Isso estimula os varejistas do polo a ampliar sua reflexão sobre tais problemáticas que muitas vezes passam despercebidas.

O maior desafio desses três polos foi conquistar a aderência dos varejistas locais para integrar a Associação. O polo João Cachoeira e seus empreendedores institucionais atuaram na mobilização dos varejistas locais por meio de campanhas sazonais, no natal por exemplo, para demonstrar aos pares que todos estavam no mesmo projeto e que se varejistas da associação investirem em campanhas e projetos os demais também poderiam investir. Foram realizadas várias reuniões, eventos e demonstrações de senso de empatia dos integrantes da associação, mas houve uma parte, denominada "minoria retardada", que só aderia às ideias depois dos resultados prontos. Dessa forma, a Associação, após apresentar o projeto para prefeitura e obter seu apoio, teve uma grande repercussão na mídia e isso foi uma estratégia para convencer os varejistas locais a aderirem e contribuírem com o projeto. Assim, o convencimento foi um processo desgastante, para persuadir grande parte dos varejistas locais sobre a necessidade e os benefícios de cada varejista investir dinheiro no projeto para promover um benefício maior, a dinamização do polo de rua.

Percebe-se que para avançar no processo de revitalização e ampliar a sua aderência, os empreendedores institucionais dos polos podem aplicar determinadas estratégias como: estruturar um projeto de arquitetura da rua, realizar uma pesquisa de diagnóstico dos problemas da rua, visitas para *benchmarking* ou buscar parcerias externas, como Prefeitura ou setor privado[32]. Caminhar nessa trajetória, não é um processo simples e exige muito dos empreendedores institucionais. Mesmo assim, os líderes devem sempre atuar e buscar alinhar ao máximo as expectativas, custos e os benefícios derivados da revitalização.

Naturalmente esses líderes acabam assumindo uma posição hierárquica e conseguem garantir a ordem do processo para conduzir a revitalização, mesmo no contexto de adversidades. Dessa forma, nos polos de ruas, precisa existir uma linguagem comum para a maioria dos varejistas com intuito de estabelecer consenso. Esse processo de estruturação pode ser conduzido por uma hierarquia, como as associações locais, com o objetivo de centralizar as decisões e conseguir estabelecer comunicação com outras entidades, públicas ou privadas. A Associação de Lojas do Jardins também **é exemplo prático**

---
[32] SILVA; PARENTE, 2018.

desses conceitos. No entanto, essa estratégia não é garantia de continuidade do projeto de revitalização ou aumento do engajamento dos varejistas. Os três polos encontraram dificuldades de manutenção das Associações Comerciais de Rua. No caso da João Cachoeira, a Associação entrou em processo de declínio, resultando no seu fechamento. No Brás, a dificuldade é a manutenção e captação de varejistas para fortalecer a instituição criada. Todavia, é importante ressaltar que por meio da criação das Associações Comerciais, o polo de rua ganha caráter jurídico, permitindo e facilitando uma integração e interações com estruturas de maiores complexidades, como por exemplo o governo estadual ou municipal e o setor privado.

Conflitos internos entre os varejistas podem emergir e criar um estado de desordem, devido a construção e manutenção da estrutura fragilizada do polo varejista. Por exemplo, divergência de propostas, divisão entre os varejistas devido a interesses distintos, expectativas de resultados imediatos, falta de visão de longo prazo, baixo engajamento e falta de orientação de mercado. Todas essas coisas podem potencializar a desordem e gerar falta de senso de unidade. Caso não exista um consenso claro, uma hierarquia, e a manutenção do crescimento, as consequências do aumento da desordem de cada varejista serão refletidas no nível superior, ou seja, no polo de rua. Entretanto, mesmo quando o consenso é estabelecido, torna-se possível minimizar os conflitos entre os varejistas. Isso pode ser demonstrado nos casos do Jardins, Brás e João Cachoeira, que estabeleceram, de certa forma, a centralização do consenso de um grupo de varejistas por meio da criação das associações. Ou seja o objetivo comum de todas as instituições criadas pelos empreendedores institucionais varejistas era de representar a rua e defender os seus interesses no decorrer do projeto, assumindo o papel de centralização da gestão, e com a criação dessas instituições, o polo varejista, com atuação dos empreendedores institucionais varejistas em sua liderança, passam a conquistar mais espaço no campo institucional e promovem a agenda do projeto de revitalização juntamente com as demais instituições[33].

Após a constituição de uma instituição, o polo de rua consegue sua legitimação frente a outras entidades, como prefeitura, SEBRAE, Associação Comercial Distrital. Apresenta maior capacidade de interação no desenvolvimento de projetos e capacidade de influência nas decisões externas de instituições que podem interferir diretamente no sistema dos polos de rua. Mas cabe

---

[33] SILVA; PARENTE, 2018.

ressaltar que o processo de manutenção dessas associações exige um grau de esforço elevado dos varejistas envolvidos no processo de revitalização. Os líderes, ou empreendedores institucionais varejistas, passam a assumir mais uma responsabilidade, que é a de administrar essa nova estrutura, o que predispõe a implantação de custos de manutenção e aumento de despesas para a organização de ações promocionais. Atuam também na captação de novos associados, com a proposta de contribuírem financeiramente e com o objetivo de ampliarem a discussão dos problemas da rua[34].

5 A Concepção do Projeto de Revitalização

A constituição legal das associações comerciais nesses três polos de rua permitiu um maior avanço para a concepção do projeto de revitalização. A Associação do Jardins, por exemplo, criou um projeto inicial de revitalização com apoio apenas dos quatro maiores lojistas, com a proposta central de tornar a Oscar Freire a rua mais elegante e atrativa possível. Para isso houve vários conflitos e barreiras, sendo um dos principais a contemplação do projeto para alargar as calçadas. Mas para essa ação deveria haver a redução de vagas para estacionamento na rua e a Associação apresentou os objetivos e os resultados esperados, ou seja, poderiam transformar a Oscar Freire em referência Mundial, tendo como resultado torná-la mais atrativa e captar mais marcas importantes para a região.

No Brás, a Associação conseguiu estabelecer um processo de revitalização no Lago da Concórdia por meio do interesse e senso comum dos lojistas da região. O local era sinônimo de falta de segurança, falta de limpeza e desvio de mercadorias. Após o projeto de revitalização, com apoio da prefeitura de São Paulo, trouxe a praça novamente para a cidade de forma mais estruturada, organizada, limpa e mais segura. Mas a revitalização foi possível pela existência de uma Associação superior, composta pelos varejistas locais, que possuíam o mesmo objetivo e foram capazes de dialogar com os órgãos públicos.

No polo João Cachoeira, o primeiro passo para estruturar o projeto de revitalização foi encomendar uma pesquisa de mercado para verificar as reais demandas e necessidades dos consumidores. Foram contratados arquitetos

---

[34] SILVA; PARENTE, 2018.

para a estruturação do projeto de revitalização. Com apoio da assessoria de imprensa e muita divulgação na mídia, a Associação agendou com a prefeitura e o projeto foi apresentado com o intuito de melhorar a infraestrutura do local e assim garantir o retorno dos consumidores, pois as vendas no local estavam em declínio constante. Isso gerou uma grande repercussão na mídia.

Observa-se que esses polos atuaram de forma a centralizar suas ações por meio do desenvolvimento de um projeto de revitalização. Ao adotarem essa estratégia, os polos conseguiram dialogar com outras esferas públicas e privadas no desenvolvimento de parcerias além de ampliar a mobilização e conscientização dos varejistas do próprio polo. Isso demonstra para o mercado que o polo pode se organizar, gerar senso de unidade e apresentar propostas coesas para desenvolvimento e manutenção do crescimento local.

6 A Relevância das Parcerias

A estratégia desses polos de rua brasileiros, para o desenvolvimento do processo de revitalização, foi a capacidade de identificar as influências externas, a necessidade de maiores articulações, interações e congruência das suas estratégias de forma única. Os polos não precisam apenas do apoio público para avançarem no seu processo de revitalização. A área privada também pode contribuir de forma significativa. Dessa forma, torna-se interessante compreender como tais polos brasileiros construíram suas estratégias e garantiram o seu processo de revitalização frente ao setor público.

A Oscar Freire definiu como estratégia buscar apoio nos segmentos de telefonia, cartão de crédito e bancos. Depois de várias reuniões, a Associação conseguiu o apoio da AMEX que contribuiu para o projeto de revitalização. O polo João Cachoeira conseguiu uma parceria com a Mastercard, que financiou a decoração de natal e estendeu também o apoio para projeto da revitalização. No entanto, os polos devem se atentar nesse processo de desenvolvimento de parcerias internamente. No Brás, o processo de parcerias envolveu os três setores, os varejistas, setor público e a associação que assinaram um termo de cooperação para desenvolvimento da revitalização. Deve existir o apoio e a parceria do próprio varejista.

Outra forma de desenvolver e captar recursos seria a utilização de outras instituições para atingir determinado parceiro. No polo João Cachoeira o exemplo, o Sebrae incentivou e criou um ambiente de articulação entre o poder público e os empresários, com o propósito de alinhar os interesses. Dessa forma, recomenda-se que os polos estruturem um mapa de instituições que possam colaborar com o processo de revitalização. Determinadas ações podem atrair parceiros próximos para o início do projeto, no entanto torna-se relevante verificar como outras instituições podem contribuir para legitimar o projeto. Isso permite ao polo maior captação de recursos que possam financiar toda a estrutura e mudanças necessárias a serem realizadas no polo de rua.

7 Os Resultados e as Mudanças do Processo da Revitalização

Ao percorrerem todo o processo para o desenvolvimento da revitalização, os três polos conseguiram, de certa forma, criar uma unidade entre alguns varejistas por meio da criação das Associações. Essas contribuíram para legitimar o polo de rua frente a outras instituições púbicas e privadas. Além disso, a Associação passa a assumir um novo papel nesses polos, como foi o caso da Oscar Freire.

Nesse polo, a Associação passou a centralizar algumas estratégias comerciais, unificando os varejistas para ações comerciais coordenadas, planejando eventos integrados e, o mais relevante, permitindo uma centralização de atividades que possam representar o polo e abrir diálogos na busca de apoio para os projetos com outras organizações. A Oscar Freire conseguiu mudar todo o seu mobiliário urbano, refez as calçadas e criou uma rede subterrânea para a fiação. Todo esse processo permite criar uma rua mais agradável e tornar o polo mais atrativo para consumidores e a cidade. Além disso, essa articulação interna entre os varejistas permite ao polo criar determinadas estruturas coerentes, fortes e unifica os varejistas caso desejem criar um novo projeto comercial ou dialogar com as demais instituições.

No polo do Brás, a revitalização elevou as vendas do Largo da Concordia e houve uma valorização imobiliária. Além disso, melhorou a segurança, a limpeza e a organização local. Isso gerou benefícios para os varejistas, colaboradores e, principalmente, para os consumidores que frequentam a região. A revitalização do Largo da Concordia permitiu também maior integração com a comunidade local, com o desenvolvimento de eventos como exposição de fotografias, esculturas e apresentações culturais. Dessa forma, a praça revitalizada voltou ao convívio social.

Já no polo João Cachoeira houve uma melhora expressiva nas vendas, próxima de 20%. Além disso, firmaram uma parceria entre os varejistas e a prefeitura para manutenção da reforma, em que cada varejista era responsável, por exemplo, em contribuir com custos da reforma da calçada da frente da sua loja. Assim, os varejistas que contribuíram para a revitalização conseguiram retorno rapidamente entre dois e três meses. A revitalização também resultou na redução da rotatividade de varejistas no polo, garantindo assim maior permanência dele na comunidade local.

No entanto, além dos benefícios apresentados por realizarem o processo de revitalização dos polos, emerge o principal desafio: como garantir a manutenção da revitalização e como garantir que esse processo não entre em declínio? A Associação do Jardins, após finalizar a primeira fase do projeto de revitalização, conseguiu estruturar uma segunda fase, além da busca constante de parcerias para desenvolvimento de novos projetos com o setor público e privado. Isso gera um oxigênio para associação e para o polo devido às novas ideias.

Outra recomendação para manutenção, que pode influenciar diretamente a gestão dos polos, é ainda o desconhecimento generalizado da atuação de revitalização das associações de varejistas de uma rua ou um polo varejista. Na Europa, Canadá e Estados Unidos os BIDs são largamente reconhecidos pelos parceiros locais, o que facilita e permite ações mais coordenadas e um maior envolvimento de outras instituições, como os setores público, privado e a comunidade. Além disso, esse modelo pode blindar o polo com relação às mudanças na gestão pública que garantam a sustentabilidade do plano de revitalização para a cidade. O capítulo 11 apresenta uma descrição mais detalhada do funcionamento dos BIDs nos Estados Unidos.

Conclusão

O principal objetivo deste capítulo foi descrever e explicar os ingredientes do processo de revitalização, mediante o envolvimento dos diversos agentes necessários à realização desses processos, conforme verificou-se com base na experiência dos três polos de rua localizados na cidade de São Paulo. Pode-se observar que as estratégias desses polos de rua brasileiros para o desenvolvimento do processo de revitalização exigiram aspectos tais como: forte liderança de um empreendedor institucional, que estimule e coordene o processo, identificação e relacionamento com influências externas, necessidade de maiores articulações, interações e congruência das suas estratégias de forma única. Deve-se ressaltar que o processo de revitalização se iniciou devido a atuação dos empreendedores institucionais. Esses líderes identificaram várias oportunidades e tendências em seus polos, ou o declínio das vendas ou a baixa relevância mercadológica, e iniciaram o processo de mudança do contexto.

Inicialmente conseguiram maior legitimidade entre seus pares para a constituição e legalização das associações comerciais. A institucionalização dessas associações permitiu aos polos maior interação com mercado e ampliou o diálogo entre o setor público e privado. Isso ocorreu devido ao reconhecimento e a legitimidade em face a essas instituições, facilitando assim a busca de recursos para o desenvolvimento do processo de revitalização.

Além disso, os casos apresentados demonstram as dificuldades desses líderes no engajamento dos demais varejistas dos polos para manter um senso de unidade, organização interna e coerência nas ações estratégicas a serem desenvolvidas no polo. São lideranças pontuais que emergem e isso pode gerar diversos riscos para os polos por não existir uma instituição acima do polo que se interesse pelo processo e gestão das revitalizações na cidade.

No âmbito internacional, isso pode ser verificado pelos BIDs e TCMs que possuem como objetivo a integração entre os setores para estruturação econômica, organização centralizada a fim de promover o consenso e unidade entre as partes interessadas, promover o polo de rua nas questões mercadológicas para elevar sua atratividade, ênfase na infraestrutura para melhorar de forma constante o ambiente comercial e principalmente garantir a gestão pública dos polos de ruas e minimizar os riscos de tentativas isoladas entre os polos. O setor público precisa desenvolver programas governamentais institucionalizados para garantir uma maior convergência e difusão das informações sobre o processo de revitalização. Ao desenvolver essa sensibilização pela importância dos polos de ruas, os gestores públicos podem criar um caminho alternativo para garantir o crescimento sustentável das áreas comerciais.

Além disso, os próprios varejistas dos polos necessitam ampliar a reflexão sobre a relevância do processo de revitalização. A resistência dos varejistas impede a criação de uma unidade no polo, limitando a ação do mesmo para garantir seu crescimento local e manter a sua sobrevivência. Varejistas necessitam conciliar seus interesses econômicos, reduzir as dificuldades nos momentos de negociações entre os envolvidos e estar abertos a novas experiências para programas de revitalização.

Após a sustentação e apoio do setor público e dos varejistas, as parcerias com o setor privado pode se tornar um caminho viável na busca da requalificação de espaços públicos comerciais. Isso também amplia o papel da comunidade nesse processo ao buscarem participação, já que são diretamente impactados na ausência ou na presença de projetos de revitalização.

Com base nessa proposta de cooperação e compartilhamento entre todos os envolvidos, as responsabilidades podem ser divididas evitando a transferência para o setor público ou para os próprios líderes dos polos varejistas. Além disso, podem potencializar as ações de outras Instituições como o Sebrae, que já possui rica experiência em várias iniciativas de revitalização pelo Brasil. Esse processo de integração amplia o intercâmbio de informações e possibilita que os modelos de revitalização até então embrionários avancem.

As pesquisas acadêmicas também devem contribuir para o avanço, ampliando a compreensão sobre as dificuldades e formas de conduzir o processo de revitalização. Além de progredir no tema do planejamento dos polos de rua, compreender os impactos e riscos aos varejistas e à comunidade sobre a não preservação das estruturas locais, além de ampliar a discussão sobre os aspectos urbanísticos com o intuito de potencializar o polo de rua. Nesse sentido, pesquisadores podem gerar instrumentos que contribuam e potencializem o processo de revitalização e o aumento da sinergia entre varejistas, setor público e privado.

Portanto, torna-se necessário refletir sobre formas de criar um modelo de gestão dos polos de ruas mais viável na realidade brasileira. Apesar das iniciativas brasileiras emergirem de forma pontual, os resultados demostram vários benefícios que podem ser conquistados por esses polos. Agora, o sucesso desses processos aumentará se os líderes dos polos forem capacitados e treinados nas metodologias e alternativas bem sucedidas para a conciliação de todos os envolvidos, a captação de recursos e se forem aplicados de forma mais adequada, para elevar a atratividade e a geração de benefícios a todos. Com a existência e suporte político, os polos podem ampliar suas parcerias e estreitar relacionamento com o setor privado de forma mais concreta, gerando oportunidades promissoras.

Assim, este capítulo propôs apresentar os três casos de revitalização de polos de rua que ocorreram na cidade de São Paulo e como os empreendedores institucionais atuaram no processo de legitimação e articulação entre os varejistas, a criação de associações e o diálogo entre setores público e privado. Buscou-se gerar reflexão sobre as estratégias definidas, barreiras e perspectivas desses polos na trajetória da revitalização que pode estimular e servir de suporte para os varejistas com vocação de empreendedores institucionais a liderarem com maior facilidade projetos de revitalização dos polos varejistas de rua.

Referências

BALSAS, C. L. City center revitalization in Portugal. *Cities*, *17*(1), 19–31, 2000.

BEELITZ, A.; MERKL-DAVIES, D. M. Using discourse to restore organisational legitimacy: "CEO-speak" After an incident in a German nuclear power plant. *Journal of Business Ethics*, *108*(1), 101–120, 2012. DOI: http://doi.org/10.1007/s10551-011-1065-9.

Blog A moda ao seu modo. Disponível em: http://amodaaoseumodo.blogspot.com/2012/12/especial-de-natal-rua-joao-cachoeira.html. Acesso em: 11/03/2019.

COCA-STEFANIAK, J. A.; PARKER, C.; QUIN, S.; RINALDI, R.; BYROM, J. Town centre management models: A European perspective. *Cities*, *26*(2), 74–80, 2009. DOI: http://doi.org/10.1016/j.cities.2008.12.001.

COOK, I. R. Mobilising Urban Policies: The Policy Transfer of US Business Improvement Districts to England and Wales. *Urban Studies*, *45*(4), 773–795, 2008. DOI: http://doi.org/10.1177/0042098007088468.

COOK, I. R. Private sector involvement in urban governance: The case of Business Improvement Districts and Town Centre Management partnerships in England. *Geoforum*, *40*(5), 930–940, 2009. DOI: http://doi.org/10.1016/j.geoforum.2009.07.003.

DEEPHOUSE, D. L. Does Isomorphism Legitimate? *The Academy of Management Journal*, 1996.

DIMAGGIO, P. J.; POWEL, W. W. The iron cage revisited: Institutional isomorphism and collective rationality in orgnizational fields. *American Sociological Review*, *48*, 147–160, 1983.

DOKMECI, V.; ALTUNBAS, U.; YAZGI, B. Revitalisation of the Main Street of a Distinguished Old Neighbourhood in Istanbul. *European Planning Studies*, *15*(1), 153–166, 2007. DOI: http://doi.org/10.1080/09654310601016788.

FORSBERG, H.; MEDWAY, D.; WARNABY, G. Town centre management by co-operation. Evidence from Sweden. *Cities*, 16(5), 315–322, 1999. DOI: http://doi.org/10.1016/S0264-2751(99)00029-3.

GREENWOOD, R.; SUDDABY, R. Institutional entrepreneurship in mature fields: The big five accounting firms. *Academy of Management Journal*, 49(1), 27-48, 2006. DOI: http://doi.org/10.5465/AMJ.2006.20785498.

HANNAN, M.; FREEMAN, J. The population ecology of organizations. *American Journal of Sociology*, 82(5), 929–964, 1977.

LAMBERTI, L.; LETTIERI, E. Gaining legitimacy in converging industries: Evidence from the emerging market of functional food. *European Management Journal*, 29(6), 462–475, 2011. DOI: http://doi.org/10.1016/j.emj.2011.08.002.

LECA, B.; BATTILANA, J.; BOXENBAUM, E. Agency and Institutions : A Review of Institutional Entrepreneurship. *HBS Working Paper*, 96(8), 2008.

LIGERO, F. J. R.; SÁNCHEZ, A. V. (2013). Las presiones institucionales del entorno medioambiental: Aplicación a los campos de golf. *Revista Europea de Direccion Y Economia de La Empresa*, 22(1), 29–38, 2013. DOI: http://doi.org/10.1016/j.redee.2012.04.001.

NISCO, A. De; RIVIEZZO, A.; NAPOLITANO, M. R. The role of stakeholders in town centre management: guidelines for identification and analysis. *Journal of Place Management and Development*, 1(2), 166–176, 2008. DOI: http://doi.org/10.1108/17538330810889998.

PAGE, S.; HARDYMAN, R. Place marketing and town centre management: a new tool for urban revitalization. *Cities*, 13(3), 153–164, 1996.

PRESTI, J. *Neighborhood Business District Analysis: Pioneer Square Business Improvement Area, Seattle. professional project submitted in partial fulfillment of ....* University of Washington, 2003.

PRYOR, S.; GROSSBART, S. Ethnography of an American Main Street. *International Journal of Retail & Distribution Management*, 33(11), 806–823, 2005. DOI: http://doi.org/10.1108/09590550510629400.

Revista Veja. Disponível em: https://vejasp.abril.com.br/estabelecimento/rua-oscar-freire/. Acessado em: 11/03/2019.

SEO, M. G.; CREED, W. E. D. Institutional Contradictions and Institutional Change : a Dialectical. *Management*, 27(2), 222–247, 2002.

SILVA, A. L. B.; PARENTE, J. G. Os Desafios da Construção da Legitimidade do Empreendedor Institucional no Processo de Revitalização de Polos Varejistas de Ruas. *REGEPE*, 7, 190-214, 2018.

STUBBS, B.; WARNABY, G.; MEDWAY, D. Marketing at the public/private sector interface: town centre management schemes in the south of England. *Cities*, 19(5), 317–326, 2002. DOI: http://doi.org/10.1016/S0264-2751(02)00040-9.

WARNABY, G.; BENNISON, D. J.; DAVIES, B. J. Marketing town centres: retailing and town centre management. *Local Economy*, 20(2), 183–204, 2005. DOI: http://doi.org/10.1080/13575270500053282.

ZIMMERMAN, M. a.; Zeitz, G. J. Beyond survival: Achieving new venture growth by building legitimacy. *Academy of Management Review*, 27(3), 414-431, 2002. DOI: http://doi.org/10.5465/AMR.2002.7389921.

ZUCKER, L. (1987). Institutional theories of organization. *Annual Review of Sociology*, 13, 443-464, 1987.

6. Largo da Batata: Uma Análise da Intervenção Pública que Enfraqueceu o Varejo de Rua

Daniel Manzano
Viviane Rocha
Luis Fernando Varotto

Introdução

Este capítulo tem como objetivo ampliar o entendimento sobre polos varejistas de rua ao trazer um exemplo de intervenção urbana realizada pela Prefeitura da cidade de São Paulo. O exemplo a ser explorado é o do polo varejista de rua localizado na região de Pinheiros e conhecido como Largo da Batata. Ao descrever diferentes aspectos do projeto e de sua implantação, este capítulo também ressalta que muitos dos ingredientes de sucesso já consagrados em projetos de intervenção urbana realizados em outros países deixaram de ser observados nessa iniciativa. De certa forma, essas lacunas acabaram por não favorecer a revitalização do dinâmico polo varejista que já existia na região antes da reforma.

A intervenção realizada pela Prefeitura de São Paulo no Largo da Batata foi idealizada em 2001, teve as suas obras iniciadas em 2007 (Hiraoka, 2013) e foi concluído no final do ano de 2013 (Farias, 2014). A maior parte dos dados empíricos para a elaboração desse estudo foi coletada no mês de setembro de 2013, um pouco antes do término do projeto. Após dois anos, em setembro de 2015, foi realizada nova coleta de dados com o intuito de avaliar o impacto das reformas sobre o polo varejista do Largo da Batata e a reação dos lojistas a esse processo. Tendo por base os dados coletados nas entrevistas e como paradigma as melhores práticas para a revitalização de polos urbanos prescritas na literatura, bem como as orientações feitas por importantes entidades do setor como o *British Retail Consortium* – principal associação varejista do Reino Unido – apresentamos uma análise do processo e das iniciativas adotadas pelo poder público no projeto de revitalização do Largo da Batata.

Tendo em vista seus objetivos, este capítulo está ordenado em quatro partes. A primeira parte faz um pequeno resgate histórico da região e apresenta as características do Largo da Batata antes das intervenções. A segunda parte descreve as motivações para a realização da reforma do Largo da Batata, seguida pelos resultados das entrevistas realizadas com os gestores públicos executores da reforma e com diferentes *stakeholders* afetados pela intervenção, ressaltando as consequências desse processo. Em seguida, é analisado o pouco grau de convergência entre o processo realizado em São Paulo e as melhores práticas de revitalização dos polos varejistas sugeridas pelo *British Retail Consortium*. O capítulo conclui com recomendações direcionadas aos órgãos públicos responsáveis pelo planejamento urbano sobre a atenção que precisa ser dedicada a iniciativas de revitalização dos polos varejistas de rua, para associações varejistas brasileiras, e sugestões para novos estudos.

1 Largo da Batata: Histórico e Evolução até os Dias Atuais

O Largo da Batata é considerado o ponto de origem do bairro de Pinheiros, na Zona Oeste da cidade de São Paulo, sendo ocupado por tribos indígenas e um primeiro aldeamento por obra dos jesuítas já no século XVI. Nos séculos XVII e XVIII, a região passou a ser utilizada como rota de ligação entre São Paulo e o Sul do País e no século XIX, surgem os primeiros estabelecimentos comerciais, proporcionando a mudança do perfil rural da região para o urbano[1].

No final do século XIX e início o século XX, o local recebeu imigrantes italianos e japoneses, e começou a se firmar como uma região de classe média, com grande presença de comércio e indústrias. A área também atraiu muitos vendedores ambulantes que traziam suas mercadorias do campo para ofere-

---

[1] GOUVÊA, D.; RAMOS, F. Pinheiros guarda sua história no subsolo. Gazeta de Pinheiros. São Paulo. 2013. Disponível em: http://gazetadepinheiros.com.br/cidades/pinheiros-guarda--sua-historia-no-subsolo-10-05-2013-htm. Acessado em:

cer aos moradores da região, tornando-se ali um espaço comercial famoso e tradicional pela vendas de frutas e hortaliças.

Em agosto de 1910 foi inaugurado onde hoje se localiza o Largo da Batata o "Mercado dos Caipiras", como passou a ser conhecido o mercado em que produtores de cidades do interior de São Paulo, como Piedade, Sorocaba e Itu, expunham os produtos à venda no chão. Ali eram vendidas, além de mercadorias comuns, fazendas, sítios, chácaras, terras agrícolas e de criação, colheitas, animais vivos, tijolos, telhas, pedregulhos, areias e madeira. Por trazerem também batatas, o local da antiga instalação do mercado ficou conhecido como Largo da Batata.

Figura 1 – Antigo mercado dos caipiras, anos 1910

Fonte: Família Goldschmidt

Com o passar das décadas, a região de Pinheiros compreendida pelo polo varejista do Largo da Batata foi aumentando de tamanho e importância com o crescente fluxo de pessoas e de novas construções residenciais e comerciais que se expandiram e desenvolveram na região.

Nas últimas décadas, com o crescimento acelerado e o aumento do tráfego de veículos e pedestres, o Largo da Batata passou a sofrer com congestionamentos. Diversos pseudoterminais se instalaram, mas não apresentavam estrutura suficiente para comportar o grande e crescente volume de linhas de ônibus que operavam ali, tudo isso agravado pela dinâmica viária obsoleta da região. Os terminais de transporte coletivo e o dinâmico polo varejista acabaram por atrair para a região uma população com perfil de renda mais baixa.

Até a década de 1970, o comércio naquela área era voltado para a população de classe média residente na região. Gradualmente, com a expansão dos shopping centers próximos (Shopping Iguatemi e Shopping Eldorado), a população local de classe média passou a preferir esses novos aglomerados varejistas planejados, e o comércio local passou por um intenso processo de ajuste e reposicionamento. As lojas se adequaram e passaram a atender principalmente aos segmentos de consumidores de baixa renda, formado por moradores de outras regiões da cidade, atraídos ao comércio da região pela ampliação e facilidade do transporte coletivo.

Lojas de grandes redes varejistas, como Pernambucanas, Marisa, Riachuelo, Ponto Frio, Arapuã, Magazine Luiza, e Casas Bahia (com várias lojas na região), e dezenas de outros estabelecimentos voltados para o público de baixa renda atestavam a vitalidade do polo varejista da região,

Havia, portanto, uma crescente disparidade, por um lado, entre o perfil do varejo e de seus frequentadores de baixa renda e, por outro lado, a população residente de classe média e os ocupantes dos novos e modernos escritórios da região. Essa heterogeneização social nas calçadas e popularização das lojas da região contribuíram para construir uma percepção de deterioração do local.

Assim, em 2001, surgiu o projeto de revitalização do Largo da Batata, durante a gestão da prefeita Marta Suplicy. Os reflexos das modificações realizadas no Largo da Batata são melhor entendidos quando se conhece a complexa situação do local antes da intervenção.

2 Motivações para a Restauração do Largo da Batata

A execução de qualquer obra na cidade pode se iniciar de duas formas: uma decisão municipal por força de um plano diretor, que é estabelecido por longos períodos pela prefeitura do município e revista a cada gestão, ou por solicitação de uma subprefeitura. Primeiro verifica-se a existência de alguma necessidade de melhoria na cidade. Assim, formula-se o projeto e definem--se quais são as intenções de mudança ou melhoria. Feito isso, o projeto

6. Largo da Batata: Uma Análise da Intervenção Pública... | 153

é enviado para a Câmara, onde é longamente analisado, ajustado e aprovado. Quando aprovado, finalmente a prefeitura pode iniciar a execução do projeto.

Segundo um representante da SP Urbanismo – órgão responsável pela elaboração dos projetos de engenharia da cidade de São Paulo – que participou deste estudo, a obra no Largo da Batata foi um projeto antigo determinado pelo plano diretor estabelecido na década de 1990. Naquela ocasião foi observado que toda a região da Avenida Faria Lima necessitava ser revitalizada, modernizada e, assim, adaptada ao crescimento que as projeções indicavam para os próximos anos. Na visão desse representante que participou diretamente da elaboração do projeto no Largo da Batata, o projeto teve o objetivo de renovar toda aquela região, deixando-a mais "atualizada" e com "a cara de São Paulo". Ele explica as motivações em realizar a obra:

> Verificou-se que o comércio daquela região estava perdendo o 'gás' e estava no momento de uma revitalização naquela área. A mudança no padrão daquela área, devido a mudança do público que costuma frequentar aquela região, vai levar à criação de um novo comércio voltado para um público com outro perfil.

Apesar do discurso do representante da SPurbanismo sobre o Largo da Batata antes da intervenção municipal, o comércio da região não estava "perdendo o gás", pois mantinha-se extremamente dinâmico, com um comércio forte e adaptado ao público que trafegava na região – apenas a CASAS BAHIA, por exemplo, possuía cinco lojas, próximas entre si, nesse polo varejista. Paradoxalmente, a região também recebia crescente número de edifícios residenciais de alto padrão e prédios de escritórios que passaram a se instalar ali, devido à saturação dos mesmos na região da Avenida Paulista.

A região compreendida pelas duas grandes avenidas – Av. Luís Carlos Berrini e Av. Faria Lima – passaram a ser os locais mais atrativos para os novos e grandes escritórios, em grande parte de grupos estrangeiros. O crescimento desses dois corredores, assim como sua proximidade, acabou reforçando a vocação de toda essa região o que por consequência elevou consideravelmente o valor imobiliário e o segmento social frequentador local.

Segundo um arquiteto da SPurbanismo, o projeto de revitalização do Largo da Batata teve o objetivo de reerguer a área tornando-a mais agradável aos pedestres e mais dinâmica, permitindo a melhor circulação de veículos. Sob essa visão defendeu-se a necessidade de uma intervenção pública em favor da mobilidade urbana. Porém, ao lado da questão da mobilidade urbana, havia de fato outras demandas associadas à crescente disparidade entre o perfil do comércio e de seus frequentadores, e o novo público que passara a habitar e a circular pela região, dada a nova dinâmica do local. De certa forma, estava ocorrendo um processo bem conhecido na Geografia Urbana denominado gentrificação, que o poder público decidiu acelerar.

3 O Processo de Gentrificação e os seus Efeitos sobre a Região do Largo da Batata

A gentrificação é típica dos processos de renovação urbana que se desenvolvem nas denominadas cidades pós-modernas – localidades que não evidenciam distinções sociais explícitas, dificultando a demarcação de onde começa uma classe social e onde termina outra[2].

Esse processo envolve a recentralização urbana e social seletiva de determinados espaços, decorrente de uma crescente revalorização e reutilização física e social dos bairros centrais, inclusive o centro histórico, levando a novos processos de recomposição de sua textura socioespacial[3].

O processo de gentrificação no espaço urbano envolve[4] [5]:

a) Substituição nas áreas centrais da cidade de um grupo social por outro de estatuto mais elevado;
b) Reagrupamento espacial de indivíduos semelhantes em termos de estilos de vida e características culturais;
c) Transformação do ambiente construído e da paisagem urbana por meio da requalificação residencial e melhorias arquitetônicas, e a criação de novos serviços;
d) Alteração da ordem fundiária, normalmente representada pelo aumento dos valores fundiários dos imóveis e seus reflexos.

---

[2] SMITH, N. Gentrificação, a fronteira e a reestruturação do espaço urbano. GEOUSP: Espaço E Tempo, 15–31, 2011.
[3] MENDES, L. Cidade pós-moderna, gentrificação e a produção social do espaço fragmentado. Cadernos Metrópole, 13, 473–495, 2011a.
[4] LEES, L.; SLATER, T.; WYLY, E. Gentrification. Nova York: Routledge, 2013.
[5] SAVAGE, M.; WARDE, A.; WARD, K.; SAVAGE, M. Urban sociology, capitalism and modernity. Londres: Macmillan, 1993.

O poder público contribui e também norteia o processo de gentrificação urbana, por meio de intervenções públicas que, ao valorizar a cidade, acabam por desencadear mecanismos de expulsão e de reapropriação dos espaços, normalmente orientados para o mercado e os consumidores, em detrimento das classes menos favorecidas[6].

Muitas dessas características de um processo de gentrificação estavam presentes na região do Largo da Batata. O projeto de revitalização empreendido pela Prefeitura contribuiu de fato para promover a reapropriação daquele espaço por novos atores, em evidente detrimento do comércio e das populações tradicionalmente ali instaladas.

4 "Plano de Revitalização do Largo da Batata": a Reforma

Para recuperar essa área, um grande plano de revitalização foi projetado. Segundo o jornal Folha de São Paulo, em reportagem de 2012[7], a revitalização da área Av. Faria Lima/Largo da Batata fez parte da Operação Urbana Faria Lima, criada em 1995, na gestão do então prefeito da cidade de São Paulo, Paulo Maluf, para transformar a região em polo de escritórios. Foi por meio dela que a região da Avenida Faria Lima se expandiu e os túneis Cidade Jardim e Rebouças foram construídos.

As obras foram financiadas com recursos do FUNDURB, isto é, o fundo municipal para obras de desenvolvimento urbano criado a partir do capital obtido por meio da venda, para empresas, do direito de construir além do permitido na lei de zoneamento. O projeto foi idealizado em 2001, na gestão da então prefeita da cidade de São Paulo, Marta Suplicy. Nesse período foi aberto um concurso público para aprovação de projeto arquitetônico para a reforma do Largo da Batata e o arquiteto Tito Lívio Frascino teve seu projeto aprovado no concurso. As sondagens da área começaram no ano seguinte, 2002, e, desde então, o projeto sofreu algumas alterações, como a

---

[6] MENDES, L. Cidade pós-moderna, gentrificação e a produção social do espaço fragmentado. Cadernos Metrópole, 13, 473–495, 2011b.
[7] MORI, L. Após 17 anos, grandes obras no largo da Batata entram na reta final. Folha de São Paulo. São Paulo. 2012. Disponível em: http://www1.folha.uol.com.br/saopaulo/2012/11/1179571-apos-17-anos-grandes-obras-no-largo-da-batata-entram-na-reta-final.shtml. Acessado em:

criação de um empreendimento comercial ao invés de um centro cultural e a não implantação da arborização prevista.

Segundo a Prefeitura de São Paulo[8] a obra realizada foi descrita como:

> O Largo da Batata passou por obras de remodelação e melhoria das calçadas, construção de infraestruturas subterrâneas para enterramento de redes aéreas, obras de acessibilidade; novo sistema de drenagem; novo e moderno sistema de iluminação pública; novo paisagismo e novo pavimento das vias carroçáveis das ruas da região; e a construção do novo Terminal Intermodal de Pinheiros. A ampliação do sistema viário local trouxe uma fluidez no tráfego de veículos e mais segurança para a região. A recuperação ambiental e urbana da região do Largo de Pinheiros com praças e novas áreas verdes também foram importantes intervenções para a melhoria da qualidade de vida dos moradores e frequentadores da região.

Um dos gerentes da SPObras consultado nesta pesquisa, mencionou que a região sofreu algumas alterações pelas obras de revitalização em toda a extensão da Av. Faria Lima, que passa ao longo da região de Pinheiros. Em determinado momento, a prefeitura sentiu a necessidade de fazer uma reconversão urbana naquela região (Largo da Batata). Surgiu a necessidade de fazer um terminal intermodal de ônibus, integrando o novo metrô construído ali com a CPTM e SPTrans. Consequentemente, procedeu-se a reurbanização do Largo da Batata e avenidas do entorno, e a modernização na paisagem da região.

A região em que a SPObras realizou a intervenção abrangeu as seguintes ruas e praças da região do Largo da Batata:

- Praças de Pinheiros (Nova Praça de Pinheiros, Praça das Araucárias e a Praça em frente à Igreja Nossa Senhora de Monte Serrat);
- Rua Teodoro Sampaio (entre a Av. Faria Lima e R. Cunha Gago e em frente à Engeforme);

---

[8] SPOBRAS, A. de C. SPObras entrega obras da Operação Urbana Faria Lima no Largo da Batata. 2014. Disponível em: http://www.prefeitura.sp.gov.br/cidade/secretarias/infraestrutura/sp_obras/operacoes_urbanas/faria_lima/index.php?p=166831. Acessado em: 13 set. 2017.

- Ruas: Sebastião Gil, Rua Atuaú, rua Orlando Vessoni, rua Bartolomeu Zunega, rua Martim Carrasco, rua Choppin Tavares de Lima, rua Cristóvão Buarque, rua Campo Alegre, rua Guaçu, rua Padre Carvalho, rua Ferreira de Araújo;
- Rua Amaro Cavalheiro (trecho entre Sumidouro e Paes Leme);
- Rua Pedro Cristi, rua Capri, rua Conselheiro Pereira Pinto, rua Baltazar Carrasco, rua Cardeal Arcoverde, rua Paes Leme, Av. Brigadeiro Faria Lima;
- Rua Eugênio de Medeiros (entre R. Sumidouro e R. Paes Leme);
- Rua Fernão Dias, Rua Cunha Gago, Rua Sumidouro, Rua Gilberto Sabino e o novo Terminal Intermodal de Pinheiros.

As obras em números:
- Implantação das valas/estruturas subterrâneas para enterramento de redes aéreas: 18.000m, sendo 6.000m de infraestrutura destinada às redes primárias (Eletropaulo) e 12.000m de infraestrutura destinada às redes secundárias (telefonia / telecomunicação);
- Total de pavimentação em metros = 38.000m2, sendo 23.000m2 de pavimento flexível e 15.000m2 de pavimento rígido;
- Total de calçadas em metros = 26.000m2;
- Total de área das praças = 23.000m2;
- Total de área verde = 3.000m2.

A prefeitura entregou a obra em dezembro de 2013[9], com quatro anos de atraso em relação à previsão original.

5 Resultados das Entrevistas

A fim de compreender a forma com que obras desse porte são projetadas e executadas, procurou-se entrevistar agentes públicos das diversas áreas responsáveis na realização do projeto. Observou-se que uma obra de grande porte, como a do Largo da Batata, envolve diversos agentes de diferentes secretarias. Entre as instituições envolvidas, pode-se apontar a participação da Secretaria Municipal de Desenvolvimento Urbano (SMDU), a Secretaria

---

[9] HIRAOKA, R. Os problemas da reurbanização do Largo da Batata. 2013. Disponível em: https://vejasp.abril.com.br/cidades/os-problemas-da-reurbanizacao-do-largo-da-batata/. Acessado em: 10 set. 2017.

Municipal de Empreendedorismo e Emprego (SMEE), a SPurbanismo, a SPobras, e também a Subprefeitura de Pinheiros.

5.1 Pontos Positivos

Pelo grande porte do empreendimento e pelo longo período em que o projeto foi desenvolvido, a obra, denominada Operação Faria Lima, é única, sendo a de maior porte que a região de Pinheiros já recebeu. Segundo um representante da Subprefeitura da região de Pinheiros, a cidade ganharia grandes benefícios quando concluídas as obras:

> Teremos a melhora da dinâmica do tráfego viário, melhorias das calçadas e do paisagismo para atrair o público para a região e, por fim, a valorização de todo bairro, tanto dos imóveis residenciais como os comerciais. Apesar dos impactos que essa obra está gerando para a cidade, haverá grandes benefícios à cidade similares aos que foram obtidos na Oscar Freire ou na Cidade Jardim. Um ambiente muito mais organizado, uma ambiência mais qualificada é atrativa para o movimento naquela região. Tem-se uma melhoria nas condições de movimentação das pessoas. Esse lugar acaba por valoriza-se e ser reconhecido com um bom lugar comercial.

Na época em que a pesquisa foi realizada (2013), na avaliação do diretor de atendimento de uma grande imobiliária, a região se sofisticaria com a intervenção pública, e por consequência ocorreria a valorização dos imóveis do entorno. Averiguações quanto ao valor dos imóveis da região após a reurbanização do Largo da Batata mostram que de fato houve uma escalada nos preços dos imóveis da região. Em um período de 5 anos, imóveis da região chegaram a se valorizar até 1.000%[10] [11].

---

[10] BERGAMO, G. Revitalização dos Largos de Pinheiros e da Batata. Veja São Paulo. São Paulo. 2009. Disponível em: https://vejasp.abril.com.br/cidades/revitalizacao-dos-largos-de--pinheiros-da-batata/. Acessado em:

[11] BRANDALISE, V. H.; MACHADO, R.; DANTAS, T. Linha 4 valoriza o entorno em 30% e Metrô quer obras e uma parte do IPTU. O Estado de São Paulo. São Paulo. 2010. Disponível em: http://sao-paulo.estadao.com.br/noticias/geral,linha-4-valoriza-o-entorno-em-30-e-metro-quer-obras-e-uma-parte-do-iptu-imp-,623946. Acessado em:

6. Largo da Batata: Uma Análise da Intervenção Pública...

Conforme nos informou o representante da subprefeitura da região de Pinheiros, a Operação do Largo da Batata começou com uma diretriz de tirar os terminais de ônibus daquela região, pois estavam em lugares que eram considerados inadequados para abrigarem aquela grande quantidade de pessoas. A ideia era colocar os terminais próximos a estação de Pinheiros. Também se desejava aproveitar a retirada dos pontos de ônibus e elaborar um projeto de reurbanização no local; oferecer mais áreas para pedestres, melhorar o trafego viário e, em decorrência dessas modificações, foram realizadas algumas desapropriações na região.

> Para nós melhorarmos a área de movimentação dos pedestres, nós precisávamos reurbanizar aquele local. As calçadas acabavam por servir como pontos de ônibus. A realização das obras concentrou-se no objetivo de melhorar movimentação de pedestres.

Em relação à oferta de transportes públicos, o representante da subprefeitura ainda explica que a região é bem servida pelo transporte público. Como realizações da administração pública, a função dos projetos é visar o maior bem-estar de todos e, portanto, desencorajar as pessoas a utilizarem seus veículos individuais e passarem a fazer uso do transporte coletivo. Diversos ônibus e estações de metrô estão próximos dali.

> O objetivo é desencorajar as pessoas a usarem seus carros e que prefiram o transporte público. Buscou-se o que há de mais moderno no mundo para servir a população com qualidade – por exemplo a linha amarela do metrô – para justamente agradar a todos os públicos.

Já na visão de um representante da Secretaria de Desenvolvimento Urbano sobre as mudanças no Largo da Batata e as reclamações dos comerciantes, ele defende que está se criando um novo tipo de comércio, mais benéfico à cidade.

> Cria-se uma "pressão" positiva da prefeitura, em que o comerciante deve se adaptar às novas características da região. Há uma mudança no comércio. Na época que existiam os camelôs e os pontos de ônibus que funcionavam como pseudoterminais, havia o predomínio

do comercio de sobrevivência e tudo improvisado. Pequenas papelarias, lojas de umbanda... Se passarmos por aquela região agora, nós veremos muitas farmácias, pequenos restaurantes, bares formalizados. Fica um ambiente mais sério. Os cortiços foram derrubados. A economia formalizada. Os investimentos foram retomados. Nos entornos encontramos muitas construções de prédios. Isso tudo é o progresso.

Na visão do gestor público percebe-se em suas menções a clara preocupação em formalizar o comércio local. A formalização gera, por exemplo, uma maior arrecadação e uma ocupação "esteticamente" mais adequada do comércio à região. Entretanto, vale lembrar, que a região, antes da intervenção, já contava com grandes redes varejistas como Casas Bahia, Magazine Luiza, Pernambucanas, Marisa, além de inúmeros pequenos varejistas, demonstrando que a região apresentava pulsante vigor econômico, e longe de ser uma região deteriorada ou debilitada, como os gestores públicos procuraram descrevê-la.

Na visão dos gestores públicos, a intervenção seria benéfica para a cidade ao se eliminar o comércio informal e as ocupações irregulares, porém a revitalização do Largo da Batata acabou por prejudicar também os pequenos negócios formais e os grandes varejistas da região, já que muitos deles tiveram que fechar suas lojas ou reduzirem suas operações devido ao forte declínio do fluxo de clientes nas ruas da região. Existe o sentimento entre os varejistas da região que a intervenção pública foi sobretudo realizada visando a reconfiguração da dinâmica do tráfego e da paisagem. Não se percebeu dos gestores públicos o reconhecimento da importância do varejo para garantir a vitalidade do espaço público nem um estímulo para que a atividade varejista se adequasse para a nova realidade da região.

5.2 Pontos Negativos

Um representante da subprefeitura ouvido reconhece que um projeto desse porte apresenta muitas dificuldades ao longo de seu desenvolvimento. Observamos que parece existir pouca integração e diálogo entre os diferentes órgãos e seus responsáveis diretos pelas diversas fases da obra.

Verificou-se que o principal problema de uma intervenção pública é o período de gestão da obra. Muitas reclamações chegam à Prefeitura e estas são repassadas à SPObras. No entanto, existem falhas nessa comunicação, e a Subprefeitura é pouco ou nada ouvida. Ele comenta sobre a dificuldade:

> Gestão de obra é sempre a parte mais complicada de todo o processo, pois existem duas dinâmicas: a dinâmica da eficiência da obra, que diz qual a forma mais eficiente e rápida de se fazer a obra, e a dinâmica do processo, que calcula os impactos que a obra terá sobre a vizinhança durante a sua realização. Para a obra, o melhor é fechar tudo e fazer a obra. Para o entorno essa é a pior medida. Então existem pressões que vêm de lados contrários e geram conflitos.

Durante a fase final das obras o gestor púbico esperava que os impactos que as obras causam, sejam compensados nos próximos anos.

> Se a conta é fechada agora, ela dará negativa para todo mundo. O período das obras é o mais traumático. Os resultados vêm depois. É o que aconteceu no comércio de Água Branca, onde se desenvolveu um grande projeto de revitalização e o fluxo de pedestres aumentou 'muito. Isso é o que se espera para o Largo da Batata.

5.3 Conflitos de Interesses e Consciência dos Impactos Observados na Região

O representante da SMEE oferece a seguinte explicação referente às mudanças que vem ocorrendo no sistema viário e as críticas de muitos comerciantes:

> Essa é uma questão delicada por se ter dois interesses distintos conflitantes entre si. O primeiro é a necessidade de toda a cidade em tornar o seu tráfego viário mais dinâmico. Isso foi feito eliminando-se os pontos de ônibus e muitas áreas de Zona Azul. Por outro lado, há o interesse dos comerciantes da região de que sejam preservados atrativos ao público. O acesso ao Largo da Batata pelas pessoas que

pegavam esses ônibus passa a ser feito via metrô Faria Lima. Muitos pontos de ônibus que antes eram necessários estarem ali passam a ser atendidos pelo metrô. O metrô acabou por eliminar a necessidade da presença de grande número de pontos de ônibus. Os pontos remanescentes foram remanejados e concentrados na estação de Pinheiros.

Segundo o coordenador, "cabe ao comércio local se readaptar à nova dinâmica da região. Todo comércio está sujeito a este tipo de mudança." Essa afirmação parece simbolizar a falta de sensibilidade do gestor público da necessidade de se estabelecer um diálogo com significativos públicos de interesse, como os varejistas, a fim de buscar uma solução mais adequada que procure harmonizar os interesses de todos os stakeholders locais.

Ainda, de acordo com o representante da Subprefeitura, em virtude das obras acreditava-se que a atratividade comercial do Largo da Batata sofreria, e a provável consequência seria de fato a necessidade do varejista mudar para outro local, já que as características da região seriam outras. Do ponto de vista do dono de imóvel haveria uma desvalorização momentânea, do ponto comercial, mas que ao longo dos anos a região passaria por um importante processo de valorização imobiliária. O que se depreende das entrevistas é que o poder público previa a ocorrência de muitos dos impactos sobre comércio e a valorização imobiliária, porém não se percebeu nenhum interesse, estudo ou planejamento para que esses impactos fossem de alguma forma amenizados ou mesmo avaliados, para a manutenção da vitalidade da região. Em entrevista com um gestor da SMEE, ficou evidenciada a ótica de que seria responsabilidade do próprio comércio se adaptar à mudança do perfil da região, já que a Prefeitura não pode deixar de fazer obras que visem o desenvolvimento da cidade. Parece não haver a visão por parte do poder público de que o varejo tem uma grande importância para a dinâmica não só econômica, mas também social das comunidades de seu entorno.

No relato da Subprefeitura de Pinheiros da SPobras, e da SPurbanismo, esses órgãos se abstêm da responsabilidade das obras realizadas terem impactado negativamente o comércio, ou que não haja planos de revitalização da região no que se refere à atividade comercial. Ao ser questionado se houve interação com os comerciantes da região antes do início das obras, a fim de observar as suas demandas, o gestor da Subprefeitura de Pinheiros diz que essa fase deveria ficar a cargo da SPurbanismo, responsável pela elaboração do projeto. "Nós apenas recebemos o projeto e o implementamos". A SPurbanismo, por sua vez, remete à SPobras a responsabilidade de adequar as obras conforme às necessidades do comércio da região, que é quem define como seria colocado em prática o projeto elaborado pelo seu departamento. Pelo que se percebe há posições divergentes entre as instituições públicas, e uma aparente falta de sincronia entre os diferentes departamentos responsáveis pela administração e gestão da cidade, favorecendo lacunas importantes aos projetos de intervenção, trazendo consequências negativas para a cidade.

Os órgãos Públicos envolvidos no projeto de intervenção no Largo da Batata aparentemente desconsideraram a importância do comércio varejista naquele polo em relação à dinâmica econômica e social do local, bem como a geração de empregos e mesmo a arrecadação de impostos. A métrica utilizada para mensurar o sucesso do empreendimento segundo as entrevistas com os gestores públicos está associada eminentemente à valorização imobiliária da região, que do ponto de vista da cidade é benéfica para poucos.

5.4 Entrevistas com Varejistas

A fim de identificar possíveis diferenças de visões, as entrevistas com os varejistas do Largo da Batata foram divididas em dois grupos. O primeiro deles constituído por pequenos comerciantes, geralmente instalados ali há vários anos e o segundo grupo constituído por grandes comerciantes de grandes redes de lojas, tais como Magazine Luiza, Casas Bahia, Lojas Marabraz e McDonald's. As entrevistas foram realizadas em dois momentos distintos, em 2013, com as obras ainda em andamento, e em 2015, com as obras já concluídas.

É consenso entre os comerciantes que apesar do recapeamento, do soterramento de fios, da manutenção das calçadas e da tubulação, as obras realizadas prejudicaram as vendas, tanto dos grandes como dos pequenos varejistas. Há concordância entre os entrevistados que tal medida visou a redução de engarrafamentos, que eram frequentes naquela região, porém pouco se viu de alteração no trânsito e muito se sentiu na redução das vendas.

Ao analisarmos a situação das lojas instaladas na região do Largo da Batata, verificamos que a insatisfação é similar entre pequenos e grandes comerciantes. Entre as principais reivindicações dos comerciantes estava o desejo de que seus negócios tivessem recebido maior atenção por parte da gestão pública, e que as mudanças resultantes das obras fossem compatíveis com os interesses do comércio. Para isso, seria necessário que houvesse maior diálogo entre a prefeitura e os comerciantes. Esse diálogo, como vimos ao longo das entrevistas tanto de pequenos comerciantes como de gestores públicos, não ocorreu.

A questão mais crítica é que todo esse processo que alterou de forma dramática a dinâmica do Largo da Batata foi empreendido sem a participação dos comerciantes ou das pessoas que residiam na região, muitas vezes há décadas. O comércio não participou das discussões e nem das decisões que acabaram por afetar de maneira muito pungente os modelos de negócios ali instalados.

A questão viária foi uma das principais motivações do poder público para a intervenção no Largo da Batata, e também um dos mais sensíveis pontos de reclamação dos varejistas. Segundo os comerciantes, a reconfiguração da dinâmica viária, eliminando-se pontos de ônibus e áreas de Zona Azul, provocou grande queda no número de pedestres nas ruas e prejudicou de modo significativo o movimento comercial. Hoje, após as reformas, a dificuldade de estacionamento é enorme. Quando há alguma vaga, esta está distante, o que pode levar o cliente a desistir da compra ou fazê-la em outro local.

Reconhece-se que a reforma trouxe inúmeras melhorias no mobiliário urbano, tais como o recapeamento das vias, o soterramento de fios, a manutenção das calçadas e da tubulação. Entretanto, houve a desestabilização de uma área comercialmente aquecida que teve sua dinâmica sensivelmente afetada, gerando o fechamento de muitos postos de trabalho, a diminuição da arrecadação de impostos, e a fuga de consumidores, acabando por diminuir a vitalidade da região e da cidade. É questionável, portanto, se as medidas da Prefeitura que priorizaram a fluidez do trânsito, trarão benefícios para a região e para a cidade no longo prazo.

Assim como os pequenos comerciantes, os grandes varejistas também foram atingidos pelas mudanças que as obras trouxeram ao Largo da Batata. Ainda que em menor escala, se comparado com os pequenos comerciantes, os dirigentes do varejo viram seus faturamentos atingidos pela queda no fluxo de pessoas, conforme nos informam as entrevistas realizadas já em 2013, e que foram comprovadas com uma nova visita realizada em 2015. Nota-se que os impactos ao comércio, independentemente do tamanho, foram comuns a todos. Pode-se entender que a ligeira vantagem dos grandes varejistas frente à maior queda de faturamento dos pequenos deve-se aos primeiros utilizarem a força das marcas a seu favor, mantendo-se mais visíveis ao púbico. No entanto, o fechamento de diversas unidades de grandes marcas, como a Casas Bahia, não deixa dúvidas sobre o esfriamento da atividade do comércio local.

É grande o descontentamento dos comerciantes quanto à falta de atenção da prefeitura em relação ao comércio. Com as mudanças realizadas na obra de revitalização do Largo da Batata, pode-se observar que não foram previstos no projeto medidas que oferecessem atrativos aos consumidores de forma a fomentar o comércio na região.

Para os grandes comerciantes, a presença dos pequenos era importante. Ambos os modelos de comércio acabam por atrair aquele consumidor que tem a necessidade de adquirir algum produto ou, até mesmo, aquele que só quer dar uma volta pela região e olhar as vitrines. Anteriormente às obras, havia o tipo de consumidor que era atraído por ambos os tipos de lojas e que, na hora da compra, poderia decidir por adquirir seu produto tanto em um tipo de comércio como em outro.

A preservação de ambos os modelos de negócio – tanto o grande como o pequeno – é, portanto, bem-vinda para todos. Os pequenos comerciantes, por um lado, atraíam seus clientes com produtos mais personalizados ou preços menores. Por outro lado, os grandes varejistas podiam oferecer condições de pagamento bastante confortáveis a seus clientes, beneficiando-se de seu porte e a possibilidade de uma maior folga operacional (*turnover* flexível). Ambos os comércios utilizavam técnicas diferentes, mas que atraiam o público para as ruas. A preservação e saúde do negócio de ambos os modelos era, portanto, importante para se manter a saúde do polo comercial de rua. Com as obras, prejudicou-se o comércio e colocou-se em risco a manutenção dessa dinâmica, segundo os entrevistados.

Figura 2 – Síntese das diferentes visões sobre a revitalização de polo de rua Largo da Batata

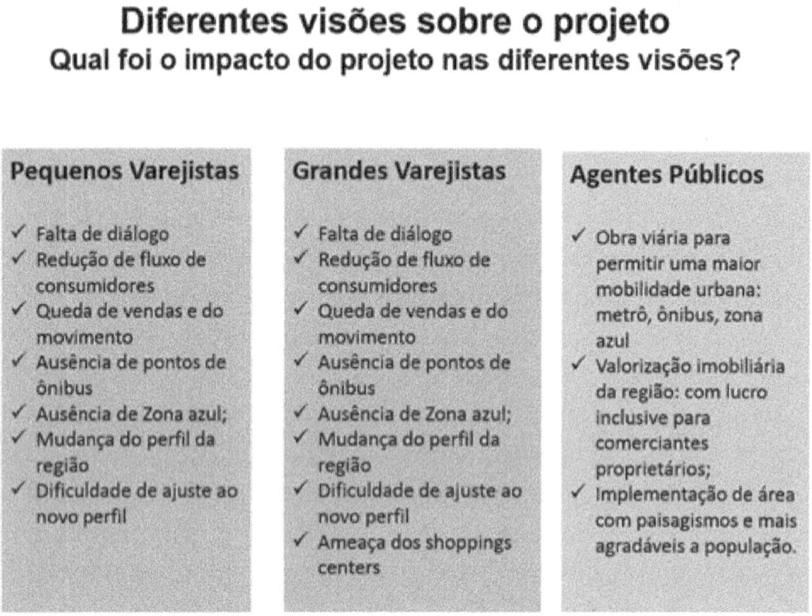

Diferentes visões sobre o projeto
Qual foi o impacto do projeto nas diferentes visões?

Pequenos Varejistas	Grandes Varejistas	Agentes Públicos
✓ Falta de diálogo ✓ Redução de fluxo de consumidores ✓ Queda de vendas e do movimento ✓ Ausência de pontos de ônibus ✓ Ausência de Zona azul; ✓ Mudança do perfil da região ✓ Dificuldade de ajuste ao novo perfil	✓ Falta de diálogo ✓ Redução de fluxo de consumidores ✓ Queda de vendas e do movimento ✓ Ausência de pontos de ônibus ✓ Ausência de Zona azul; ✓ Mudança do perfil da região ✓ Dificuldade de ajuste ao novo perfil ✓ Ameaça dos shoppings centers	✓ Obra viária para permitir uma maior mobilidade urbana: metrô, ônibus, zona azul ✓ Valorização imobiliária da região: com lucro inclusive para comerciantes proprietários; ✓ Implementação de área com paisagismos e mais agradáveis a população.

Fonte: Tabela elaborada com base nas entrevistas realizadas pelos autores.

6 As Melhores Práticas de Revitalização de Polos Varejistas: Projeto do Largo da Batata

6.1 Sensação Única de Lugar

A ideia proposta do lugar baseia-se nas motivações que levam as pessoas a escolherem determinado local para circularem ou realizarem suas compras. Está normalmente associada à vocação e ao desenvolvimento histórico da região em que o polo está instalado.

Percebe-se que, no caso do Largo da Batata, nem a vocação e nem o contexto histórico de formação do polo foram levados em consideração no projeto de revitalização da área.

Pelas entrevistas realizadas, nota-se que o projeto privilegiou basicamente a questão de mobilidade, tendo como consequência prevista a valorização imobiliária da região e uma substituição tanto dos padrões de edificação, quanto do público frequentador da região e do perfil de comércio. Essa mudança não se fez de maneira organizada e pactuada com a comunidade do entorno, mas sim por meio de uma intervenção que ocorreu praticamente de mão única. Essa intervenção acabou por fragilizar o polo comercial que existia no local, sem que haja, pelo menos por enquanto, uma alternativa à realidade anterior, tendo em vista a situação atual do antigo polo.

6.2 Espaço Público Atraente

O conceito de espaço público atraente está relacionado a aspectos como visibilidade, estética e segurança.

O projeto de revitalização, sob a ótica arquitetônica, estava baseado principalmente na visibilidade e na estética do local, entretanto não parece ter levado em consideração o que já existia no local. Isso acabou por privilegiar a instalação de novos equipamentos que nem sempre estão em sintonia com o contexto do local. Há de se ressaltar também que algumas das propostas previstas no projeto relacionadas a questões estéticas, como paisagismo, não foram realizadas, o que compromete a atratividade do local[12].

---

[12] GOUVÊA, D. Novo Largo da Batata frustra autor de projeto urbanístico. Gazeta de Pinheiros. São Paulo. 2013. Disponível em: http://gazetadepinheiros.com.br/cidades/novo--largo-da-batata-frustra-autor-de-projeto-urbanistico-11-10-2013-htm. Acessado em:

Figura 3 – Cena do Largo da Batata após a reforma

Foto tirada pelos autores.

6.3 Planejamento

Segundo o *British Retail Consortium*[13], o planejamento estratégico dos polos varejistas de rua deve definir o quadro das diferentes formas de compras com contextos regionais, sub-regionais e locais. Parcerias e trabalhos com a colaboração de autoridades locais e agências de desenvolvimento estão no coração de um planejamento de sucesso e sua regeneração. Igualmente importante, a relação entre os varejistas e outros setores da economia deve formar a base para um plano estratégico.

Conforme é possível perceber no processo de intervenção no Largo da Batata, o planejamento para aquela região envolveu somente o poder público, uma vez que não se observou uma interlocução com os demais stakeholders, notadamente os comerciantes e as pessoas que moravam na região. O foco do planejamento foi baseado na reconfiguração da dinâmica viária e na modernização do local. Essas mudanças, por sua vez, serviram basicamente à valorização imobiliária da área, não tendo havido uma maior preocupação com o planejamento do polo comercial, que terá que se adaptar por seus

---

[13] CONSORTIUM, B. R. 21st Century High Streets: A new vision for our town centres, 2009.

próprios meios ao novo tipo de desenvolvimento imobiliário e de outros empreendimentos na região.

Mesmo entre os entes públicos, pelo que se percebe das entrevistas, não havia uma visão integrada do projeto, mas apenas um entendimento segmentado do projeto.

6.4 Acessibilidade

Acessibilidade em polos de rua envolve a garantia de movimentação das pessoas, que é um conceito mais amplo do que a mera administração do trânsito. A organização do tráfego, estacionamentos e políticas de transporte devem ser vistas como uma forma de atrair clientes para os polos comerciais[14].

No processo de revitalização do Largo da Batata, não parece ter havido essa preocupação ampla com a acessibilidade, uma vez que tão somente a fluidez do trânsito foi foco do projeto de intervenção. Houve um planejamento para tirar os carros das ruas, desafogando os congestionamentos, e o desencorajamento ao acesso das pessoas com carro próprio.

Todavia, não houve uma preocupação em preservar o dinamismo da acessibilidade com foco no polo varejista. Embora a diminuição de congestionamentos seja uma medida legítima e necessária, sabe-se que locais inadequados de estacionamento acabam por prejudicar o comércio[15]. Além disso, não foram pensados locais específicos para o desembarque e a reposição de estoques, o que dificulta e enfraquece a atuação em um polo comercial de rua.

Por fim, a completa eliminação dos pontos e terminais de ônibus, transferidos para o novo terminal Pinheiros visando a melhora do tráfego no Largo da Batata, acabou por eliminar o movimento que "restava" para o comércio da região. Mais uma vez, um projeto integrado que refletisse sobre os diversos stakeholders da região poderia ter trazido benefícios nesse sentido, não prejudicando a capacidade comercial do local.

---

[14] TELLER, C. Shopping Streets versus Shopping Malls: Determinants of Agglomeration Format Attractiveness from the Consumers' Point of View. International Review of Retail, Distribution and Consumer Research, 18, 381–403, 2008.

[15] LOUKAITOU-SIDERIS, A. Revisiting inner-city strips: A framework for community and economic development. Economic Development Quarterly, 14, 165–181, 2000.

6.5 Segurança e Limpeza

A sensação de segurança é um fator crítico para o sucesso de empreendimentos comerciais. Fatores como vandalismo, pichações, falta de iluminação e de equipamentos públicos que facilitem a convivência aumentam a sensação de insegurança e são fatais para o sucesso de polos de rua.

No Largo da Batata, apesar da expansão de muitas calçadas e o fechamento de uma rua para a criação de um novo calçadão, ainda existem áreas com pouca iluminação, sem bancos, com blocos de concreto separando pedestres dos carros, além de muita pichação e degradação por conta do fechamento de vários estabelecimentos comerciais.

Figura 4 e 5 – Cenas de poluição visual e falta de conservação do local, maléficos à atividade comercial.

Fotos tiradas pelos autores.

Ainda segundo o British Retail Consortium[16], quanto maior o volume de consumidores nas ruas, maior a segurança da região. Não se percebeu, por sua vez, interesse dos gestores públicos na dinamização do movimento de pedestres nas áreas que seriam ocupadas pelos lojistas. Assim, o desenvolvimento de um plano que pensasse na incorporação dessa questão na revitalização já concluída do Largo da Batata seria de grande importância para preservar o dinamismo e a movimentação do polo, além de garantir também a segurança de quem passa por ele em sua locomoção.

6.6 Regime Fiscal e Regulatório Favorável

Para o *British Retail Consortium*[17], um polo comercial promissor necessita de lojas atrativas, restaurantes, lanchonetes e outros pontos de comércio. Muitos dos custos que afetam a lucratividade são resultados de impostos estaduais e municipais. Quanto maior o movimento de carros e pedestres naturalmente maior é o valor do aluguel e das taxas de negócio. Como resultado, a proporção das despesas operacionais aumenta consideravelmente estimulando a concentração de grandes marcas nos melhores lugares e desestimulando o espírito empreendedor dos pequenos comerciantes.

Durante as obras do projeto de revitalização e após seu término, o movimento das lojas sofreu forte queda, o que levou essas instituições a difíceis situações financeiras ou mesmo a fecharem suas portas. Ao longo e após o projeto de revitalização, a gestão pública não concedeu regimes fiscais diferenciados para as pequenas empresas afetadas, não reconhecendo que estas precisam de estímulos para sua sobrevivência. Não houve a valorização, tampouco, das pequenas e grandes lojas localizadas no polo varejista. Observou-se a grande dificuldade financeira principalmente dos pequenos varejistas, o que nos indica a necessidade de auxílio fiscais do governo para estímulo do comércio, nesses processos de intervenção urbana.

---

[16] CONSORTIUM, 2009.
[17] Idem.

Conclusão

Nas mudanças propostas pelo projeto elaborado para a reforma do Largo da Batata, não foi possível identificar medidas que apoiassem o comércio já existente da região. No levantamento realizado, observa-se que a prefeitura, ao modernizar a área, visou principalmente a melhora da mobilidade e do tráfego no local e da valorização imobiliária. Não percebemos esforços para promover o dinamismo urbano e vitalidade nas calçadas da área. Essas iniciativas, pela forma que foram realizadas, acabaram por penalizar principalmente o pequeno comércio no entorno do Largo da Batata, já adaptado e dependente do alto fluxo de pedestres e compradores que circulava nessa área nas últimas décadas. Essas lojas enfrentam grande dificuldade de redirecionar seus modelos de negócio. Assim, o resultado tem sido o fechamento de muitas lojas tradicionais da região.

Mesmo para os grandes comerciantes, que dispõem de melhores condições de adaptação em seus modelos ao novo perfil da região, há a preocupação de que a redução no movimento de consumidores interfira de modo significativo na sua sobrevivência no local, o que, de fato, já ocorre. A falta de diálogo entre a prefeitura e os comerciantes instalados no local, além de uma ausência de planejamento em relação ao futuro do polo varejista, acabaram por desestruturar completamente uma região de comércio diversificado e pujante. Mais do que isso, não se estruturou um plano para o pós-obra, deixando um verdadeiro vácuo naquele espaço, em evidente prejuízo para a região e para a cidade.

As mudanças idealizadas ainda estão longe de se consolidar, visto que esse é um processo lento e que trará novos empreendimentos para o local lentamente. Apesar de modernizada, a essência do polo comercial do Largo da Batata foi eliminada. Cabe a reflexão se o tipo de intervenção empreendida no local foi de encontro aos melhores interesses da cidade e dos cidadãos que ali residem, trabalham e transitam.

Entre as lições aprendidas no processo de modernização do Largo da Batata, destacam-se os impactos negativos ao comércio à luz dos 6 ingredientes de sucesso, propostos pelo *British Retail Consortium*. A falta de diálogo e de alinhamento dos interesses no processo de revitalização ocorrido no Largo da Batata acabou impedindo a convergência de interesses entre gestores e comerciantes envolvidos.

6. Largo da Batata: Uma Análise da Intervenção Pública... | 173

O processo de modernização se faz necessário e é bem-vindo, e não é o aspecto criticado e colocado em questão. O ponto a se atentar, cujo tema trata-se de um dos objetivos deste livro, baseia-se no modo pelo qual a decisão sobre um projeto de modificação na região foi implementada, quais as precauções que deveriam ser tomadas, e qual a forma de alinhar interesses antagônicos.

Começando pela diferença de interesses, por meio deste estudo, verificamos um conflito entre as partes envolvidas. Por um lado, havia o desejo e a necessidade dos gestores públicos de modernizar a região, adequada à nova importância econômica que o local passou a possuir. Por outro lado, dos comerciantes, faziam-se necessárias intervenções como obras de paisagismo, reforma da dinâmica viária e infraestrutura para a modernização da região que há muito tempo vinha se degradando. Apesar de interesses próximos, observou-se que as intervenções públicas não atenderam aos principais requisitos para garantir a vitalidade do comercio na região após as reformas. Entre os motivos, destaca-se a falta de diálogo com as partes envolvidas no processo de reforma e a devida atenção aos seus interesses. Não houve qualquer planejamento em relação à vitalidade do comercio na região, sobretudo em relação à integração das lojas, à acessibilidade, ao plano de modernização, referindo-se ao vigor do polo do Largo da Batata. Com as obras, prejudicou-se todo o comércio na região, como é o caso das Lojas Marabraz, que, até o momento, fechou duas de suas três lojas na região.

Um ponto questionável e que gera reflexão a respeito do assunto refere-se à forma com que a prefeitura lida com a decadência do comércio e se abstêm das responsabilidades quanto à situação e ao destino dos comerciantes penalizados com as mudanças. Segundo a visão dos agentes públicos entrevistados, a elevação no padrão das lojas deve ser vista como progresso, enquanto os comércios que não conseguem se adaptar ao novo padrão estabelecido no local são tidos como os que não são mais adequados à região, devendo ser substituídos.

A preocupação entre os varejistas da região é presente em ambos os grupos, grandes ou pequenos, e se resume na diminuição, até o momento, do número de consumidores. Pode-se observar que o grande comércio possui maior potencial em reformular seu modelo de negócio, servindo a um eventual novo público padrão, mais elitizado. Essa mobilidade ou flexibilidade aparentada pelos grandes comerciantes não foi observada nos pequenos varejistas. Por serem, em sua maioria, comércios bastante tradicionais e antigos, com administrações familiares e pouco profissionalizadas, notou-se um engessamento desses comércios quanto à possibilidade de fazer mudanças na estrutura do negócio que compreenderiam uma elevação no padrão da loja, das mercadorias, do atendimento e da oferta de serviços como estacionamento.

Além disso, outro importante fator que pode ser atribuído à dificuldade das lojas em reformularem o modelo de negócio, servindo a um novo público, é o baixo capital que esses comerciantes apresentam, tendo pouca possibilidade de investir em reformas de expansão ou modernização. Por fim, o terceiro ponto que pode ser observado como obstáculo à adaptação do pequeno comércio existente na região ao novo público que se projeta para frequentar a nova região do Largo da Batata é o próprio modelo de negócio, que se baseia em pequenos produtos, quase mercadorias de conveniência, a preços acessíveis, próprias ao público "passageiro" que era o principal naquela região.

Visto a dificuldade de comunicação entre varejistas e agentes públicos, sugere-se que haja a criação de uma associação de lojistas do bairro, ainda inexistente, como já ocorre em outros polos varejistas de rua da cidade de São Paulo, analisados no capítulo quinto deste livro. Assim, espera-se proporcionar uma maior legitimidade nas reivindicações e na exposição mais eficaz dos interesses comerciais. Por lado dos agentes públicos, mostrou-se a necessidade de maior proatividade deles na elaboração de um projeto de revitalização que observe os diversos *stakeholders* envolvidos nas obras, entres eles os comerciantes.

Verificou-se também a necessidade de incluir a compensação da perda das vagas de Zona Azul, por meio da construção de novos estacionamentos no projeto de revitalização do Largo da Batata. Em função da escassez de espaço, seria necessário que a obra fosse subterrânea. Além disso, sugere-se que haja uma tributação diferenciada aos pequenos comércios, pelo menos inicialmente, procurando diminuir a distância que separa as grandes lojas das pequenas, funcionando como uma ajuda temporária.

Por fim, como sugestão para novos estudos que ajudem no entendimento e desenvolvimento de projetos de revitalização, recomenda-se a análise de um maior número de casos, ajudando a mostrar as melhores práticas de políticas públicas e de parceria público-privada adotadas, as quais poderão servir de subsídios para novos projetos, que efetivamente revitalizem o comércio de rua e a dinâmica urbana nas cidades brasileiras. A análise de *benchmarks* internacionais deverá também enriquecer o conhecimento nessa área. Sugerimos também que novas análises sejam realizadas nos próximos anos no Largo da Batata, com os diferentes *stakeholders* afetados pelas obras (moradores, novos ocupantes, antigos varejistas, novos varejistas, poder público) para melhor avaliar os pontos positivos e negativos das transformações ocorridas na região.

Referências

BERGAMO, G. Revitalização dos Largos de Pinheiros e da Batata. *Veja São Paulo*. São Paulo. 2009. Disponível em: https://vejasp.abril.com.br/cidades/revitalizacao--dos-largos-de-pinheiros-da-batata/. Acesso em: julho de 2019.

BRANDALISE, V. H.; MACHADO, R.; DANTAS, T. Linha 4 valoriza o entorno em 30% e Metrô quer obras e uma parte do IPTU. *O Estado de São Paulo*. São Paulo. 2010. Disponível em: http://sao-paulo.estadao.com.br/noticias/geral,linha-4-valoriza-o-entorno-em-30-e-metro-quer-obras-e-uma-parte-do-iptu-imp-,623946. Acesso em: julho de 2019.

CONSORTIUM, B. R. *21st Century High Streets : A new vision for our town centres*, 2009.

FARIAS, A. *Moradores promovem melhorias no Largo da Batata*. 2014. Disponível em: https://vejasp.abril.com.br/cidades/moradores-promovem-melhorias-no--largo-da-batata-mudanca/. Acesso em: 10 set. 2017.

GOUVÊA, D. Novo Largo da Batata frustra autor de projeto urbanístico. Gazeta de Pinheiros. São Paulo. 2013. Disponível em: http://www.saap.org.br/sem--categoria/novo-largo-da-batata-frustra-autor-de-projeto-urbanistico/ Acesso em agosto de 2019.

HIRAOKA, R. Os problemas da reurbanização do Largo da Batata. 2013. Disponível em: https://vejasp.abril.com.br/cidades/os-problemas-da-reurbanizacao-do-largo--da-batata/. Acesso em: 10 set. 2017.

LEES, L.; SLATER, T.; WYLY, E. *Gentrification*. Nova York: Routledge, 2013.

LOUKAITOU-SIDERIS, A. Revisiting inner-city strips: A framework for community and economic development. *Economic Development Quarterly*, 14, 165–181, 2000.

MENDES, L. Cidade pós-moderna, gentrificação e a produção social do espaço fragmentado. *Cadernos Metrópole*, 13, 473–495, 2011a.

MENDES, L. Cidade pós-moderna, gentrificação e a produção social do espaço fragmentado. *Cadernos Metrópole*, 13, 473–495, 2011b.

MORI, L. Após 17 anos, grandes obras no largo da Batata entram na reta final. *Folha de São Paulo*. São Paulo. 2012. Disponível em: http://www1.folha.uol.com.br/saopaulo/2012/11/1179571-apos-17-anos-grandes-obras-no-largo-da-batata-entram-na-reta-final.shtml. Acesso em: julho de 2019.

MORI, L. Após 17 anos, grandes obras no largo da Batata entram na reta final. *Folha de São Paulo*. São Paulo. 2012. Disponível em: http://www1.folha.uol.com.br/saopaulo/2012/11/1179571-apos-17-anos-grandes-obras-no-largo-da-batata-entram-na-reta-final.shtml. Acesso em: julho de 2019.

SAVAGE, M.; WARDE, A.; WARD, K.; SAVAGE, M. *Urban sociology, capitalism and modernity*. Londres: Macmillan, 1993.

SMITH, N. Gentrificação, a fronteira e a reestruturação do espaço urbano. *GEOUSP: Espaço E Tempo*, 15–31, 2011.

SPOBRAS, A. de C. *SPObras entrega obras da Operação Urbana Faria Lima no Largo da Batata*. 2014. Disponível em: http://www.prefeitura.sp.gov.br/cidade/secretarias/infraestrutura/sp_obras/operacoes_urbanas/faria_lima/index.php?p=166831. Acesso em: 13 set. 2017.

TELLER, C. Shopping Streets versus Shopping Malls: Determinants of Agglomeration Format Attractiveness from the Consumers' Point of View. *International Review of Retail, Distribution and Consumer Research*, 18, 381–403, 2008.

7. Corredores Comerciais em Municípios de Médio Porte: O Caso de Piracicaba/SP

Hermes Moretti Ribeiro da Silva
Eduardo Eugênio Spers

Introdução

O sucesso dos polos de rua e corredores comerciais impactam no desenvolvimento de um município. Este capítulo pretende, a partir da análise dos aglomerados varejistas de Piracicaba e de uma pesquisa de campo com varejistas dessa cidade, caracterizar como essa perspectiva pode auxiliar a gestão pública e privada em nível municipal.

Com cerca de 400 mil habitantes (397.322 em 2017, IBGE), Piracicaba apresenta uma evolução e estrutura varejista característica das cidades de porte médio, incluindo tanto polos varejistas de rua não planejados, localizados na área central e bairros, como planejados, os shopping centers, por exemplo. Como tem ocorrido em outros municípios brasileiros, o polo varejista do centro de Piracicaba foi se consolidando ao longo do século passado, estando associado ao seu desenvolvimento histórico. Nessa região central, encontra-se uma ampla e variada gama de atividades varejistas, que atendem não só necessidades de compra comparada, mas também produtos e serviços especializados. À medida que a cidade foi se desenvolvendo e geograficamente se espalhando, pequenos aglomerados varejistas espontaneamente se instalaram para atender às necessidades de produtos de compra comparada.

Apoiado em conceitos apresentados em outros capítulos deste livro, o objetivo geral do capítulo é oferecer uma visão panorâmica dos polos varejistas de rua em municípios de porte médio como Piracicaba, visando estimular o desenvolvimento de parcerias público-privadas destinadas à revitalização desses aglomerados varejistas e, consequentemente, da preservação do dinamismo e qualidade de vida nas suas regiões. Os objetivos específicos são:

- Caracterizar os corredores comerciais centrais e periféricos com base na perspectiva da *Central Place Theory* (Teoria da Localização Central);
- Descrever a influência do ambiente Institucional e das associações de interesses privados e públicos na gestão dos polos de rua;
- Apresentar e discutir os resultados da pesquisa sobre a percepção dos varejistas sobre as dimensões que impactam a dinâmica de seus aglomerados econômicos; e
- Concluir sobre a importância da visão dos corredores comerciais para as políticas públicas e privadas em relação aos polos de rua.

1 Evolução e Caracterização dos Corredores Comerciais de Piracicaba e a Perspectiva da *Central Place Theory* (Teoria da Localização Central)

Em sua política de ocupação e uso do solo, o Plano Diretor de Desenvolvimento do Município de Piracicaba definiu um total de 21 corredores comerciais, ou polos varejistas periféricos (Prefeitura Municipal de Piracicaba). Dado o dinamismo econômico e social da cidade, e reconhecendo a necessidade de ordenar e preservar a atividade varejista no município, a gestão está regulamentando mais dezesseis novos corredores comerciais, totalizando assim trinta e sete polos varejistas periféricos. A pesquisa que foi realizada com os varejistas do município contemplou uma faixa de aproximadamente 400 metros (ou quatro quarteirões) dos treze corredores selecionados.

O mapa da Figura 1 identifica a localização de uma amostra representativa de treze corredores comerciais, selecionados para refletir diferentes características dos polos varejistas de rua de Piracicaba. Assim, escolhemos cinco corredores que refletem o aglomerado varejista da região central e oito refletindo aglomerados descentralizados, caracterizando polos varejistas periféricos com diferentes composições de comércio e localizados em regiões de diferentes níveis de renda e de densidade populacional. É possível notar uma distinção entre os localizados na região central daqueles corredores periféricos espalhados por outras regiões do município, além de um corredor com vocação específica de lazer e turismo.

Figura 1 – Características demográficas dos Corredores Comerciais de Piracicaba/SP

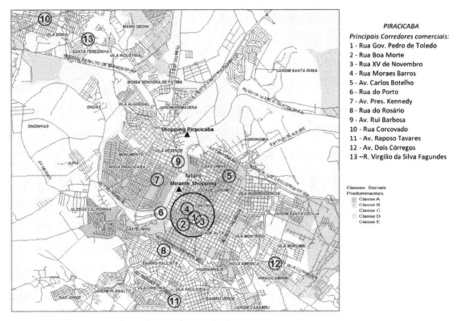

Fonte: Juracy Parente Consultores de Marketing

A evolução e distribuição desses corredores comerciais no município de Piracicaba pode ser explicada pelas proposições da Teoria da Localização Central[1,2], que descreve e explica a distribuição geográfica das aglomerações

---

[1] CHRISTALLER, Walter. Central places in southern Germany. Prentice Hall, 1966.
[2] LOSCH, August et al. Economics of location. 1954.

econômicas em uma região. Nessa perspectiva, existe um sistema hierárquico na localização e dispersão geográfica desses corredores em um mesmo mercado, baseado na centralidade que ele consegue exercer.

A medida que a cidade cresce e a população se expande em torno das regiões centrais, aquele aglomerado principal de oferta de bens e serviços, localizado no centro do município, se torna menos conveniente e atrativo para os consumidores dos bairros mais afastados e o adensamento da população é estimulado pelo surgimento de centros comerciais periféricos afastados que atendem a uma ampla e variada gama de necessidades[3]. Esse fenômeno da existência de vários aglomerados econômicos em um mesmo município é denominado de cidade policêntrica[4].

A Tabela 1 resume algumas das principais características dos corredores comerciais a partir dos dados demográficos.

Tabela 1 – Características Demográficas dos Corredores Comerciais de Piracicaba/SP

Corredor Comercial	Região	% da Rendaou Classe (**)	Densidade Populacional (**)	Índice de Renda (***)	Índice de Densidade (****)	Índice Potencial (*****)
GOV. PEDRO DE TOLEDO	Central	0.75 B 0.25 C	Média	4,5	3	13,5
RUA BOA MORTE		0.75 B 0.25 C	Média	4,5	3	13,5
RUA DO ROSÁRIO		0.75 B 0.25 C	Média	4,5	3	13,5
RUA XV DE NOVEMBRO		0.75 B 0.25 C	Média	4,5	3	13.5
RUA MORAES BARROS		0.75 B 0.25 C	Média	4.5	3	13.5

---

[3] PORTAS, M. The Portas Review: An independent review into the future of our high streets. Department for Business, Innovation and Skills. Londres, Reino Unido, 2011.

[4] FERREIRA, Heloísa Mariz; WHITACKER, Arthur Magon. O Centro Principal nas Cidades Policêntricas: Uma Discussão Conceitual a Partir da Análise de Presidente Prudente-SP. ENCONTRO NACIONAL DA ANPEGE, v. 11, p. 498-509, 2015.

RUA DO PORTO*	Periférico	0.5 B 0.5 C	Muito baixa	4	1	4
AV. CARLOS BOTELHO		040 A 060 B	Media baixa	5,8	2	11.6
AV. RAPOSO TAVARES		0.5 C 0.5 D	Media alta	2	4	8
AV. RUI BARBOSA		0.5 B 0.5 C	Media baixa	4	2	8
AV. PRES. KENNEDY		0.75 c 0.25 B	Media baixa	3.5	2	7
AV. DOIS CÓRREGOS		0.80 C 0.20 B	Media alta	3,4	4	13,6
RUA CORCOVADO VILA SONIA		C	Media alta	3	4	12
RUA DO ROSÁRIO		0.75 c 0.25 B	Média	3,5	3	10,5
R. VIRGILIO DA SILVA FAGUNDES E RICARDO MELOTTO		C	Média Baixa	3,5	2	7

* Único polo do tipo gastronômico, os demais são diversificados.
** Essa estimativa de % por renda foi realizada pela observação dos mapas de renda e de densidade populacional
*** O índice de renda foi estabelecido considerando uma escala: 7 – Classe A – renda Alta/ 5 – Classe B – renda média Alta/3 – Classe C – renda média baixa/1 – Classe D e E – Renda Baixa
**** O índice de Densidade foi estabelecido considerando uma escala: 7 – Alta/5 – Média/3- Baixa/1 – Muito Baixa
***** Índice de Potencial foi estimado multiplicando o índice de densidade populacional pelo índice de Renda

1.1 Corredores Comerciais da Região Central

A formação e o desenvolvimento dos corredores que compõem o polo varejista da região central estão intimamente relacionados com a evolução histórica da cidade. Piracicaba localiza-se a 158 quilômetros de distância da capital do Estado de São Paulo e foi fundada em 1767. Conta atualmente com uma população de, aproximadamente, 400 mil habitantes e uma área de 1.378 km² [5].

---

[5] IBGE. Instituto Brasileiro de Geografia e Estatística. Disponível em: http://cidades.ibge.gov.br/xtras/perfil.php?codmun=353870. Acesso em 2017.

As primeiras ruas datam de 1784. O primeiro arruamento ocorreu em 1808 (nesse período contava com cinco ruas e cinco travessas); em 1822 ela foi elevada à categoria de Vila e em 1856 à categoria de cidade. O rio de Piracicaba e a igreja matriz sempre tiveram papel relevante no crescimento do município. Em 1843 o trânsito das tropas e boiadas foi regulamentado e os proprietário de prédios eram obrigados a conservar as frentes das suas ruas. Em 1873 foi criada a Companhia de Navegação Fluvial para o trânsito de passageiros e mercadorias e em 1922 a Estação da Companhia Paulista para o transporte ferroviário[6].

Onde é hoje a rua principal do comércio central de Piracicaba (Rua Governador Pedro de Toledo), localizavam-se as lojas consideradas símbolo de status e elegância. Com a modernização do século XX, os casarões foram demolidos e a população pobre, que fora atraída pelas oportunidades, foi pressionada a sair da área central. A descentralização do comércio teve início na década de 1980 quando a rua Governador deixou de ser referência única e o comércio do bairro foi alavancado por investimentos em uma diversidade grande de lojas, serviços e produtos, surgindo seis corredores comerciais; em 1987, o Shopping Piracicaba foi inaugurado fora da região central[7]. Os corredores da região central se aglutinam próximos à principal rua comercial da cidade, a Governador Pedro de Toledo. As ruas Boa Morte e do Rosário estão paralelas a ela, enquanto as ruas XV de Novembro e Moraes Barros estão nas transversais. Dada essa concentração, pode-se considerar que a região central se configura como o principal polo comercial de rua de Piracicaba, sendo constituído por várias outras ruas além das quatro que foram pesquisadas. (Figura 2).

---

[6] FURLAN, Ângela. ACIPI 80 anos. Disponível em: <http://issuu.com/acipi/docs/acipi_80_anos_revisado>. Acesso em 2013.

[7] Idem.

7. Corredores Comerciais em Municípios de Médio Porte: ... | 183

Figura 2 – Localização dos Corredores Comerciais da Região Central

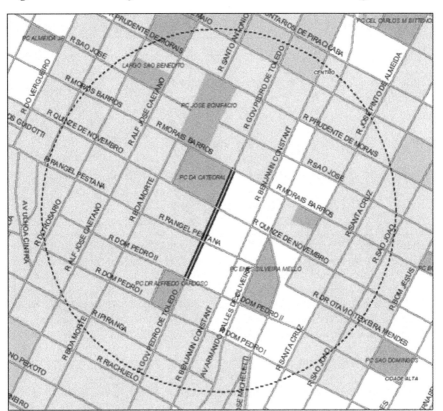

A descrição desses corredores está registrada no Quadro 1, que traz fotos antigas e atuais dos cinco corredores pesquisados.

Quadro 1 – Descrição Geral dos Corredores da Região Central (Piracicaba/SP)

Corredor e Descrição*	Classe Social	Densidade Populacional
1 – Rua Governador Pedro de Toledo		
Conhecida como a "eterna" rua do comércio de Piracicaba, dista 160 metros da Praça da Igreja Matriz, e se caracteriza pela grande diversidade de segmentos varejistas, englobando vestuário, calçados, móveis e eletrodomésticos etc. Concentra muitas lojas de grandes redes nacionais e de franquias. Passou por um processo de revitalização que a tornou um calçadão com um belo projeto arquitetônico, calçamento diferenciado e bancos e lixeiras ao longo de sua extensão. Investimentos em segurança foram realizados e a maior dificuldade de seus usuários é a disponibilidade de vagas para estacionamento.		
2 – Rua Boa Morte		
Paralela à rua Governador, é uma das mais tradicionais e conhecidas de Piracicaba, distando 50 metros da Praça da Igreja Matriz. Esse corredor mescla atualidade com vestígios do passado, por meio de construções antigas e históricas. Apresenta variedade de segmentos varejistas, boa conservação dos estabelecimentos comerciais. O fluxo intenso de trânsito, a insuficiência de vagas de estacionamento, a deterioração das calçadas e a sensação de insegurança por alguns problemas de furtos e roubos são pontos negativos da referida rua.		

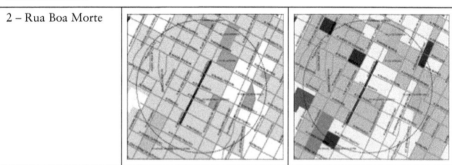

3 – Rua XV de Novembro	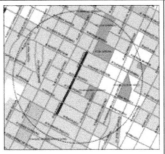	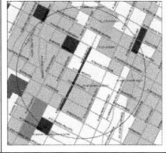
Caracteriza-se por possuir diversos tipos de varejistas e prestadores de serviços, muitos com preços acessíveis. Está localizada próxima ao terminal rodoviário, distando 50 metros da Praça da Igreja Matriz, facilitando o acesso dos consumidores, principalmente os menos favorecidos. Possui, portanto, bom movimento de clientes, lojas tradicionais e novas (bem estruturadas). Alguns pontos críticos são a falta de oferta de estacionamento público (somente privados e caros), boa parte do asfalto e das calçadas danificado, falta de segurança pública e a presença de varejistas afetados pela concorrência chinesa.		
4 – Rua Moraes Barros	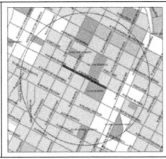	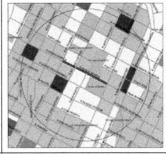
Uma das ruas mais antigas e conhecidas de Piracicaba. Sua história acompanha o desenvolvimento da cidade. Possui lojas muito tradicionais, caracterizadas pela forte presença dos proprietários como gestores e pelo baixo emprego de tecnologias aplicadas aos negócios. É um corredor com pouca presença de moradias na região central, a uma distância de 600m da Praça da Igreja Matriz, boa oferta de estacionamento, acesso ao transporte público e muitas fachadas de lojas tombadas e preservadas. Alguns pontos fracos da rua dizem respeito à falta de segurança pública e à ausência de união e comunicação entre os lojistas.		

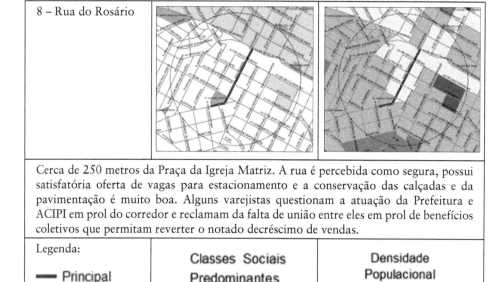

8 – Rua do Rosário		
Cerca de 250 metros da Praça da Igreja Matriz. A rua é percebida como segura, possui satisfatória oferta de vagas para estacionamento e a conservação das calçadas e da pavimentação é muito boa. Alguns varejistas questionam a atuação da Prefeitura e ACIPI em prol do corredor e reclamam da falta de união entre eles em prol de benefícios coletivos que permitam reverter o notado decréscimo de vendas.		
Legenda: — Principal Concentração Comercial ◯ Raio de 500 metros	Classes Sociais Predominantes ■ Classe A ■ Classe B ■ Classe C ■ Classe D ■ Classe E	Densidade Populacional (Habitantes por Hectare) ■ > 200 ■ > 150 a 200 ■ > 100 a 150 ■ > 50 a 100 ■ até 50

* Baseado no acervo IPPLAP e entrevistas com roteiro não estruturado com os lojistas.

1.2 Corredores Comerciais Periféricos

Ao criar centralidades periféricas, a distribuição dos corredores dos polos varejistas fora da região central responde ao deslocamento e adensamento da população para regiões mais afastadas da cidade. A observação da distribuição dos corredores comerciais em Piracicaba reflete o sistema hierárquico na localização e dispersão geográfica dos aglomerados econômicos, conforme proposto pela *Central Place Theory*[8][9]. A descrição desses corredores pode ser visualizada na Quadro 3, que traz um mapa descritivo de suas características demográficas.

---

[8] CHRISTALLER, 1966.
[9] LOSCH, 1954.

Quadro 3 – Descrição Geral dos Corredores da Região Periférica (Piracicaba/SP)

Corredor e Descrição*	Classe Social	Densidade Populacional
6 – Rua do Porto	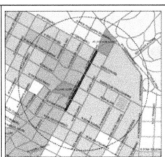	
Próxima da região central, cerca de 1,7 km da igreja matriz, a famosa Rua do Porto é um dos principais cartões postais de Piracicaba e caracteriza-se como um corredor comercial com viés turístico. Antigamente habitada por pescadores, era também um ponto de encontro para lazer e pesca. Recentemente, investimentos da Prefeitura em prol da sua revitalização favoreceram os comerciantes locais, basicamente restaurantes familiares e tradicionais. A rua ainda mantém uma agradável atmosfera com perfil menos urbano, estando também associada com importantes festividades e memórias culturais da cidade Apresenta baixo fluxo de pessoas durante a semana, em contraste com a superlotação dos finais de semana.		
5 – Avenida Carlos Botelho		
A uma distância de 1,9 km da Praça da Igreja Matriz, é um corredor que possui uma ampla e diversificada variedade de lojas, inclusive unidades sofisticadas e atende famílias de alta renda. Também se caracteriza pela concentração de restaurantes e bares bem conhecidos. Trata-se uma avenida muito agradável, com ótima infraestrutura (calçadas e pavimentação) e transporte público. Alguns pontos negativos são a segurança pública e falta de articulação entre os lojistas.		

6 – Av. Raposo Tavares	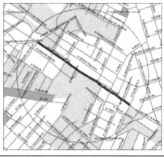	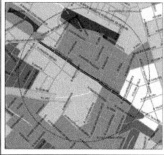
Localizada em região de renda baixa e alta densidade populacional, é o principal corredor comercial da região, a uma distância de 3,2 km da Praça da Igreja Matriz. Em 2007, 2010 e 2015 foi alvo de investimentos da prefeitura na sua remodelação e pavimentação. Existe diversidade de estabelecimentos varejistas, incluindo forte comércio de veículos usados, presença de muitos salões comerciais ainda disponíveis para o aluguel e de várias Igrejas Cristãs no local. Observa-se bom fluxo de pedestres, um acelerado crescimento e modernização do comércio. Varejistas queixam-se da segurança pública, calçadas acidentadas e a falta de apoio da Prefeitura e de outras entidades.			
9 – Av. Rui Barbosa	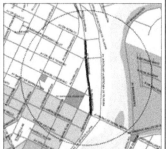	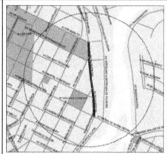
Localiza-se em um dos bairros mais antigos e conhecidos da cidade, a uma distância de 2,2 km da Praça da Igreja Matriz (Acervo IPPLAP e Pesquisa sobre os Polos de Rua de Piracicaba). Possui pouco mais de 500 metros de extensão, com pouca presença de residências e concentra vários estabelecimentos comerciais – vestuário, farmácias, artigos para o lar, e instituições bancárias. Não apresenta boas condição das ruas e calçadas, a falta de segurança pública e a baixa oferta de vagas para estacionamento.			

7. Corredores Comerciais em Municípios de Médio Porte: ...

7 – Avenida Presidente Kennedy	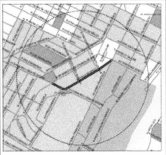 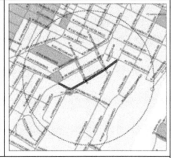
A uma distância de 2,8 km da Praça da Igreja Matriz, cruza um dos bairros mais ricos da cidade – a Nova Piracicaba. Na década de 70 era uma avenida residencial e, atualmente, o novo plano diretor estabelece-a como corredor comercial – segundo a Secretaria Municipal de Obras (SEMOB). Ainda é possível verificar a presença de várias residências e terrenos vazios. Restaurantes, concessionárias e vários comércios de prestação de serviços fazem parte deste corredor. Pontos como segurança pública e falta de união dos lojistas ainda precisam ser revertidos para melhor desenvolvimento do local.	
12 – Av. Dois Córregos	 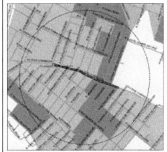
Distando 3.7 km da Praça da Igreja Matriz, está localizada em uma região de classe média. Apresenta diversidade de estabelecimentos varejistas, em sua maioria operados por pequenas empresas. Ainda existem várias lojas fechadas e disponíveis para aluguel. A Prefeitura Municipal tem investido em melhorias na via, que oferece fácil acesso à Rodovia do Açúcar. O transporte público é um ponto positivo, contudo lojistas queixam-se da falta de estacionamento, calçadas acidentadas, trânsito intenso, segurança pública.	

10 – Rua Corcovado	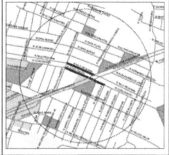	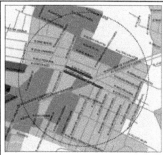
Distante 9,3 km da Praça da Igreja Matriz. A região de alta densidade populacional e de baixa renda apresenta i forte concentração e diversidade de estabelecimentos varejistas. Nota-se muitas lojas em reforma ou prontas para inaugurar, o que revela que a área está em forte ritmo de desenvolvimento. Seus lojistas possuem perfil empreendedor e a região não é servida por grandes redes. Como pontos fracos destacam-se problemas de pavimentação da rua, calçadas acidentadas, falta de estacionamento e segurança pública.		
13 – Rua Virgílio da Silva Fagundes	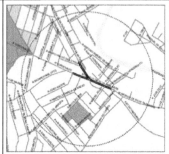	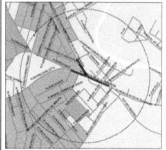
Está a uma distância de 7.5 km da Praça da Igreja Matriz. Suas características marcantes são o grande movimento de clientes, a diversidade e concentração de lojas no local (com ênfase em vestuário. Possui facilidade de acesso, boa presença de transporte público e a forte participação da ACIPI como catalisador de mudanças rumo à integração dos varejistas no corredor. Alguns pontos fracos: falta de atuação da Prefeitura, a implantação de parquímetros na rua, problemas de estacionamento, e pouca segurança pública.		

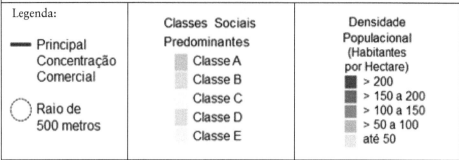

* Baseado no acervo IPPLAP e entrevistas com roteiro não estruturado com os lojistas.

Por fim, entende-se que a dinâmica dos corredores comerciais de Piracicaba possui características próprias de cidades de médio porte, com um forte polo comercial central composto por vários corredores entrelaçados sob seu eixo e a presença de corredores periféricos que poderão se tornar futuros polos com o desenvolvimento da região onde se localizam, como é o caso da Rua Virgílio da Silva Fagundes no Distrito de Santa Terezinha.

2 A Influência do Ambiente Institucional e das Associações de Interesse Privadas e Públicas sobre os Corredores Comerciais

Reconhecendo que o declínio dos polos varejistas de rua provoca uma degradação urbana nas regiões onde estão localizados, os governos municipais em muitos países e cidades do mundo, como em Nova York, vêm desenvolvendo legislações que regulamentam e estimulam parcerias público--privadas, denominados como BIDs (*Business Improvement Districts*) para a revitalização dos polos varejistas de rua[10]. Esses projetos envolvem a ativa participação da associação dos lojistas de uma rua, que, em parceria com o poder público, desenvolvem e implementam um projeto de melhoria do mobiliário urbano e revitalização do polo varejista da região. No Brasil, entretanto, os modelos tipo BIDs ainda não foram implantados. Governos municipais precisariam regulamentar a criação desses modelos de parcerias público-privadas, para estimular e facilitar que iniciativas de revitalização urbana possam ser mais facilmente implementadas. Em Piracicaba, existem condições favoráveis para a regulamentação de modelos tipo BIDs devido ao bom relacionamento que existe entre órgãos do poder público, como o Instituto de Pesquisa e Planejamento de Piracicaba (IPPLAP) e a Associação Comercial e Industrial de Piracicaba (ACIPI).

Neste item serão discutidas algumas características do papel do Estado brasileiro no monitoramento na regulamentação do ambiente institucional – no caso, os corredores comerciais. Nesse sentido, o Estado atua em aspectos de zoneamento e outros mecanismos designados para organizar a questão

---

[10] WARD, Kevin. 'Policies in motion', urban management and state restructuring: the trans local expansion of business improvement districts. International *Journal of Urban and Regional Research*, v. 30, n. 1, p. 54-75, 2006.

de espaço e direito de propriedade em um município[11]. Assim, as mudanças no ambiente que impactam os corredores comerciais estão vinculadas às mudanças institucionais formais e informais. Aspectos hoje valorizados nem sempre estiveram entre as maiores preocupações dos varejistas. No caso de corredores comerciais, os varejistas esperam um mínimo de estabilidade para que seus retornos de longo-prazo possam ser alcançados.

O maior papel das instituições na sociedade é reduzir a incerteza, estabelecendo uma estável estrutura para a interação humana[12]. O estado, por intermédio dessa estrutura estável, porém não necessariamente eficiente, ou a diferentes custos de transação, estabelece as regras que influenciam as organizações. No nosso caso, como estamos interessados nos varejistas de determinado corredor comercial, podemos dizer que o Estado pode direcionar incentivos que promovam o dinamismo e a revitalização destes espaços. "As instituições na sociedade proveem as regras do jogo que determinam os incentivos aos indivíduos em se engajar no aumento, crescimento ou redistribuição das atividades"[13]. O nível de regulação e fiscalização (mecanismos formais) pode interferir na percepção dos agentes quanto a eficiência na definição de políticas que influenciam diretamente os corredores comerciais. Por outro lado, a existência de relações de confiança e o histórico existente entre os agentes do poder público, associações e varejistas, podem também interferir na competitividade dos corredores comerciais[14].

No caso de Piracicaba, o Instituto de Pesquisa e Planejamento de Piracicaba (IPPLAP) é o órgão que representa o poder púbico, e tem como função promover estudos e pesquisas orientados pelo paradigma de desenvolvimento sustentável e do planejamento estratégico do município. Entre as atividades desenvolvidas estão: constituir bancos de dados, produzir diagnósticos e disseminar informações e conhecimentos por meio de publicações, seminários, audiências públicas, dentre outros, promovendo múltiplos mecanismos de

---

[11] COHEN, Julie E. Examined lives: Informational privacy and the subject as object. *Stan. L. Rev.*, v. 52, p. 1373, 1999.

[12] Ibid, 1999.

[13] ALSTON, Lee J. et al. (Ed.). *Empirical studies in institutional change*. Cambridge University Press, 1996.

[14] STIGLITZ, Joseph. Distinguished lecture on economics in government: the private uses of public interests: incentives and institutions. *The Journal of Economic Perspectives*, v. 12, n. 2, p. 3-22, 1998.

participação, incorporação e mobilização da sociedade civil no processo de formulação do planejamento do município.

Outro agente relevante para a dinâmica do ambiente institucional são as organizações. Uma associação entre empresas varejistas, por exemplo, pode desenvolver os papéis de promoção e defesa dos anseios dos seus membros de maneira articulada, robusta e coordenada com seus *stakeholders*, ou seja, seus diferentes públicos de interesse. Além disso, busca fomentar o desenvolvimento econômico da cidade onde atua, tanto do ponto de vista dos associados quanto da comunidade local.

A Associação Comercial e Industrial de Piracicaba (ACIPI, *Figura 3*), filiada à Federação das Associações Comerciais do Estado de São Paulo (FACESP), atua na defesa dos interesses das empresas do comércio, indústria e serviços de Piracicaba desde 1933, perfazendo 82 anos de existência em 2015. Atualmente, a ACIPI possui mais de 4300 associados, distribuídos entre estabelecimentos comerciais (60%), prestadores de serviço (30%) e indústrias (10%) que buscam trabalhar constantemente em estratégias que promovam o crescimento de seus associados, aliando isso ao seu esforço de se engajar nos projetos que resultam em geração de emprego e renda em Piracicaba.

Figura 3 – Sede Antiga e Atual da ACIPI

Fonte: ACIPI – http://www.acipi.com.br/capa.asp?IDPagina=167.

Especificamente sobre a atuação da ACIPI junto ao comércio de rua, vários exemplos de ações podem ser citados, como a revitalização da área central de Piracicaba, projetos de iluminação de pontos públicos, intervenções com melhorias em infraestrutura, instalação de Zona Azul digital, lei

Cidade Limpa, bem como a gestão de campanhas promocionais em datas comemorativas para o comércio, manutenção de um Escritório Regional da JUCESP (Junta Comercial do Estado de São Paulo) e execução de campanhas para recuperação de crédito de clientes inadimplentes.

Cada vez mais atenta às novas demandas e tendências, a ACIPI vislumbra o fortalecimento do seu relacionamento com os empresários dos corredores comerciais tanto da área central quanto dos bairros. Ela também criará canais de diálogo visando ser a entidade representativa da classe empresarial, com notória atuação harmônica e colaborativa em defesa do melhor ambiente de negócios, da segurança jurídica e do aperfeiçoamento de seus associados.

Em Piracicaba, o compromisso e o interesse pela preservação e revitalização dos polos varejistas de rua são compartilhados tanto pelo governo municipal, como pela Associação Comercial da cidade. A relação de parceria e confiança entre essas instituições indica uma perspectiva promissora para o desenvolvimento de parcerias público-privadas em projetos de revitalização varejista. Os projetos de revitalização realizados na Rua Governador Pedro de Toledo e na Rua do Porto são bons exemplos das parcerias entre o governo local e a associação comercial da cidade.

No Brasil e em vários países do mundo observa-se um processo de declínio da vitalidade dos polos varejistas de rua, que sofrem a concorrência crescente dos modernos e bem equipados shopping centers. Diferente dos shoppings, os polos varejistas de rua não contam com uma gestão estruturada e centralizada e, portanto, enfrentam desvantagens competitivas e dificuldades para: desenvolverem investimentos coordenados para ações de marketing e vendas mais efetivas para manterem sua atratividade e criarem projetos de melhoria do equipamento urbano em parcerias com o setor público.

Muitos países da Europa e dos Estados Unidos já reconheceram que o declínio dos polos varejistas provoca uma degradação urbana na região, promovendo a decadência, o esvaziamento e a desvalorização dos imóveis, aumentando os índices de criminalidade e a perda da qualidade da vida na região. Para reverter essa tendência, os governos municipais desses países desenvolveram e institucionalizaram modelos de parcerias público-privadas que desenvolvem projetos, trabalham e investem coletivamente na implementação de melhorias locais e de revitalização dos negócios, em uma determinada região[15] [16]. Esses modelos, regulamentados por meios das legislações dos governos locais, são denominados como *Business Improvement Districs* (BIDs) ou *Town Center Management* (TCM). De acordo com a *New York City BID Association* existem, em 2019, em Nova York 74 BIDs – ou seja, associações de empresários e varejistas que se dedicam a promover o desenvolvimento empresarial e qualidade de vida nas áreas onde estão implantados.

Conforme explicado mais detalhadamente no Capítulo 10 deste livro, a governança conjunta entre agentes públicos e privados[17] para a organização e implementação dos modelos de parcerias tipo BID ocorre basicamente em três níveis. O primeiro deles é o nível da prefeitura, representado pelo órgão que representa o poder púbico da cidade, que em Piracicaba poderia ser o IPPLAP (Instituto de Pesquisa e Planejamento de Piracicaba) responsável por definir a regulamentação do funcionamento dos BIDS e o valor da tarifa a ser pago por cada região. O segundo nível refere-se às associações regionais, que em Piracicaba poderia naturalmente ser exercida pela Associação Comercial e Industrial de Piracicaba (ACIPI) que deveria dar amparo ao projeto, estimulando o diálogo entre o setor público e as associações das ruas onde o projeto será implantado, orientando a sua estruturação, verificando as necessidades, aglutinando os interesses e ajudando a definir prioridades[18].

Por fim, o terceiro nível refere-se às associações de rua e comunidades locais, representando os lojistas de uma área como um único corpo. Em Piracicaba, elas ainda precisariam ser criadas, como por exemplo, a associação dos lojistas do corredor da Avenida Dois Córregos. Nesse 3º nível, a associação dos lojistas da região iria então, com o amparo da ACIPI, desenvolver seu projeto de revitalização do polo e se comprometer a financiar parte do projeto. A forte predisposição que já existe em Piracicaba por parte do governo local e da ACIPI a favor da revitalização dos corredores de rua consiste em um essencial pré-requisito para a implantação de modelos de parceria público-privada tipo BID em Piracicaba.

---

[15] BALSAS, Carlos J. Lopes. City center revitalization in Portugal: Lessons from two medium size cities. *Cities*, v. 17, n. 1, p. 19-31, 2000.
[16] DE NISCO, Alessandro; RIVIEZZO, Angelo; ROSARIA NAPOLITANO, Maria. The role of stakeholders in town centre management: guidelines for identification and analysis. *Journal of Place Management and Development*, v. 1, n. 2, p. 166-176, 2008.
[17] MORÇÖL, Göktug; WOLF, James F. Understanding business improvement districts: A new governance framework. *Public Administration Review*, v. 70, n. 6, p. 906-913, 2010.
[18] Idem.

3 A Percepção dos Varejistas nos Corredores Comerciais Centrais e Periféricos de Piracicaba

Para se ter uma ideia melhor das expectativas, das similaridades e das diferenças entre estes corredores comerciais, foi realizada uma pesquisa com 322 varejistas. Foi aplicado um questionário com aproximadamente 50 questões, por meio de entrevistas pessoais diretamente com o lojista ou responsável pelo estabelecimento. Para diferenciar os corredores atribuiu-se uma letra para cada um.

Os resultados, discutidos a seguir, baseiam-se em uma escala de concordância de sete pontos. Ou seja, o respondente indicou a sua percepção sobre as afirmações. Números próximos a um indicam alta discordância e números próximos a sete, alta concordância. Não existem afirmações certas ou erradas. Os resultados estão divididos em fatores que se relacionam com a escolha do corredor comercial, desempenho do varejista e, finalmente, a influência dos ambientes institucional e competitivo.

4 A Percepção Sobre a Escolha pelo Corredor Comercial

A localização é uma decisão relevante para um varejista, pois pode garantir vantagens competitivas que influenciarão os esforços mercadológicos e as margens operacionais do negócio no futuro. Além disso, a atratividade da loja junto aos consumidores da sua área de influência pode ser um fator determinante do futuro volume de vendas e, por consequência, tornar a operação bem-sucedida e rentável, conferindo uma maior probabilidade de retorno satisfatório sobre o investimento realizado[19].

Pela *Tabela* 2, nota-se que, em termos gerais, os fatores mais relevantes para os varejistas são considerados os diretamente influenciadores do negócio, como a própria localização do estabelecimento (6,4) o movimento de clientes (5,9) e o espaço disponível para o negócio (5,5), ou seja, fatores mais diretamente relacionados às especificidades da sua atividade. Percebidos com menor concordância, estão a segurança (3,2), a oferta de estacionamento (3,5) e o acesso ao transporte público (4,0). Uma explicação possível é a de

---

[19] PARENTE, J.; BARKI, E. *Varejo no Brasil: Gestão e Estratégia*. 2. ed. São Paulo: Atlas, 2014.

que, para os varejistas, estas dimensões de infraestrutura pública e externas ao negócio não estão plenamente de acordo com as suas expectativas.

Tabela 2 – Fatores de escolha pelo Corredor Comercial*

CORREDOR COMERCIAL	O aluguel acessível foi uma razão para a escolha do local*	O movimento de clientes foi uma razão para a escolha do local	O acesso por transporte público foi uma razão para a escolha do local	O espaço disponível para o negócio foi uma razão para a escolha do local	A localização foi uma razão para a escolha do local	A oferta de estacionamento foi uma razão para a escolha do local	A segurança foi uma razão para a escolha do local
CENTRAL A	4,0	6,4	5,8	4,6	7,0	3,8	5,4
CENTRAL B	3,7	5,6	2,9	5,7	6,5	2,7	2,7
CENTRAL C	5,2	5,7	4,7	5,2	6,7	5,5	3,5
CENTRAL D	5,6	6,9	4,9	5,8	6,8	4,9	4,4
CENTRAL E	4,5	4,9	4,6	6,3	6,4	3,7	3,2
Média geral CENTRAIS	4,6	5,9	4,6	5,5	6,7	4,1	3,8
Desvio Padrão	0,797	0,771	1,052	0,646	0,239	1,096	1,069
PERIFÉRICO A	3,0	5,8	4,0	4,2	6,0	4,4	2,2
PERIFÉRICO B	3,2	5,3	2,6	5,3	5,4	5,0	4,1
PERIFÉRICO C	4,8	6,2	4,1	6,0	6,3	3,5	3,2
PERIFÉRICO D	4,3	6,2	4,4	5,7	6,4	2,3	3,3
PERIFÉRICO E	2,6	5,4	1,6	6,6	6,8	5,6	3,2
PERIFÉRICO F	4,1	5,2	2,9	5,4	6,3	3,3	2,8
PERIFÉRICO G	4,3	6,1	4,7	5,3	6,1	2,1	2,6
PERIFÉRICO H	4,0	6,6	4,2	4,8	6,9	2,0	2,4
Média geral PERIFÉRICOS	3,8	5,8	3,5	5,4	6,3	3,5	3,0
Desvio Padrão	0,762	0,507	1,076	0,728	0,471	1,371	0,607
Média Geral Total	4,3	5,8	4,0	5,5	6,4	3,5	3,2

* Em média de concordância para uma escala Likert de sete pontos.

Observando todos fatores e comparando as médias entre os corredores centrais e periféricos, é possível notar que os varejistas dos corredores centrais são mais sensíveis a todos os fatores de escolha da localização pesquisados do que os dos corredores periféricos. Talvez seja possível intuir que exista a percepção de maior grau de exigência e risco no processo de escolha do local na região central, visto que a concorrência se configura como mais intensa, concentrada e qualificada (média geral para todos os fatores nos corredores centrais foi 5,0 e para os corredores periféricos foi 4,5).

Nos corredores centrais o fator localização foi praticamente consensual (desvio padrão de 0,239), enquanto nos corredores periféricos a percepção sobre a oferta de estacionamento foi menos consensual (desvio padrão de 1,371). Nessa mesma linha, considerando algumas peculiaridades de alguns dos corredores em específico, o Central A, o principal do comércio do município, nota-se que a localização apropriada foi um fator praticamente unânime percebido por todos os varejistas, seguido pelo movimento de clientes, em razão da forte concentração de lojas no local. Também o acesso ao transporte público por parte dos clientes e a segurança são os fatores percebidos como mais altos pelos varejistas.

O corredor central D possui a maior média geral dos fatores (5,6) e se destaca na opinião dos varejistas por estar próximo à rua principal do comércio, com um aluguel percebido como mais acessível e com grande movimento de clientes como razões de escolha no momento da decisão pela localização. Talvez seja uma opção que se beneficia do Centro, porém com uma percepção de aluguel menor.

Já em relação aos corredores periféricos, o periférico A se configura como um corredor com características turísticas e que concentra essencialmente restaurantes. O movimento de clientes foi o principal fator de escolha da localização e a segurança e aluguel com menor concordância. Trata-se de um corredor que passou por uma recém revitalização da prefeitura, possui fluxo muito intenso de clientes aos finais de semana e recebe muita atenção do ponto de vista da segurança pública.

Os corredores periféricos G e H estão localizados nas regiões de famílias com menor poder aquisitivo e a percepção dos varejistas tem um comportamento bem parecido. Curiosamente, é possível notar que a segurança não foi considerada como um fator importante na escolha do local. Também a oferta de estacionamento não é percebida como algo impactante na escolha, em contraste com a localização apropriada e o movimento de clientes.

Ainda sobre a discussão de localização, é interessante comparar a importância dos fatores de escolha do local do varejista e sua percepção atual sobre os mesmos aspectos, conforme indica a Tabela 3. Quatro fatores não apresentaram diferenças significativas e talvez possam revelar percepções semelhantes entre as decisões tomadas no passado e o momento atual, sendo eles: o aluguel acessível, a localização apropriada ao tipo de negócio, a oferta de estacionamento e a segurança do local. Em contrapartida, entre os fatores que apresentaram diferenças estatísticas significativas, nota-se que a escolha em razão do movimento de clientes era um fator mais importante no passado do que a percepção atual. Já o acesso ao transporte público e o espaço disponível para o tipo de negócio são fatores percebidos como mais importantes atualmente do que no passado.

Tabela 3 – Diferença na percepção entre a atual com o momento da escolha do Corredor Comercial

		Média	Desvio padrão
Atual versus Passado	O aluguel é acessível	4,1	2,0850
	O aluguel acessível foi uma razão para a escolha do local	4,3	2,4849
Atual versus Passado	O movimento de clientes é bom	4,9*	1,5919
	O movimento de clientes foi uma razão para a escolha do local	5,8*	1,7941
Atual versus Passado	A região tem bom acesso por transporte público	5,9*	1,4458
	O acesso por transporte público foi uma razão para a escolha do local	4,0*	2,5302
Atual versus Passado	O espaço disponível é apropriado para esse tipo de negócio	6,1*	1,2864
	O espaço disponível para o negócio foi uma razão para a escolha do local	5,5*	1,8691
Atual versus Passado	Esta localização é apropriada para o meu tipo de negócio	6,4	0,9661
	A localização foi uma razão para a escolha do local	6,4	1,2415
Atual versus Passado	A oferta de estacionamento é boa nesta região	3,6	2,3008
	A oferta de estacionamento foi uma razão para a escolha do local	3,5	2,4456
Atual versus Passado	A segurança é boa nesta região	3,3	1,9324
	A segurança foi uma razão para a escolha do local	3,2	2,1103

(*) **Significativo a 5%.**

Logo, a escolha da localização do estabelecimento varejista pode resultar de vários fatores que vão além da distância percorrida pelo cliente em si, mas também, e principalmente, pelos aspectos que estão diretamente relacionados ao seu negócio.

5 A Percepção sobre o Desempenho do Varejista

Nesta e nas próximas análises apenas a tabela sumarizada será apresentada e discutida, evitando assim uma avaliação sobre a performance maior ou menor de um corredor comercial em específico e para dar ênfase à comparação entre centrais e periféricos. Quando necessário, a média específica será apresentada.

A *Tabela 4* ilustra as percepções dos varejistas sobre as tendências de evolução relacionadas ao desempenho do seu negócio. Verifica-se que a diferença entre os corredores comerciais foi estatisticamente significativa somente em relação à percepção no aumento da variedade de produtos na loja. Este item também foi o que mostrou uma certa tendência de aumento futuro (4,9), mais intensa nos corredores da região central (5,2) do que nos corredores periféricos (4,6). Os aspectos de crescimento nas vendas e no lucro apresentam certa tendência de declínio (3,7 e 3,5), um pouco mais acentuada nos corredores centrais do que nos periféricos.

Tabela 4 – Percepção sobre o desempenho atual do varejista

Fatores de Percepção sobre o Desempenho Atual	Média Geral CENTRAIS	Desvio Padrão	Média Geral PERIFÉRICOS	Desvio Padrão	Média Total
As vendas da minha loja cresceram ultimamente	3,5	0,239	4,0	0,745	3,7
Os lucros da minha loja cresceram ultimamente	3,5	0,288	3,7	0,607	3,5
As margens dos meus produtos vendidos cresceram ultimamente	3,7	0,493	3,7	0,497	3,7
Aumentou a variedade de produtos na minha loja ultimamente (*)	5,2	0,305	4,6	0,806	4,9
Aumentou o mix de serviços oferecidos pela minha loja ultimamente	4,3	0,192	4,4	0,620	4,3
Média dos Fatores	4,0		4,1		4,0

(*) **Significativo a 5%**

Com exceção da variedade de produtos, a média de concordância para os corredores periféricos foi superior ou igual aos corredores centrais, culminando em uma avaliação média de desempenha praticamente igual (4,0 para ambos). Importante ressaltar que a variabilidade (desvio padrão) na percepção foi maior nos corredores periféricos.

Os dados apresentados na *Tabela 5* indicam que a percepção dos varejistas sobre os seus clientes é muito semelhante entre os localizados na região central e nas regiões periféricas (5,3 e 5,4 respectivamente), com concordância ligeiramente superior para a maioria dos clientes serem da região e serem fiéis à loja (média geral 5,7 e 5,6 respectivamente) e ligeiramente inferior para frequentarem pela localização ou comprarem eu outro corredor comercial (média 5,1 para ambos).

Tabela 5 – Percepção dos varejistas sobre os clientes

Fatores de Percepção dos Varejistas sobre os Clientes	Média Geral CENTRAIS	Desvio Padrão	Média Geral PERIFÉRICOS	Desvio Padrão	Média Total
A maioria dos meus clientes é da região	5,6	0,305	5,7	0,380	5,7
A maioria dos meus clientes vem à minha loja por conta da localização	5,0	0,757	5,2	0,676	5,1
A maioria dos meus clientes é fiel em relação a minha loja	5,7	0,434	5,5	0,403	5,6
A maioria dos meus clientes compra em outros centros comerciais	5,1	0,667	5,1	0,541	5,1
Média dos Fatores	5,3		5,4		5,4

(*) **Significativo a 5%**

Interessante observar que os comerciantes (restaurantes) da Rua do Porto têm percepções diferentes dos varejistas nos demais corredores, pois mostram grande reconhecimento sobre a especial importância da localização (6,7) como fator de atração dos clientes. Em suma, não foi verificada nenhuma diferença entre central e periférico em relação aos clientes.

Em relação ao futuro do seu negócio (Tabela 6), as médias mais baixas de percepção dos lojistas estão na perspectiva de que não pretendem vender o seu negócio (média 2,2) e parecem não estar dispostos a abrir outra loja (média 3,5).

As médias mais altas de concordância estão vinculadas a investimentos em marketing e tecnologia no próprio negócio, como fachada (4,7), ambiente interno (5,1) propaganda e visibilidade (4,9) e tecnologia (4,6). A média de percepção sobre o recurso para investir (4,3) ficou um pouco abaixo do marketing, bem como a intenção de um investimento coletivo para ações que beneficiam a região (4,3). Isso reflete uma percepção mais individualista do que coletivista dos varejistas, sendo mais acentuada nos periféricos (4,0) do que nos centrais (4,5). Essa baixa intenção de investir no coletivo na periferia pode estar atrelado ao perfil menos profissionalizado do varejista ou a ausência de organizações representativas que estimulem este tipo de iniciativa.

Os centrais também têm uma percepção de maior recurso para investir, talvez pela própria necessidade de ter mais capital para investir no seu negócio, pois o aluguel é mais caro na região central e o ambiente mais competitivo.

Tabela 6 – Percepção sobre as perspectivas futuras do varejista em relação ao seu negócio

Fatores de Percepção sobre as Perspectivas Futuras	Média Geral CENTRAIS	Desvio Padrão	Média Geral PERIFÉRICOS	Desvio Padrão	Média Total
Tenho recursos para investir (*)	4,5	0,654	4,1	0,623	4,3
Pretendo melhorar a fachada do meu negócio	4,5	0,427	4,7	0,255	4,7
Pretendo investir no ambiente interno do estabelecimento	5,1	0,476	4,9	0,885	5,1
Pretendo investir em propaganda e na visibilidade do estabelecimento	5,1	0,321	4,9	0,542	4,9
Pretendo investir em tecnologias como computadores e softwares	4,6	0,329	4,6	0,648	4,6
Pretendo investir em ações que beneficiam a região (*)	4,5	0,540	4,0	0,738	4,3
Pretendo investir na abertura de outras lojas	3,5	0,783	3,2	1,062	3,4
Penso em vender meu negócio	2,2	0,705	2,2	0,855	2,1
Média dos Fatores	4,2		4,1		4,2

(*) **Significativo a 5%**

Em relação aos corredores em específico, destaque para o corredor central E, que pretende investir mais no ambiente interno (5,8), e o periférico E, que pretende investir mais em propaganda e visibilidade do negócio (5,8). Ressalta-se também o menor nível de concordância sobre o investimento em outro local para o periférico A (1,2), o que demonstra uma especificidade locacional, ou seja, ele não percebe as condições favoráveis ao investimento em outro corredor. Outro resultado a evidenciar é a baixa concordância do periférico H em investir em melhorias que beneficiam a região (2,7).

6 Percepção sobre o Ambiente Institucional e Competitivo

A Tabela 7 identifica a insatisfação de todos os lojistas em relação à segurança. Em ambos os corredores, centrais e periféricos, a média de concordância de um necessário investimento para mitigar a situação é de 6,5. Também foi alta a média total para os demais aspectos relacionados às melhorias necessárias relativas a: transporte coletivo (5,3), fluxo de trânsito (6,1), calçadas e ruas (6.1).

A média da insatisfação dos varejistas da região central (6,2) é significativamente mais elevada que a das regiões periféricas (5,8), principalmente em relação a melhoria no transporte coletivo (5,6 e 5,1 respectivamente), melhoria no fluxo de trânsito na região (6,4 e 5,8 respectivamente) e melhorias das condições de ruas e calçadas (6,2 e 5,8 respectivamente). Novamente a percepção de investimento necessário pelos corredores centrais pode se dar pela sua exigência, profissionalismo e intensidade competitiva, além dos problemas advindos da concentração e densidade dos corredores centrais, que possuem um alto fluxo de carros e dependem do transporte público para o deslocamento dos clientes.

Tabela 7 – Percepção sobre a necessidade de melhorias no corredor comercial

Fatores de Percepção a Necessidade de Melhorias	Média Geral CENTRAIS	Desvio Padrão	Média Geral PERIFÉRICOS	Desvio Padrão	Média Total
Melhorar o transporte coletivo na região (*)	5,6	0,555	5,1	0,658	5,3
Melhorar o fluxo do trânsito na região (*)	6,4	0,134	5,8	0,356	6,1
Melhorar as condições das ruas e das calçadas na região (*)	6,2	0,449	5,8	0,869	6,1
Melhorar a segurança na região	6,5	0,439	6,5	0,436	6,5
Média dos Fatores	6,2		5,8		6,0

(*) **Significativo a 5%**

Embora a média da percepção de necessidade de melhorar a segurança tenha sido igual (6,5), destaca-se que em um dos corredores periféricos a percepção foi máxima (7,0). Outros corredores têm uma perspectiva mais positiva, como o H para o transporte público (4,1) e o periférico A para o investimento em ruas e calçadas, lembrando que para este último, houve um projeto de revitalização no local.

A Tabela 8 mostra a avaliação dos varejistas sobre a presença e atuações das seguintes instituições: governo local, associação comercial do município, órgãos como Sebrae e SENAC, e da união e iniciativa dos próprios varejistas da região.

Na escala que mede se o nível de atuação da prefeitura é adequado, o resultado foi 3,6 de média, sendo um pouco melhor entre os varejistas dos corredores da região central (3,9). A avaliação da adequação da atuação da ACIPI foi 4,4 de média, sendo também mais bem avaliada pelos lojistas da região central (4,7). Em relação ao número de associados à ACIPI, entre os varejistas pesquisados nos 13 corredores comerciais, 163 são associados (50,6%), 149 não (46,3%) e 10 (3,1%) não responderam.

Existe uma forte concordância em relação a maior participação de órgãos como o Sebrae e SENAC na região para todos os corredores (5,8), com maior expectativa entre os varejistas da região central (6,0). Segurança aparece novamente como um fator muito importante para os corredores em todas as regiões.

Interessante observar o forte reconhecimento de que deveria ocorrer maior união entre os lojistas da região (6,1). Curiosamente, esse é um aspecto no qual os lojistas têm total autonomia para liderarem iniciativas para reverter essa situação.

Tabela 8 – Percepção sobre a atuação institucional sobre o Corredor Comercial

Fatores de Percepção a Necessidade de Melhorias	Média Geral CENTRAIS	Desvio Padrão	Média Geral PERIFÉRICOS	Desvio Padrão	Média Total
A atuação da prefeitura na região é adequada (*)	3,9	0,860	3,5	0,687	3,6
A atuação da associação comercial na região é adequada (*)	4,7	0,614	4,2	0,886	4,4
Deveria haver mais união entre os lojistas da região	6,2	0,336	6,1	0,364	6,1
Deveria haver mais participação de órgãos como o SEBRAE e SENAC na região	6,0	0,444	5,7	0,385	5,8
Melhorar a segurança	6,6	0,297	6,6	0,370	6,6
Média dos Fatores	5,5		5,2		5,3

(*) **Significativo a 5%**

Em termos específicos para cada corredor, destaca-se que há uma forte relação entre perspectiva de atuação da prefeitura com a necessidade de melhorar a segurança. Para o corredor periférico H, a atuação da prefeitura teve uma concordância de apenas 2,2, enquanto a segurança 7,0.

Conclusão

Este capítulo demonstra em linhas gerais a importância de se pensar na dimensão de corredores (no caso de Piracicaba e outras cidades médias) ou polos de rua (no caso de cidades maiores como São Paulo) na gestão e no desenvolvimento de um município e de seu varejo. Entre os principais resultados e propostas a serem sugeridas nesta perspectiva estão:

a) Em relação à perspectiva de governança por corredores ou polos de rua, o exemplo de Piracicaba evidencia as diferenças que existem entre os corredores comerciais de rua e a importância de se definirem mecanismos de governança específicos para esse tipo de estrutura. Embora as diferenças aqui encontradas devam ser analisadas com cautela devido ao tamanho relativamente pequeno das amostras, elas evidenciam que a perspectiva de uma gestão por corredores comerciais pode proporcionar uma visão relevante e complementar ao que já é comumente realizada, o que pode orientar ações mais direcionadas e eficientes para cada corredor, adequando esforços que atendem à diferentes necessidades.

b) Em relação ao comportamento do consumidor, embora não evidenciadas diferenças de percepção entre os varejistas quanto aos clientes na pesquisa, nas regiões periféricas o comportamento dos consumidores e a sua decisão de escolha pelo varejista vão, em geral, além da avaliação racional da relação benefício custo oferecida de cada alternativa, mas também sofre influências de padrões simbólicos, religiosos e culturais locais, o que favorece a preferência por lojas com as quais sentem uma maior familiaridade e empatia com seus costumes. Nas regiões centrais, a relação do consumidor com o cliente apresenta menor vínculo pessoal e a motivação de compra está mais baseada em preços e pela busca por produtos diversificados e especializados que não são encontrados nos corredores periféricos ou próximos a ele[20] (RUNNING, LIGON e MISKIOGLU, 1999; SEVTSUK, 2014)

c) Em relação à evolução e a perspectiva histórica dos corredores ou polos de rua, a caracterização histórica da formação do comércio do município e de seus corredores também reforça o caráter dinâmico e as variáveis responsáveis pela situação atual e competitiva destes corredores. Com a modernização a população pobre, que fora atraída pelas oportunidades da região central, foi pressionada a sair, iniciando na década de 80 a descentralização do comércio. O comércio do bairro foi alavancado por investimentos em uma diversidade grande

---

[20] RUNNING, D.M.; LIGON, J.B.; MISKIOGLU, I, Agglomeration and Central Place Theory: A review of the Literature, *Journal of Composite Materials*, v. 33, n. 10, p. 928–940, 1999.

de lojas, serviços e produtos, surgindo inicialmente, nessa época, seis corredores comerciais. O entendimento do contexto histórico pode explicar e evidenciar o momento de transição de um município de um comércio central único para um com vários centrais (policêntrico).

d) Em relação às diferenças entre corredores ou polos centrais e periféricos, os varejistas dos corredores centrais tendem a possuir um comportamento mais profissionalizado, talvez por uma necessidade de atuação em um ambiente mais competitivo e com necessidade e investimento maior. Já o varejista periférico sente mais a ausência de organizações representativas que estimulem ou melhorem as condições competitivas do seu negócio.

Os resultados também refletiram uma percepção mais individualista do que coletivista dos varejistas, sendo mais acentuada nos periféricos do que nos centrais. Talvez eles ainda não tenham reconhecido que as melhorias na região podem ser incentivadas caso eles assumam o papel mais ativo de protagonistas para desenvolverem projetos, em parcerias com outros *stakeholders*, para promoverem essas mudanças. O capítulo 5 deste livro, ilustra como casos de sucesso de revitalização de polos varejistas no Brasil ocorreram exatamente graças à iniciativa de liderança e de empreendedorismo institucional desenvolvido por alguns dos varejistas da região.

e) Em relação à presença, influência e atuação do ambiente institucional, os modelos tipo BIDs ainda não foram implantados no Brasil. Em Piracicaba, existem condições favoráveis para a regulamentação de modelos desse tipo devido ao bom relacionamento que existe entre órgãos coletivos dos poderes público e privado (associações de interesse). Uma barreira a vencer, demonstrado pela pesquisa, é o caráter individualista do varejista.

f) Em relação à futuras pesquisas e estudos acadêmicos, do ponto de vista acadêmico, este capítulo pode estimular pesquisas que busquem explicar a dinâmica de atuação e os mecanismos de formação dos corredores ou polos comerciais de rua em diferentes municípios, estados e países. Também é possível a realização de estudos que apliquem conceitos e teorias como a da *Central Place Theory*, Nova Economia Institucional, Comportamento Organizacional, Dinâmica Competitiva, Estratégias Coletivas, entre outras.

g) Em relação às contribuições gerenciais para gestores públicos, associações de interesse e varejistas, este capítulo evidencia que, do ponto de vista gerencial, a perspectiva de corredores ou polos de rua pode proporcionar uma visão complementar a ser incorporada em suas decisões.

Referências

Acervo IPPLAP.
ALSTON, Lee J. et al. (Ed.). *Empirical studies in institutional change*. Cambridge University Press, 1996.
BALSAS, Carlos J. Lopes. *City center revitalization in Portugal:* Lessons from two medium size cities. *Cities*, v. 17, n. 1, p. 19-31, 2000.
CHRISTALLER, Walter. *Central places in southern Germany*. Prentice Hall, 1966.
COHEN, Julie E. Examined lives: Informational privacy and the subject as object. *Stan. L. Rev.*, v. 52, p. 1373, 1999.
DE NISCO, Alessandro; RIVIEZZO, Angelo; ROSARIA NAPOLITANO, Maria. The role of stakeholders in town centre management: guidelines for identification and analysis. *Journal of Place Management and Development*, v. 1, n. 2, p. 166-176, 2008.
FERREIRA, Heloísa Mariz; WHITACKER, Arthur Magon. *O Centro Principal nas Cidades Policêntricas:* Uma Discussão Conceitual a Partir da Análise de Presidente Prudente-SP. ENCONTRO NACIONAL DA ANPEGE, v. 11, p. 498-509, 2015.
FURLAN, Ângela. *ACIPI 80 anos*. Disponível em: http://issuu.com/acipi/docs/acipi_80_anos_revisado. Acesso em 2013.
IBGE. Instituto Brasileiro de Geografia e Estatística. Disponível em: http://cidades.ibge.gov.br/xtras/perfil.php?codmun=353870. Acesso em 2017.
LOSCH, August et al. *Economics of location*. 1954.
MORÇÖL, Göktug; WOLF, James F. Understanding business improvement districts: A new governance framework. *Public Administration Review*, v. 70, n. 6, p. 906-913, 2010.
New York City BID Association. *About us*. Disponível em: http://nycbids.org/about-us/. Acesso em 22 de agosto de 2017.
NORTH, Douglass C. *Institutions, institutional change and economic performance*. Cambridge university press, 1990.
PARENTE, J.; BARKI, E. Varejo no Brasil: Gestão e Estratégia. 2. ed. São Paulo: Atlas, 2014.

PORTAS, M. *The Portas Review:* An independent review into the future of our high streets. Department for Business, Innovation and Skills. Londres, Reino Unido, 2011.

Prefeitura Município de Piracicaba. Disponível em: https://www.leismunicipais.com.br/plano-diretor-piracicaba-sp. Acesso em 2017.

RUNNING, D.M.; LIGON, J.B.; MISKIOGLU, I, Agglomeration and Central Place Theory: A review of the Literature, *Journal of Composite Materials*, v. 33, n. 10, p. 928–940, 1999.

Secretaria Municipal De Obras – SEMOB.

SEVTSUK, A. Location and Agglomeration: The Distribution of Retail and Food Businesses in Dense Urban Environments, *Journal of Planning Education and Research*, v. 34, n. 4, p. 374–393, 2014.

STIGLITZ, Joseph. Distinguished lecture on economics in government: the private uses of public interests: incentives and institutions. *The Journal of Economic Perspectives*, v. 12, n. 2, p. 3-22, 1998.

WARD, Kevin. 'Policies in motion', urban management and state restructuring: the trans local expansion of business improvement districts. *International Journal of Urban and Regional Research*, v. 30, n. 1, p. 54-75, 2006.

Notas de Fim

[i] Neste capítulo adotamos o conceito de corredores comerciais em vez de polos de rua. Em Piracicaba, como em muitos outros municípios, a denominação mais utilizada pelos gestores públicos e privados tem sido o nome da principal rua comercial de determinada região.

[ii] Sendo 137 varejistas localizados nos 5 corredores pesquisados na região central do município de Piracicaba, concentrando 42,5% do total da amostra. Os demais varejistas estão distribuídos em 8 corredores pelas regiões periféricas, totalizando 185 empresas, ou seja, 57,5% da amostra.

[iii] Ao todo, estiveram envolvidas uma equipe de alunos e docentes do curso de Administração da ESALQ/USP. Sua realização contou com o apoio da Associação Comercial e Industrial de Piracicaba (ACIPI), do Instituto de Pesquisa e Planejamento de Piracicaba (IPPLAP) e a Secretaria de Trabalho e Renda do município (SEMTRE).

[iv] Para garantir o anonimato do resultado da percepção de cada corredor, optou-se por designar cada um com uma sigla. O termo "PERIFÉRICO"" refere-se aos corredores fora da região central e "CENTRAL" aos corredores centrais do município.

[v] Os resultados apresentados refletem a média de concordância de uma escala Likert de sete pontos.

8. A Experiência do Sebrae na Revitalização de Polos Varejistas de Rua

Maurício Tedeschi

Introdução

Nas cidades, a palavra revitalização é frequentemente associada a obras de melhorias em espaços públicos, as quais – via de regra – são intervenções urbanísticas pontuais com baixa participação da comunidade, desperdiçando boa parte do potencial de mudança que esse tipo de ação pode induzir. O desafio de um processo de revitalização mais amplo está em compreender as necessidades e prioridades de todas as partes interessadas, assim como os impactos socioeconômicos que estarão em jogo. Para se atuar em um tema com tantos aspectos envolvidos, é preciso uma visão sistêmica sobre o comércio varejista e sobre as dinâmicas territoriais.

Do ponto de vista do varejo, o comércio eletrônico tem sido o protagonista das principais discussões a respeito de tendências, mas também são relevantes a crescente diversidade de modelos de negócios e formatos de lojas, a evolução das franquias e as tecnologias que aceleram o desenvolvimento do varejo multicanal. São pontos que, ligados ao novo perfil do consumidor, caracterizam a transformação do setor, exigindo dos empresários a busca pelo aperfeiçoamento contínuo, a capacidade de adaptação rápida e a disponibilidade em implementar novas práticas comerciais.

Além disso, nos últimos anos, o mercado de varejo no Brasil tornou-se alvo de grandes corporações, com investimentos em amplos centros de compras, como shopping centers, *outlets*, hipermercados e *home centers*.

Segundo a ABRASCE – Associação Brasileira de Shopping Centers[1], o Brasil já superou a marca de 560 shoppings, o que representa um crescimento de 60% em relação a 2006. Chama atenção ainda, a interiorização desses empreendimentos, cada vez mais presentes em cidades de médio porte, o que tem suscitado preocupação dos lojistas de rua, especialmente nos territórios mais vulneráveis a esses grandes empreendimentos.

Um trabalho de revitalização em um polo comercial de rua também demanda conhecimento sobre a economia local e as dinâmicas territoriais. O primeiro passo nesse sentido é compreender as causas que levaram ao declínio dessas áreas, que, em geral, estão relacionadas ao crescimento da população e abertura de novas zonas residenciais para classes com maior poder econômico, causando a descentralização das atividades comerciais. Esse efeito é acentuado pelo surgimento de lojas de departamentos e hipermercados em áreas periféricas, onde é possível oferecer grandes espaços de estacionamento. A popularização do automóvel acaba por consolidar a diminuição da relevância da localização central das lojas[2].

Em síntese, a evasão da população de maior poder aquisitivo das áreas centrais leva à perda da pujança econômica nos polos, que aliada à ausência de políticas públicas capazes de repensar esses locais, resulta em espaços degradados onde se viabilizam apenas empreendimentos de baixo valor agregado, facilitando o surgimento de atividades marginais, como a prostituição e o tráfico de drogas.

Após entender a origem do problema, é preciso também compreender os impactos socioeconômicos relacionados aos polos comerciais de rua. Diversos estudos e pesquisas apontam o comércio local como importante motriz do desenvolvimento dos territórios em função de terem maior potencial na geração de empregos e recirculação do dinheiro. No Brasil, onde mais de 95% das empresas são representadas pelos pequenos negócios, esse papel estratégico para o desenvolvimento local eleva os polos comerciais de rua e as micro e pequenas empresas à condição de prioridade em termos de políticas públicas e da atuação das instituições de fomento. É a partir desse entendimento abrangente que o Sebrae – erviço Brasileiro de Apoio às Micro

---

[1] ABRASCE. Números do Setor, 2017. Disponível em: http://www.abrasce.com.br/monitoramento. Acesso em: 23 ago. 2017.
[2] RODRIGUES, Eloisa Ramos Ribeiro. *Shopping a céu aberto no Brasil: Transformações, estratégias e perspectivas da rua comercial na sociedade de consumo contemporânea.* São Paulo, FAU USP, 2012.

e Pequenas Empresas – e propôs a atuar com uma abordagem territorial capaz de criar um ambiente favorável à competitividade do comércio de rua em face dos desafios de manter e atrair novos consumidores.

As experiências bem-sucedidas na Europa, relatadas no capítulo 4 deste livro, confirmam a relevância de um trabalho planejado e articulado, baseado em estudos e diagnósticos, admitindo-se, no entanto, uma adaptação à realidade e à cultura brasileira. A essência desse modelo de atuação está na capacidade de integrar soluções, mobilizar parceiros, e gerar comprometimento e sinergia para concretizar as transformações necessárias. Um dos pontos cruciais é a organização coletiva dos empresários com a finalidade de aumentar a atratividade dos espaços onde estão inseridos, agregando facilidades e serviços relacionados ao conforto, segurança e comodidade para satisfazer necessidades, expectativas e desejos dos consumidores. É a atuação conjunta dos empresários, com foco em fortalecer a imagem da região que possibilitará seu melhor posicionamento diante de centros comerciais altamente atrativos, como os shoppings centers.

Este artigo tem como objetivo demonstrar de que forma o Sebrae vem atuando em dezenas de municípios a partir de uma metodologia detalhada; quais resultados estão sendo alcançados e os principais aprendizados obtidos a partir dessas experiências, apontando tendências e caminhos viáveis para o desenvolvimento dos polos comerciais de rua.

1 Modelo Sebrae para Revitalização de Polos Varejistas de Rua

O comércio varejista – cada vez mais dinâmico – tem importância fundamental e histórica para o crescimento econômico do país e, nesse contexto, o Sebrae vem desenvolvendo metodologias específicas de atuação para o setor, a fim de apoiar as micro e pequenas empresas na busca do desenvolvimento e fortalecimento da competitividade.

O movimento de interiorização das grandes redes comerciais, como hipermercados, lojas de departamento e shopping centers, leva à evasão das vendas das pequenas empresas já que o consumidor, atraído pelo conforto, comodidade e diversidade de oferta de produtos e opções de lazer e gastronomia em um mesmo local, acaba preferindo se deslocar para esses empreendimentos. Em cidades de menor porte, a chegada de um shopping, acompanhada de grandes âncoras varejistas, tem relevante impacto no comércio tradicional local, colocando em risco não só a subsistência dos pequenos negócios, mas comprometendo a vitalidade de todo o comércio do centro da cidade. Fenômeno semelhante ocorre mesmo em cidades onde não existem grandes empreendimentos, já que os consumidores, ansiosos por encontrar melhores produtos e com preços mais atrativos, buscam realizar suas compras em centros comerciais mais dinâmicos das cidades maiores.

Assim, surge a necessidade de se atuar de forma diferenciada e transversal nos espaços comerciais das regiões urbanas, de forma a atender o desejo do consumidor por ambientes mais seguros, acessíveis, confortáveis e qualificados, aliando atividades de consumo e entretenimento. Nessa linha, o SEBRAE vem agindo para fortalecer e revitalizar espaços comerciais de maneira integrada, estimulando a cooperação e o comprometimento do poder público, das universidades, das entidades empresariais e de empresários na busca da valorização desses espaços. Essas iniciativas, aplicadas atualmente em dezenas de cidades, foram inspiradas por projetos precursores, como a Revitalização do Entorno do Paço da Liberdade, em Curitiba, o Projeto Unir e Vencer no Rio de Janeiro, o Varejo Vivo na Bahia e o Projeto Polo Cultural da Bomba do Hemetério em Recife. A partir de iniciativas como essas, o Sebrae decidiu transformar e compartilhar o conhecimento em uma metodologia, fundamentada nas melhores práticas da instituição em diversos estados, como instrumento orientador para sua atuação em todo o país. Com etapas e ações planejadas e conjugadas entre o poder público, instituições representativas do setor comercial e as empresas, a metodologia busca trazer melhorias efetivas no espaço que está sendo objeto de intervenção e no desempenho de empresas comerciais ali estabelecidas, resolvendo aspectos tradicionalmente críticos, com impacto na sustentabilidade dos negócios e no fortalecimento da identidade local. Dentre os resultados esperados, estão o aumento do fluxo de pessoas nesses territórios, o incremento no volume dos negócios e a geração de empregos, além da melhoria da autoestima decorrente da recuperação de espaços que estavam em processos de degradação.

O conceito de revitalização de espaços comerciais vem ao encontro dos projetos urbanísticos implantados em grandes cidades de todo o mundo, como Barcelona, Madri, Buenos Aires, Paris e Londres. Todas elas aliam o fornecimento de bens à prestação de serviço, ao conforto de um espaço público cuidado, seguro e preservado, sempre com a participação da comunidade empresarial e dos cidadãos que ali moram e trabalham. A discussão dos problemas comuns geralmente vai além da implantação de melhorias em cada estabelecimento e transborda para a necessidade de intervenções sistêmicas, que enfrentem as diversas questões características da degradação das áreas centrais e mais antigas das cidades: segurança, trânsito, estacionamento, iluminação, limpeza, entre outras.

Reforça-se aqui que a recuperação não é apenas uma questão de restauração arquitetônica dos prédios e da área em geral. É preciso reintegrar o espaço à economia urbana formal. Nesse sentido, os projetos de revitalização procuram atrair novas atividades econômicas mediante a construção de centros de negócios comerciais e de turismo, torres de escritórios, shopping centers, hotéis, centros de convenções, restaurantes etc. Esse processo também gera uma grande valorização imobiliária, pois reduz as atividades marginais e atrai uma nova classe social, por conta da proximidade do trabalho e valores culturais, imprimindo novos hábitos e poder de compra, recuperando o caráter outrora atraente da região. Em alguns casos, a transformação é tão acentuada que se caracteriza como um fenômeno descrito como gentrificação[3]. Naturalmente, essa dinâmica afasta parte da população e dos negócios ali instalados, pois eles dependem da precariedade do território para sua permanência.

Portanto, áreas antigas e degradadas, cujo comércio tradicional perdeu relevância é um ambiente que apresenta condições apropriadas para se desenvolver um projeto de revitalização, uma vez que existe a necessidade de requalificar o comércio nas questões de gestão empresarial, na preparação dos profissionais do comércio, e na restauração dos espaços. Mas não são apenas áreas com essas características que podem ser enquadradas nos projetos. Áreas comerciais com menor densidade empresarial ou cidades com menor concentração populacional, que apresentam ruas comerciais em processo de crescimento e consolidação, também passam por desafios diante do ambiente competitivo e dinâmico da atividade comercial. Essas localidades não só reservam oportunidades para aplicar projetos de revitalização dos espaços comerciais, como necessitam se antecipar ao movimento, objetivando

---

[3] HAMNETT, Chris. Gentrification and residential location theory: a review and assessment, em *Geography and the Urban Environment:* progress in research and applications, Vol. 6: *John Wiley,* 1984.

torná-las mais atrativas, competitivas, para conquistar e fidelizar o consumidor local como uma condição de sobrevivência e crescimento no mercado[4].

2 Estruturando a Intervenção

A metodologia de atuação não se propõe a apresentar uma solução única e, sim, oferecer subsídios à luz das melhores práticas adotadas. Os projetos desenvolvidos nas cidades são adequados às realidades regionais, valorizando a economia local e atendendo os diferentes públicos definidos, aproveitando a criatividade e as inovações, absolutamente indispensáveis à construção de diferenciais competitivos.

Basicamente, um processo de revitalização pode ser iniciado de três formas:

a) **Por uma iniciativa do poder público:** ao indicar que realizará uma grande obra de intervenção, ou que pretende reurbanizar determinada área, o poder público obriga os empresários a se prepararem, tanto para o período de obras, quanto para a nova realidade que pode surgir a partir delas. Junto ao Sebrae, a ideia é enxergar a mudança como oportunidade e pegar "carona" no processo;

b) **Por iniciativa dos próprios empresários, ou entidades empresariais representativas:** a união da classe empresarial para transformar o ambiente tem uma força muito expressiva. Nesse caso, o Sebrae e o poder público são demandados para participar do processo na expertise que cabe a cada um;

c) **Pela provocação do Sebrae e iniciativa conjunta dos atores:** O Sebrae, enxergando a necessidade e oportunidade de melhoria, faz reuniões com o poder público, empresários e outros potenciais parceiros para verificar o nível de interesse e comprometimento.

De acordo com sociólogo Juarez de Paula[5], os caminhos podem variar, mas devem conduzir a um mesmo destino, ou seja, a necessidade do protagonismo local dos empresários para catalisar um processo de mudanças que

---

[4] SEBRAE. *Boletim de Oportunidades de Negócios*. Brasília: Ed. SEBRAE, 2012.
[5] PAULA, Juarez. *Desenvolvimento local: textos selecionados*. Brasília: Ed. SEBRAE, 2008.

interrompe a tendência de degradação e esvaziamento do espaço, devolvendo o dinamismo econômico ao comércio local.

3 A Escolha do Território

Sendo um grande polo comercial ou de menor densidade empresarial, assim como um centro urbano degradado ou rua comercial em crescimento, a escolha do território que será alvo da intervenção deve levar em consideração o cumprimento de alguns critérios, tais como:

- A intenção do poder público em revitalizar e investir num determinado local, se possível baseado no plano diretor de crescimento da cidade;
- A densidade empresarial e o nível de adesão e interesse da classe empresarial em desenvolver a área comercial onde estão localizados;
- A representatividade do capital social e sua atuação nessa região;
- fluxo de pessoas que circulam no território.

Essa escolha precisa ser consensual entre atores e parceiros envolvidos no processo, sendo necessária a delimitação do tamanho desse espaço para possibilitar concentração de ações e esforços que gerem impactos. Ressalta-se a importância da intervenção urbana no espaço comercial, visto que ela expõe as mudanças e gera visibilidade ao projeto, de forma a atingir o principal objetivo da intervenção, que é torná-lo atrativo.

É necessário considerar, também, a história e a cultura presentes no território, porque essas informações trarão subsídios que permitirão compreender a dinâmica dos relacionamentos e interesses, assim como podem representar um importante diferencial para a atratividade comercial da localidade. Esses são elementos que contribuirão de forma positiva na abordagem e sensibilização de todos os envolvidos.

4 Articulação com Parceiros

A articulação com parceiros na região onde será desenvolvido o trabalho garante o envolvimento e comprometimento para com os objetivos propostos. Dentre esses potenciais parceiros, a prefeitura, por meio de suas secretarias, é essencial uma vez que o projeto envolve espaços públicos. Nessa etapa, entidades com maior habilidade para exercer funções agregadoras devem ser priorizadas. Definidos os parceiros, inicia-se a formação da governança local, que será formada pelas principais lideranças empresariais, além do Sebrae, das secretarias municipais e das entidades identificadas anteriormente. A parceria com instituições públicas e privadas é estratégica, visto que elas auxiliarão nas diversas etapas do trabalho. Também é muito importante identificar as lideranças locais que estejam dispostas a colaborar com o processo. Essas pessoas que exercem forte influência e têm credibilidade, mas não necessariamente ocupam posições de liderança.

A definição de papéis e responsabilidades deve ficar muito clara nesse momento e em geral segue a seguinte proposta:

a) **Prefeitura municipal:** tem como papel principal planejar e implantar as intervenções urbanas necessárias para a melhoria do espaço. A ela cabe o papel de encaminhar e buscar aprovação de projetos de atração e incentivo de investimentos, bem como de preservação do espaço;

b) **Entidades empresariais:** associações comerciais, sindicatos patronais do comércio, Câmara de Dirigentes Lojistas (CDL), Federação do Comércio de Bens, Serviços e Turismo (Fecomércio), Serviço Social do Comércio (Sesc) e o Serviço Nacional de Aprendizagem Comercial (Senac) apoiam a melhoria e a qualificação de empresários e colaboradores que trabalham na região, além de desenvolverem e estimularem a liderança empresarial, o empreendedorismo e a cultura da cooperação;

c) **Universidades e centros de pesquisa:** podem contribuir com o conhecimento e a expertise na elaboração e análise de estudos e pesquisas direcionados ao ambiente físico, social e econômico que atingem o espaço comercial, além de serem instituições educacionais geradoras e disseminadoras de conhecimento.

d) **Instituições financeiras:** contribuem com a disponibilidade de linhas de financiamento acessíveis e apropriadas à micro e pequena empresa.

e) **Lideranças empresariais:** promovem a integração das empresas participantes, assegurando que o fluxo da informação entre empresas e parceiros ocorra de maneira contínua. Assim, fortalecem o espírito associativo, animam e facilitam o cumprimento das ações em cada uma das etapas do projeto.

f) **Sebrae:** contribui com a articulação entre os atores envolvidos, com o aporte de profissionais com conhecimento técnico na metodologia de revitalização de espaços comerciais, com a disponibilização de produtos e serviços e com a coordenação e acompanhamento da implantação e execução do projeto ao longo de todo o período pactuado.

O associativismo é peça chave ao longo de todo o projeto, fazendo com que seja fundamental o fortalecimento das relações de confiança e cooperação entre os participantes. É a maturidade associativa que dará sustentação ao trabalho realizado, mesmo após o fim do projeto. É pensando nessa longevidade que a governança deve ser estimulada a se consolidar em uma organização associativa que facilite o diálogo entre os empreendedores, sociedade e o poder público. Podem ser criadas associações, redes de empresas, ou mesmo grupos informalmente organizados.

5 Pesquisas e Diagnósticos

São diversas as pesquisas que devem ser realizadas para embasar o plano de ações. A primeira delas é o censo empresarial, que registra a quantidade de empreendimentos existentes, assim como o número de imóveis vagos a serem ocupados por novos negócios. Outros levantamentos necessários são o perfil da infraestrutura urbana do espaço comercial, o diagnóstico dos empreendimentos comerciais e a pesquisa sobre o comportamento do consumidor.

O conjunto dessas informações permite diagnosticar as deficiências empresariais, e definir as prioridades de intervenção na infraestrutura urbana e em termos de políticas públicas. Mas a análise inicial mais relevante é a que se propõe a identificar a vocação do espaço, que nem sempre está evidente, podendo ter sido perdida ao longo do tempo ou mesmo que nunca tenha sido explorada. Pode ser relacionada à história, a algum segmento que se destaca, pelo ou mesmo pela percepção do consumidor (posicionamento).

6 O Processo da Revitalização

O sucesso de um projeto de revitalização passa pela adesão e atuação sinérgica de diversos agentes de desenvolvimento, entre os quais a prefeitura municipal. As ações para revitalizar espaços comerciais envolvem, portanto, agentes públicos e privados, cada um realizando sua parte do processo de desenvolvimento dos espaços comerciais e, assim, contribuindo para o equilíbrio de forças nesse cenário.

Na esfera governamental cabem as reformas estruturais e a fiscalização do cumprimento da legislação e da atuação dos serviços públicos e a proposição de ambiente legal favorável para os negócios. No âmbito empresarial estão as ações individuais relativas às melhorias em cada estabelecimento, e coletivas concernentes ao grupo ou à governança. A Figura 1 resume essa divisão de ambientes pela responsabilidade:

Figura 1 – Ações para revitalização de espaços comerciais

Não se trata, portanto, da iniciativa isolada de um lojista em reformar sua fachada ou o layout de sua loja. Essa integralidade de ações é necessária para que o entorno seja agradável, com calçadas amplas, sem buracos ou obstáculos dificultando a passagem dos pedestres, boa iluminação, estacionamento facilitado para carros, bancos, paraciclos, arborização e paisagismo. São exemplos de iniciativas públicas que podem proporcionar uma experiência de consumo completa, a partir do entendimento que ela se inicia muito antes do cliente entrar na loja e continua após sua saída.

Por isso, para os espaços comerciais, aplica-se à mesma lógica estratégica do planejamento turístico, que é a de diversificar e qualificar a oferta. Nessa analogia, os atrativos seriam o mix de lojas, eventos, promoções e a própria beleza cênica do espaço. Já os equipamentos e serviços seriam os restaurantes, bares, cafés, banheiros públicos, praças e mobiliário urbano. A infraestrutura de apoio se refere à acessibilidade, segurança, calçadas e estacionamentos.

Nesse sentido, algumas ações para reposicionar o espaço comercial, como a definição e uso de uma identidade local e a realização de promoções conjuntas são especialmente representativas, uma vez que evidenciam maturidade associativa com objetivos comuns.

7 A Identidade Local

Uma das estratégias adotadas nos polos comerciais de rua é a definição da identidade local, com a criação de um logotipo e um *slogan* que estejam associados à principal característica do polo. Pode estar ligada à cultura, à arte, à gastronomia ou mesmo a um setor específico de negócios. A ideia central desta estratégia é criar uma marca que reforce o posicionamento mercadológico e o vínculo com a comunidade, promovendo os negócios de forma conjunta[6]. Na Rua Vidal Ramos, em Florianópolis, há uma concentração de lojas de moda e acessórios, essa relação foi retratada com o slogan "Bom Gosto a Céu Aberto" (Figura 2).

Figura 2 – Logotipo da concentração de lojas da Rua Vidal Ramos

---
[6] SEBRAE, 2012.

Em Curitiba, a Rua Riachuelo recebeu a denominação de "Nova" a fim de afastar a má fama que a rua adquiriu antes da revitalização. O slogan, "A rua do reciclar, do reinventar e do reencantar" (Figura 3) remete a característica do comércio, com vários estabelecimentos de móveis usados e brechós.

Figura 3 – Logotipo da concentração de lojas da Rua Riachuelo

A Rua Sergipe, em Londrina, também passou por uma transformação visual a partir da despoluição das fachadas e reforma das calçadas, estimulando os empresários e mudando a percepção das pessoas que passam por lá. Assim, ganhou a denominação de "Nova Sergipe" (Figura 4). Por ser uma das ruas mais tradicionais do comércio de Londrina, o *slogan* "Nosso patrimônio. Nossa história." faz todo o sentido para os londrinenses.

Figura 4 – Logotipo da Concentração de Lojas da Rua Sergipe

Na mesma linha, em Itajaí, cidade portuária de Santa Catarina, a identidade traz um elemento da iconografia local junto com um slogan que busca aproximação com a comunidade (Figura 5).

Figura 5 – Logotipo da cidade de Itajaí

8 Ações Promocionais Conjuntas

A análise da competição entre espaços comerciais deve ser iniciada pelo aspecto da força do conjunto. Lojistas de shopping, por exemplo, compõem um grupo de empresas que participam conjuntamente em ações de marketing. Em datas comemorativas, a administração do shopping realiza promoções para atrair os consumidores reforçando a marca do espaço comercial, ainda que patrocinada pelos seus lojistas. Ao comparar esta ação com a de lojas em polos comerciais tradicionais, vê-se que falta justamente a força do conjunto, uma vez que as iniciativas de marketing costumam ser individualizadas.

Por isso, a organização de promoções conjuntas nas ruas comerciais requer uma forte integração entre os empresários locais. A exemplo dos shoppings, a ideia é aproveitar o calendário de datas comemorativas para a realização de desfiles, campanhas publicitárias, decoração padronizada e descontos coletivos, tudo com o objetivo de atrair e fidelizar consumidores e fortalecer o posicionamento de mercado do espaço comercial. Também é fundamental focar as campanhas no perfil de público adequado.

Aferir resultados de vendas desse período é importante para justificar o investimento feito e consolidar a mobilização do grupo. Também é preciso planejar e pactuar com o grupo, diante do calendário de datas, qual será o investimento a ser aplicado nessas ações, considerando a decoração específica para data, compra de brindes e prêmios para distribuir ou sortear e a contratação de uma empresa de publicidade ou organizadora de eventos. Em Florianópolis, por exemplo, a Câmara de Dirigentes Lojistas costuma incentivar diferentes ações promocionais no centro da Capital para movimentar as vendas no Dia das Mães e dos Pais. Nos períodos próximos a essas duas datas comemorativas, lojistas da Rua Vidal Ramos disponibilizaram serviços para registrar momentos entre pais e filhos, como quiosques fotográficos e caricaturistas. Horários de atendimento estendidos também ajudaram a atrair mais público e alavancar as vendas. Um dos eventos mais simbólicos é o "Vidal *Fashion Day*" que monta uma passarela e realiza um desfile de moda aberto ao público, com modelos desfilando as coleções das lojas locais.

Figura 6 – Vidal Fashion Day

9 Projetos de Referência

Em Curitiba, o Projeto de Revitalização do Entorno do Paço da Liberdade, foi um dos pioneiros e teve início em 2008, com uma área de atuação que foi expandindo gradualmente, atraindo mais empresas interessadas em participar e contribuir para que a região se desenvolvesse nos mais diferentes aspectos, sejam mercadológicos, de atratividade turística ou na consolidação da união dos empresários para "cuidar" do centro histórico da cidade. À medida que o projeto foi se desenvolvendo, a parceria com a Federação do Comércio do Estado do Paraná (Fecomércio/PR) e a Prefeitura Municipal de Curitiba, manteve-se de forma bastante ativa. A melhoria do espaço público, a parceria em realizar ações promocionais na região, a capacitação dos comerciários e empresários e o preparo na formação de uma associação de empresários, fez desse polo um grande referencial, inclusive para investimentos.

Nesse período, foram atendidas 130 empresas por meio de consultorias, cursos, missões empresariais, palestras, além de apoio a ações coletivas. Têm destaque duas edições do "Vitrines na Calçada", evento gerador de fluxo que mudou a visão empresarial dos negócios situados na Rua Riachuelo, ao utilizar conceitos de vitrinismo e visual de loja, além da gestão empresarial. Com o sucesso dessas iniciativas, os próprios empresários criaram e organizaram outros dois eventos que se consolidaram e hoje fazem parte do calendário da cidade: o "Centro Histórico Divertido" e o "Festival de Inverno de Curitiba". Pesquisas aplicadas no território em 2008 e em 2012, que avaliaram aspectos das empresas e percepção dos empresários, mostraram que houve sensível melhoria nos indicadores. Quando perguntados sobre os benefícios percebidos após a realização das obras de revitalização, 68% dos empresários destacaram o aumento da circulação de pessoas como o maior deles. Também foram notadas uma maior segurança e maior número de turistas na região. Nesse período, boa parte dos empresários realizaram investimentos em decoração, pintura ou modernização de suas empresas, alguns ainda mudaram algo em relação aos produtos ou qualidade dos serviços ou sinalização do empreendimento.

Todo esse processo de melhoria gerou mídia espontânea positiva do entorno do Paço da Liberdade. Essa localidade, que era mais referenciada pela imprensa por seus problemas sociais, passou a gerar interesse pelas iniciativas dos empresários em renovar seus empreendimentos e pelos eventos que chamavam a família e os jovens a conviver num novo espaço revitalizado. Diante da valorização do território, observou-se a implantação de novos pequenos empreendimentos na região, muitos investimentos continuam sendo destinados na recuperação de imóveis históricos, na recuperação urbana e na geração de fluxo de novos visitantes, o que confirma que esta área se valoriza a cada dia. Além disso, o desenvolvimento e as articulações realizadas durante todos esses anos propiciaram uma expansão contínua do projeto. Foram incluídas novas áreas, ruas, praças e imóveis na pauta de recuperação e melhoria da região. A maturidade empresarial também criou um ambiente favorável para a formação e o fortalecimento da governança local. A partir das reuniões regulares dos empresários foi constituída uma rede empresarial, que se formalizou como associação em 2013. Atualmente, essa rede atua em consonância com o projeto, mas já não depende das iniciativas do Sebrae, tendo gerado seu próprio planejamento e corpo executivo. Com esses indicadores de melhoria de gestão, do visual dos empreendimentos e, sobretudo de engajamento dos empresários com a consolidação da "Rede Empresarial do Centro Histórico", é possível confirmar que a revitalização trouxe grande benefício para a região como um todo. No entanto, há um consenso de que o processo de revitalização deve continuar, de forma a consolidar todos os trabalhos que foram realizados na região.

Outro projeto de destaque é o "Sebrae no Porto", que se associou ao projeto de reestruturação urbana da região portuária do Rio de Janeiro, denominado "Porto Maravilha". As transformações urbanas em sua totalidade apontam para um novo padrão de mobilidade, aumento da população moradora e flutuante, reativação de equipamentos culturais, construção de prédios comerciais de alto padrão e no aumento das áreas verdes. Esse novo "centro da cidade" começou a ser construído em 2011 e já começa a ser vivido por toda a população carioca. É possível perceber um brusco e rápido deslocamento de "vazio urbano" para área "dinâmica e modernizada". O impacto dessa transformação alcança toda a cidade, mas principalmente os atuais ocupantes do território. A entrada do Sebrae nesse processo se deu a partir do entendimento de que o desenvolvimento da região vai além da execução de obras de infraestrutura e construção de novos equipamentos culturais, e que é necessário torná-lo atraente e competitivo também do ponto de vista da dinâmica econômica e empresarial.

Estudos de projetos de revitalização portuária realizados em outras partes do mundo, tais como Amsterdã, Baltimore, Roterdã, Buenos Aires e Barcelona, evidenciam a necessidade de programar os usos do espaço, comunicando sua nova imagem e elaborando planos de marketing territorial. A presença dos pequenos negócios pode ajudar a evitar o artificialismo de equipamentos isolados, desconectados do território e da cultura local.

Essas experiências trazem o aprendizado de que a ocupação do espaço deve apresentar um mix de negócios, evitando a homogeneização e a perda da identidade cultural. O conceito de vitalidade urbana destaca a importância da circulação de pessoas para que uma determinada rua, região, bairro ou território seja considerado dinâmico. Nesse sentido, olhar para os pequenos negócios de forma estratégica é essencial para o sucesso da iniciativa e para antecipar os ganhos qualitativos da transformação urbana para toda a cidade. Merece destaque, ainda, a capacidade de gerar um modelo de requalificação urbana que pode servir de inspiração para localidades que passarão por transformações com alto potencial de impacto socioeconômico.

O projeto Sebrae no Porto propõe estas e outras tantas reflexões sobre as possibilidades de desenvolvimento do território a partir de estratégias de apoio aos pequenos negócios. Exemplo disso é a abordagem segmentada, considerando os diferentes perfis de negócios que se envolvem nesse processo:

Pequenos negócios existentes que pretendem se alinhar com as transformações do território, considerando-as uma oportunidade de reposicionamento.

Pequenos negócios existentes que pretendem sair da região, uma vez que dependem das condições atuais de precariedade da infraestrutura urbana (principalmente aluguel baixo).

Novos entrantes que se estabelecerão no local, atraídos pelas oportunidades, alterando as condições de concorrência existentes.

Essa abordagem territorial, de visão simultaneamente sistêmica e segmentada permite criar um ambiente favorável para o desenvolvimento dos pequenos negócios e, em consequência, para a sustentabilidade do território.

10 Boas Práticas

Além de projetos considerados referenciais, há um monitoramento constante a fim de identificar e compartilhar boas práticas. No radar dessa gestão da informação estão iniciativas de menor porte, mas que podem fazer grande diferença na superação de etapas e no desempenho geral de um projeto.

Alguns exemplos de boas práticas e seus respectivos benefícios[7]:

a) **Registro fotográfico do espaço a ser revitalizado:** criar um banco de imagens (lojas, fachadas, calçadas, sinalização, iluminação, arborização etc.) antes de iniciar as ações ajuda a sensibilizar e mobilizar parceiros e empresários, evidenciando os problemas visuais. Também permite mostrar a evolução do projeto ao longo do tempo, formando um histórico e um controle interno.

b) **Boletim mensal sobre o espaço que está sendo revitalizado:** o Boletim é um informativo sobre as principais ações do projeto e do comércio. Pode trazer dicas, promoções, eventos, programação de cursos, avanços do projeto, e até o calendário de reuniões de trabalho. Essa prática potencializa o envolvimento e mobilização dos participantes, fortalecimento da identidade visual do espaço, facilita o fluxo de informações e dá publicidade ao projeto.

c) **Fundo de reserva para financiamento de ações de interesse coletivo:** a partir da criação de uma figura jurídica, é possível estabelecer um uma fonte de recursos composta por mensalidades dos lojistas. Esse fundo oferece condições e agilidade para arcar com despesas de atividades (cursos, treinamentos, visitas técnicas...) e realizar ações promocionais coletivas.

d) **Definição do mobiliário urbano de forma participativa:** a participação da governança na escolha do mobiliário padronizado gera a sensação de pertencimento e comprometimento dos empresários para com o mobiliário. Além disso, fortalece a identidade visual, auxilia o reposicionamento do espaço e melhora atratividade e o conforto para os clientes.

e) **Cartilha para orientação sobre a reforma das calçadas:** a partir da definição de regras e custos padronizados, a cartilha informa e orienta sobre o processo de reforma das calçadas em frente aos estabelecimentos comerciais. Isso permite a sincronização com as demais intervenções da prefeitura, otimizando recursos e diminuindo o tempo das intervenções, que invariavelmente causam transtornos.

f) **Rede de Comerciantes Protegidos:** parceria com a Polícia Militar que inclui treinamento e orientações para os empresários, e a designação

---

[7] SEBRAE, 2014.

de um policial para a proteção da rua, agilizando o deslocamento para a loja. Rondas policiais no horário de funcionamento do comércio também faz parte dessa parceria, que reduz as estatísticas de roubo e furto e promove maior sensação de segurança para os clientes.
g) **Parceira com faculdade local:** visa a elaboração do projeto de melhoria urbanística por alunos de arquitetura e urbanismo ou engenharia, supervisionados por professores. Ao minimizar as dificuldades encontradas pelo poder público para essa tarefa, a parceria ainda gera maior o envolvimento da comunidade e tende a criar uma proposta compatível com a cultura e história da região.

11 Aprendizados

Ao analisar dezenas de iniciativas dentro de um modelo de atuação sistematizado, é possível perceber o grande interesse das lideranças municipais em devolver às ruas comerciais a atratividade perdida e reverter a tendência de evasão do consumidor. Toda essa experiência em locais com realidades distintas, além de mostrar resultados extremamente relevantes, traz uma série de ensinamentos para a revisão e aperfeiçoamento desse tipo de abordagem.

Um dos aprendizados é o que mostra a necessidade de uma gestão intensa, em função da grande dependência da integração de atores bastante heterogêneos em ações de mobilização, estabelecimento de parcerias, fortalecimento de governança, mudanças estruturais e marketing coletivo. Por isso, articulação, negociação e resiliência são qualidades fundamentais para gestores que atuam em projetos dessa natureza.

Outro fator determinante é a adesão e mobilização das empresas. Essa etapa necessita de muito planejamento e organização. O gestor do projeto juntamente com os parceiros deve estar preparado para interagir pessoalmente e diretamente com as empresas. Todo cuidado é essencial, pois inicialmente o projeto é muito abstrato para o entendimento imediato dos empresários. O modelo mental do ser humano é habituado a receber o projeto de capacitação pronto (grade curricular, a exemplo de colégios e faculdades). Por esse motivo, é complexo tornar realidade um projeto revitalização de espaços comerciais. Esse fator deve-se em virtude dos empresários não estarem previamente agrupados, sendo necessário um envolvimento enorme dos articuladores do projeto. Além disso, essa forma de atuação ainda é pouco conhecida pela maioria das pessoas, dificultando a compreensão dos empresários sobre a execução do projeto[8].

À medida que as melhorias ultrapassam as barreiras das lojas e alcançam a comunidade, a necessidade de integração entre o poder público e privado em prol do desenvolvimento territorial fica evidente, nesse sentido, o papel do prefeito, especialmente nos pequenos municípios, é determinante. Quanto ao prazo para obtenção de resultados, verifica-se grande variação, sobretudo devido à intensidade de proposição de alterações no ambiente, em especial os relacionados à infraestrutura. A efetiva revitalização de um espaço comercial pode levar mais de cinco anos, desafiando a natureza imediatista do brasileiro. Essa demora em se obter resultados visíveis é um fator crítico para a governança. Uma das formas de se antecipar a esse problema, é realizar ações de curta duração e de rápido resultado. No início do trabalho percebe-se a relevância de missões empresariais para integrar o grupo para o trabalho. No decorrer do projeto, ações de promoção comercial com resultados de curto prazo também fazem essa função. O maior aprendizado, porém, é a compreensão de que o esforço investido em um projeto de revitalização se justifica tanto pelos resultados que alcança no próprio território, quanto pela criação de modelos e referências para outros espaços comerciais. A transformação bem-sucedida de uma rua desperta o interesse dos empresários de outras localidades, além de induzir a revitalização espontânea nas ruas adjacentes.

12 Tendências: a Redescoberta da Rua Comercial

Quando se fala em tendências para o comércio varejista, o senso geral indica que o futuro passa pelo comércio eletrônico. Comodidade, praticidade, diversidade de produtos e preços são vantagens associadas a esse canal. Mas as discussões acerca do futuro, que antes eram de polarização e profetizavam o fim das lojas físicas, recentemente ganharam previsões menos radicais, relacionadas à integração do varejo físico com os canais digitais. O discurso mais atual é o que aponta para a possibilidade de sobrevivência, desde que haja uma profunda transformação no ponto de venda físico. Apesar de ser um cenário mais factível, ele ainda é desafiador, especialmente para o

---

[8] SEBRAE/RS. *Revitalização de Espaços Comerciais: Relatório Codesul,* Porto Alegre, 2013.

pequeno varejista, uma vez que exigirá uma grande adaptação para realizar operações integrando multicanais.

Mesmo com um crescimento anual sempre na casa dos dois dígitos[9], migrar para o comércio eletrônico ou mesmo agregar esse canal pode não ser tão promissor quanto parece, isso porque existem distinções relevantes entre o pequeno e o grande varejo. Em geral, a capacidade de o pequeno varejista competir reside em diferenciais competitivos cada vez mais relacionados à experiência da compra. Por isso, com a crescente comoditização de produtos, muitos desses diferenciais perdem força no ambiente virtual e a competição fica nivelada por atributos como preço, diversidade de oferta e eficiência logística, características que – naturalmente – favorecem empresas de maior porte.

Apesar dos números impressionantes do comercio eletrônico, especialistas já enxergam uma lacuna de experiência que só a interação física é capaz de preencher. Os shoppings centers se destacam justamente por proporcionar essa experiência, pois são espaços planejados e concebidos para facilitar e otimizar o consumo. Nesse sentido, contam com uma gestão única e centralizada que facilita a implementação de ações coletivas, além disso, possuem lojas-âncora para atrair permanente afluência e trânsito de consumidores, oferecem estacionamento compatível com a área de lojas, proporcionam sensação de segurança, climatização, conforto, opções de entretenimento e ainda reproduzem ambientes de rua (luz natural, arborização e praças), mostrando a preocupação em identificar e trazer para o seu ambiente qualquer elemento que possa potencializar a experiência de consumo.

Para os polos varejistas de rua, essas são concorrências duras, pois estão organizadas e conectadas com o perfil atual de consumo, enquanto a rua comercial é resultado de uma trajetória histórica de dinâmicas territoriais não planejadas, sempre à mercê que ocorrem em função de políticas públicas equivocadas ou da própria ausência delas. As dúvidas sobre a capacidade da reinvenção desses polos comerciais geram uma perspectiva de futuro sombria, onde a rua pode se transformar em um ambiente inóspito para pedestres, servindo, essencialmente, como um lugar de circulação, sobretudo para automóveis.

---

[9] Ebit. *Webshoppers – 32ª Edição*, 2015.

Já no início dos anos setenta, o filósofo e sociólogo francês Henri Lefebvre[10] criticava essa apropriação da rua pelos carros, segundo ele, a rua não deveria ser apenas um lugar de passagem e de circulação, mas o lugar do encontro. Apesar de ser uma crítica em uma época na qual nem se falava em comércio eletrônico, e o impacto dos shoppings não era relevante, é possível perceber que a rua não perdeu esse apreço no imaginário e no inconsciente coletivo. Prova disso são as manifestações populares que tiveram destaque no Brasil, especialmente no ano de 2013, mostrando que, apesar de todas as possibilidades de expressão e mobilização que a internet proporciona, os movimentos parecem só ganhar legitimidade quando são vistos nas ruas. Tem-se assim, a nítida percepção de que a interação social só é válida quando rompe as fronteiras da internet.

Se essas questões parecem entrar no campo filosófico, é sabido concretamente que o pequeno varejo tem um papel fundamental para a vivacidade das ruas, estimulando a interação social, a participação cívica da população, a geração de empregos e o desenvolvimento econômico dos seus entornos. Pesquisa do *Civic Economics*[11] mostra que 48% do valor gasto em pequenas lojas locais recircula no território, em comparação com 14% de recirculação quando o consumo acontece em lojas de grandes redes. Já um estudo do *Institute for Local Self-Reliance* (2013) aponta um potencial de geração de empregos das pequenas lojas quatro vezes maior em comparação com um grande portal de comércio eletrônico. Ao mesmo tempo, a atratividade de espaços comerciais também depende da presença de empreendimentos de maior porte, chamados de *âncoras* por sua capacidade de atrair fluxo de pessoas. Esse equilíbrio do mix é delicado e deve ser estudado, discutido e induzido por meio de políticas públicas locais. Cabe pontuar diferenças relevantes entre *âncoras* que atraem fluxo de pessoas e complementam e qualificam o mix do espaço comercial, e grandes empreendimentos que monopolizam esse fluxo ou que atuam de forma predatória em relação à concorrência.

O que esses estudos confirmam é a percepção de que o crescimento do comércio eletrônico e a chegada de grandes empreendimentos varejistas com comportamento predatório, mesmo que legítimos, podem causar impactos relevantes nos pequenos negócios locais, os quais muitas vezes não encontram

---

[10] LEFEBVRE, Henri. *A Revolução Urbana*. Belo Horizonte: Ed. UFMG, 2004.
[11] CIVIC ECONOMICS. *National Summary Report –Indie Impact Survey Series*, 2012.

meios para competir. O inevitável fechamento de vários desses negócios leva a um empobrecimento das comunidades, especialmente em função da baixa recirculação do dinheiro, tese que remete à visão pioneira do Banco Palmas, primeiro banco comunitário criado no Brasil no final dos anos noventa em Fortaleza/CE, cujo princípio é de que a pobreza de um território é causada pela repetida perda de suas poupanças[12], e que a busca para o desenvolvimento sustentado de uma comunidade deve estar alicerçada no equilíbrio entre sua capacidade de gerar e manter riqueza, ampliando o seu grau de autonomia econômica.

São questões que passam a ganhar relevância na medida em que a consciência do cidadão com o seu território aumenta. Nesse sentido, campanhas de apoio ao comércio local – tão comuns em países desenvolvidos – ão de extrema relevância e tendem a ganhar força no Brasil. Há quem já enxergue também uma geração crescente de pessoas que buscam, em termos de consumo, maior autenticidade, exclusividade e customização. Estudos comportamentais sobre a geração chamada de *millennials* mostram que é cada vez mais forte o anseio de engajamento com propostas e causas que tenham a ver com suas expectativas e valores[13]. É um perfil de consumidor que deseja interação social em lugares menores, prefere qualidade ao invés de quantidade, demonstra incômodo com as relações impessoais e anônimas do comércio eletrônico e rejeita o artificialismo do shopping center. É um comportamento ainda longe de ser popular, mas que já representa a possibilidade de um ponto de inflexão no individualismo pós-moderno, vindo a se refletir nas escolhas dos locais de compra. Dessa forma, espaços comerciais que privilegiam a cultura local e que demonstrem vínculo com a comunidade tendem a receber a preferência, mesmo em um mundo cada vez mais digital.

Nos Estados Unidos, artigos especializados são categóricos ao afirmar que esse comportamento já contribuiu para a falência de grandes *âncoras* varejistas e o consequente fechamento de dezenas de shoppings centers no país, apelidados de *dead malls*, mostrando uma nova tendência que privilegia centros comerciais a céu aberto, ainda que alguns sejam privados, em um espaço mais agradável para um consumidor que está cada vez mais

---

[12] MELO NETO SEGUNDO, João Joaquim de; MAGALHÃES, Sandra. *Bairros Pobres, Ricas Soluções: Banco Palmas Ponto a Ponto*. Fortaleza: Ed. Expressão Gráfica, 2003.
[13] SOUZA, Marcos Gouvêa. *MOMENTUM:* Os millennials querem marcas com propósito. GSMD, 2015. Disponível em http://www.gsmd.com.br/pt/eventos/momentum/os-millennials-querem-marcas-com-proposito, Acesso em 10 nov. 2015.

interessado na interação com o meio ambiente e com a sua comunidade[14] [15]. Nessa mesma direção, multiplicam-se iniciativas que propõem a redução dos espaços para carros e a ampliação destes para bicicletas e pedestres. A instalação de *parklets* em *São Paulo e a* remodelação da *Time Square* em Nova York são intervenções distintas de uma mesma tendência que, em geral, tem se mostrado benéfica ao comércio local[16].

Portanto, se o comércio eletrônico e os shoppings representam modelos de operação que atendem a um comportamento de consumo latente, o varejo tradicional de rua vai além, dentro de uma análise vanguardista, a rua comercial surge como o grande caminho para uma economia local verdadeiramente sustentável. Enxergar a rua, o espaço comercial como o futuro dos pequenos negócios não é necessariamente um pensamento visionário, tampouco um contrassenso. É sim, fruto de uma análise sistêmica e moderna sobre as dinâmicas territoriais, movimentos sociais e comportamento – não apenas de consumo – mas, principalmente, de cidadania.

Conclusão

Este capítulo apresentou como se dá o processo de revitalização baseado em uma metodologia estruturada para a realidade brasileira, na qual o Sebrae – atuando como agência de desenvolvimento – cumpre papel de articulador e gerenciador do projeto. Apesar da diversidade de experiências e aprendizados, a maior parte dos princípios que norteiam as etapas do processo são elementos universais de planejamento e execução. Por isso, o sucesso de uma revitalização pode ser alcançado ao se adotar os elementos presentes nessa metodologia, independente dos agentes envolvidos, desde que esses possuam legitimidade, representatividade e liderança, incorporando as competências de articulações e de gestão da coletividade.

---

[14] MERRICK, Amy. Are Malls Over? *The New Yorker*, 2014. Disponível em: http://www.newyorker.com/business/currency/are-malls-over. Acesso em: 15 nov. 2015.
[15] SHWARTZ, Nelson D. The Economics (and Nostalgia) of Dead Malls. *The New York Times*, 2015. Disponível em: http://www.nytimes.com/2015/01/04/business/the-economics--and-nostalgia-of-dead-malls.html?_r=1> Acesso em: 15 nov. 2015.
[16] GAETE, Constanza Martínez. Pedestrianização da Times Square deve ser concluída em 2016. *ArchDaily Brasil*, 2014. Disponível em: http://www.archdaily.com.br/br/601289/pedestrianizacao-da-times-square-deve-ser-concluida-em-2016. Acesso em: 25 nov. 2015.

Ao adentrar no emaranhado de um tema que envolve políticas públicas, conceitos de urbanismo, economia local, competitividade empresarial e relações humanas, este capítulo busca mostrar para a comunidade acadêmica a necessidade de aprofundamento em estudos e pesquisas sobre os impactos socioeconômicos relacionados às dinâmicas desses territórios. Para os empresários varejistas fica a mensagem de que é preciso olhar para fora de seus estabelecimentos, pois a competitividade de cada loja está condicionada à atratividade do polo comercial, que só é alcançada por meio da união e organização coletiva.

Por fim, aos gestores públicos, fica um chamado pela urgência de políticas e ações que criem ambientes favoráveis ao desenvolvimento empresarial e à valorização dos pequenos negócios, aliada à melhoria da infraestrutura urbana para estimular a ocupação dos espaços públicos pelas pessoas, e garantir o "direito à cidade", cujo conceito foi desenvolvido por Lefebvre[17] e ampliado por David Harvey[18], como sendo também o direito de exercitar o poder coletivo a fim remodelar os processos de urbanização, transformando a cidade e seus cidadãos.

Referências

ABRASCE. *Números do Setor*, 2017. Disponível em: http://www.abrasce.com.br/monitoramento. Acesso em: 23 ago. 2017.
CIVIC ECONOMICS. *National Summary Report –Indie Impact Survey Series*, 2012.
Ebit. *Webshoppers – 32ª Edição*, 2015.
GAETE, Constanza Martínez. Pedestrianização da Times Square deve ser concluída em 2016. *ArchDaily Brasil*, 2014. Disponível em: http://www.archdaily.com.br/br/601289/pedestrianizacao-da-times-square-deve-ser-concluida-em-2016. Acesso em: 25 nov. 2015.
HAMNETT, Chris. Gentrification and residential location theory: a review and assessment, em *Geography and the Urban Environment:* progress in research and applications, Vol. 6: John Wiley, 1984.
HARVEY, David. The right to the city, *New Left Review*, n. 53, Londres, 2008.
Institute for Local Self Reliance, palestra de Stacy Mitchell na conferência da Alliance of Independent Media Stores, Atlanta, 12 de setembro de 2013.

---

[17] LEFEBVRE, Henri; *Le droit à la ville*; 1, Société et Urbanisme, Ed. Anthropos, Paris, 1968.
[18] HARVEY, David. The right to the city, *New Left Review*, n. 53, Londres, 2008.

LEFEBVRE, Henri; *Le droit à la ville;* 1, Société et Urbanisme, Ed. Anthropos, Paris, 1968.

LEFEBVRE, Henri. *A Revolução Urbana.* Belo Horizonte: Ed. UFMG, 2004.

MELO NETO SEGUNDO, João Joaquim de; MAGALHÃES, Sandra. *Bairros Pobres, Ricas Soluções:* Banco Palmas Ponto a Ponto. Fortaleza: Ed. Expressão Gráfica, 2003.

MERRICK, Amy. Are Malls Over? *The New Yorker,* 2014. Disponível em: http://www.newyorker.com/business/currency/are-malls-over. Acesso em: 15 nov. 2015.

PAULA, Juarez. *Desenvolvimento local:* como fazer? Brasília: Ed. SEBRAE, 2008.

PAULA, Juarez. *Desenvolvimento local:* textos selecionados. Brasília: Ed. SEBRAE, 2008.

RODRIGUES, Eloisa Ramos Ribeiro. *Shopping a céu aberto no Brasil:* Transformações, estratégias e perspectivas da rua comercial na sociedade de consumo contemporânea. São Paulo, FAU USP, 2012.

SEBRAE. *Boletim de Oportunidades de Negócios.* Brasília: Ed. SEBRAE, 2012.

SEBRAE/RS. *Revitalização de Espaços Comerciais:* Relatório Codesul, Porto Alegre, 2013.

SEBRAE. *Termo de Referência para Projetos de Revitalização de Espaços Comerciais.* 2ª Edição, 2014.

SEBRAE. *Revitalização de Espaços Comerciais:* Desafios, caminhos de solução e boas práticas. Brasília: Ed, 2014.

SHWARTZ, Nelson D. The Economics (and Nostalgia) of Dead Malls. *The New York Times,* 2015. Disponível em: http://www.nytimes.com/2015/01/04/business/the-economics-and-nostalgia-of-dead-malls.html?_r=1> Acesso em: 15 nov. 2015.

SOUZA, Marcos Gouvêa. MOMENTUM: Os millennials querem marcas com propósito. *GSMD,* 2015. Disponível em <http://www.gsmd.com.br/pt/eventos/momentum/os-millennials-querem-marcas-com-proposito>, Acesso em 10 nov. 2015.

9. Propostas e Desdobramentos do Novo Plano Diretor Estratégico do Município de São Paulo para as Atividades Varejistas de Rua

Larissa Campagner
Valter Caldana

Introdução

Este artigo pretende explicitar as relações entre atividades varejistas de rua e desenvolvimento urbano a partir de um ponto de vista que protagoniza o comportamento do setor varejista diante da legislação urbana e dos instrumentos de planejamento e sua recíproca, ou seja, o alcance efetivo desses instrumentos sobre o setor.

O Artigo está estruturado em três partes: a primeira denominada como Planejamento Urbano e Varejo apresenta e analisa as principais propostas presentes no novo Plano Diretor Estratégico (PDE/2014 – Lei 16.050/14) do município de São Paulo que impactam as atividades varejistas.

A segunda parte, O Plano, os Eixos e as atividades de rua, tem como foco os Eixos de Estruturação da Transformação Urbana (EETU), aposta do PDE/2014 para condicionar e fomentar o desenvolvimento em territórios específicos. Nela está detalhada a maneira como o PDE/2014 enxerga a atividade varejista de rua e os principais incentivos para instalação dessas nos territórios dos Eixos de Estruturação.

Em sua terceira parte, o artigo delineia os desdobramentos esperados a partir da implantação do Plano e os seus impactos na formação de novas centralidades. Baseado nesta análise, verifica-se a capacidade de diálogo existente, ou não, entre o PDE/2014 e as atividades varejistas de rua e busca-se sinalizar outros possíveis instrumentos da política urbana capazes de fomentar e interagir com a localização varejista e a formação de novos polos e centralidades.

O capítulo conclui com Considerações Finais, onde se ressalta a necessidade do setor varejista percorrer um processo continuo de inovação para melhor aproveitar os desafios e oportunidades do novo modelo urbano que está sendo gradualmente implantado em São Paulo, assim como a importância de que o marco regulatório do planejamento urbano consiga incluir em sua formulação, em seus resultados e seus instrumentos de ação um leque mais amplo de agentes produtores da cidade e seus interesses.

1 Planejamento Urbano e Varejo

Estabelecer com precisão as conexões entre atividade econômica e espaço urbano não é tarefa simples, sobretudo quando se busca compreender as razões de localização das atividades não como uma opção entre ruas e bairros, mas sim como uma opção entre diferentes lugares em um mesmo contexto relacionados às características intrínsecas da própria atividade.

Entendendo-se aqui lugar como o espaço qualificado e modificado pela relação espaço e tempo, é sabido que apesar do progresso das formas de comunicação virtual, a cidade real se mantém viva e forte e suas contradições se fazem sentir cada vez mais. É nesse ambiente que conflitos se dão, preferencialmente, pelo uso do espaço, em especial o espaço público e emergem da ação dos agentes econômicos formais e informais, do pequeno ao grande porte. Trata-se de conflitos que são, em princípio, administrados pelo Estado, visando o bem comum, por meio de políticas públicas e legislações regulatórias, que os minimizam. No entanto, isso não impede a manutenção do protagonismo de certos setores, especialmente o mercado imobiliário, na formulação destas mesmas políticas[1]. Nas grandes cidades as atividades

---

[1] Mesmo quando consideramos que o ambiente de negócios de todas as empresas urbanas é a própria cidade e o mercado, deve-se considerar que, mais especificamente, o contexto de sua atuação é dado em boa parte pela política de Desenvolvimento Urbano e seus marcos regulatórios.
Executivo e Legislativo são os responsáveis pela formulação e implementação da política pública de desenvolvimento urbano. Portanto, nesse âmbito, cabe a eles definirem parâmetros e diretrizes que afetarão diretamente o ambiente de negócios na cidade através do marco

do setor terciário – na qual o varejo está inserido – são a maior fonte de geração de oportunidades de emprego e renda.

Nesse contexto, o varejo, ao lado das redes de transporte e de energia, é um importante fator de estruturação do território, sobretudo o comércio de rua de pequeno e médio porte, que oferece oportunidades de emprego e renda em regiões intensivamente ocupadas. Com sua agilidade e presença capilar, novas lojas instalam-se em suas fronteiras de crescimento, colocando-se não só como agentes econômicos, mas também como agentes intervenientes na organização dos espaços sociais.

A escolha do local, principalmente para o varejo de rua, é uma das decisões mais estratégicas para o sucesso dos empreendimentos (CRAIG; GHOSH; MCLAFFERTY, 1994), de forma que a legislação urbana em questões relacionadas à localização varejista é crítica para esse segmento. No Brasil, o marco regulatório do planejamento urbano é composto, com pequenas variações, pelo conjunto Lei Orgânica, Plano Diretor Estratégico, Lei de Parcelamento, Uso e Ocupação do Solo (Zoneamento) e Planos Setoriais tais como Habitação, Transportes e outros. A esse conjunto cabe definir como e onde se dará a atividade, através do estabelecimento de regras de uso e ocupação do solo. Portanto, é quando de sua elaboração que se define onde e em quais condições – tipos de uso, tamanho, incomodidade – o comércio poderá funcionar.

---

regulatório do planejamento urbano que acabará por definir limites, incentivos, estímulos, induções, punições.
Cabe destacar que de modo diverso das empresas e mesmo das pessoas, estas definições se dão não a partir de não a partir de legítimos interesses corporativos ou setoriais e de critérios específicos de eficiência unilateral, mas, sim, de critérios e interesses públicos e difusos, abrangentes e multi-setoriais.
Observe-se que toda vez que o poder público atua com critérios meramente negociais, deixa de fazer política pública e desregula o ambiente. A recíproca é verdadeira: toda vez que empresas, e mesmo grupos de cidadãos, deixam seu campo para atuar diretamente no seio do poder público também desregulam, desequilibram o ambiente.
Para evitar as tensões naturais advindas deste mecanismo e, mais do que isso, capitalizá-las, existem hoje as metodologias participativas de formulação de políticas públicas, planos e projetos de ação, fundamentais para que o sistema se mantenha equilibrado e que válvulas de pressão funcionem para evitar uma explosão de energias acumuladas lá ou cá.
Por isso, no marco regulatório do planejamento urbano, é necessário compreender que um Plano Diretor Estratégico deve considerar os múltiplos setores e segmentos e os variados agentes produtores da cidade em equilíbrio e igualdade de condições pois seus diferentes potenciais e protagonismos serão contemplados posteriormente, em legislações específicas, complementares e ordinárias dele decorrentes.

Quanto ao comércio varejista, a legislação tem sido tradicionalmente apenas reguladora, permitindo ou não essa ou aquela atividade em determinado local da cidade. É pouco comum a legislação se propor a fomentar ou induzir a atividade comercial por si – ao contrário do que se vê com relação ao mercado imobiliário. Essa diferença de tratamento das atividades mostra a compreensão por parte do poder público de que uma atividade, o mercado imobiliário, é gerador de cidade e a outra, o comércio, é complementar ou decorrente do mercado imobiliário, desprezando os empreendimentos varejistas como instrumento de planejamento urbano.

1.2 O Varejo no PDE/2014

São Paulo foi, em 2002, uma das primeiras cidades brasileiras a ter um Plano Diretor Estratégico incorporando os princípios e alguns instrumentos urbanísticos previstos no Estatuto da Cidade.[2] O Plano aprovado inova ao elevar a importância da atividade varejista de rua como instrumento de implantação de suas estratégias, mas não foge totalmente à regra quando se percebe que esse tratamento ainda se dá de modo complementar, a reboque das indicações pertinentes ao mercado imobiliário que mantém sua condição de protagonista. Ou seja, o Plano continua a tratar o comércio como decorrência do uso do solo sem considerá-lo como indutor, particularmente do uso residencial. O PDE/2014 coloca como principal objetivo aproximar a moradia e emprego e se propõe a enfrentar as desigualdades sócio territoriais, humanizar e reequilibrar São Paulo aproximando moradia e emprego e enfrentando as desigualdades sócio territoriais (Figura 1).

---

[2] Lei 13.430/02, previa uma revisão em 2006, sendo que a partir de 2012 poderia ser reelaborado. Em 2006, apesar do envio à Câmara do PL671/07 pelo Executivo (Gestão Kassab), o mesmo não foi aprovado.

Figura 1 – Mapas de concentração de empregos e habitação, respectivamente

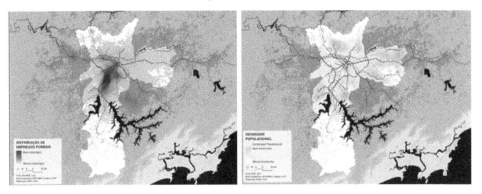

Fonte: SMDU, 2016.

Não há novidade no que mostram os mapas acima. Muitos autores[3] já descreveram em detalhes que a grande concentração de empregos e oportunidades na cidade de São Paulo localiza-se no chamado Vetor Sudoeste, eixo que se origina no Centro Histórico, segue pela Avenida Paulista, Faria Lima e, atualmente, chega às Avenidas Berrini e Chuchri Zaidan. Já a maior concentração de moradias está nas áreas periféricas, nos extremos Leste, Norte e Sul. É fácil notar a desconexão entre emprego e moradia, bem como imaginar as consequências dessa forma de uso e ocupação do solo paulistano: problemas de mobilidade, impacto na qualidade de vida, formação de territórios dormitório, entre outros.

Para analisar os instrumentos do Plano Diretor relacionados ao varejo, é necessária uma compreensão inicial da maneira como o mesmo enxerga e propõe a estruturação da cidade. Para tanto, pode-se dizer que o Plano, a partir de uma leitura crítica das atividades sócio-econômicas, ambientais e culturais da cidade, traz, em linhas gerais, um ordenamento territorial acompanhado de instrumentos urbanísticos de regulação e de intervenção.

Entende-se por instrumentos de regulação as partes do plano que avançam diretamente sobre o parcelamento, uso e ocupação do solo, tradicionalmente objetos de Lei específica, como no caso dos Eixos de Estruturação

---

[3] Dentre eles pode-se citar: Villaça (2008), Freitas (2012), Secchi (2008) e Comin (2012)

Urbana e ZEIs[4], e por instrumentos de intervenção, que permitem ação direta sobre o território tais como AIU, PIU, AEL e outros[5]. Como se verá adiante, Eixos de Estruturação da Transformação Urbana são territórios localizados no entorno de infraestruturas de transporte de média e alta capacidade onde se pretende induzir adensamento populacional em edifícios de uso misto com qualificação dos espaços públicos.

1.3 *A Estratégia Territorial*

Em seu Artigo 9°, o Plano define uma estratégia territorial para a cidade que se estrutura a partir dos seguintes elementos:

- Duas Macrozonas (subdividas em oito macroáreas); e
- Rede de estruturação e transformação urbana (subdivida em rede estrutural de transporte coletivo; rede hídrica e rede de estruturação local).

Essas duas macrozonas dividem a cidade entre a área já urbanizada e aquela ainda totalmente ou parcialmente preservada. São a Macrozona de Estruturação da Transformação Urbana e a Macrozona de Proteção e Recuperação Ambiental. Essas, por sua vez, se dividem em quatro macroáreas, porções do território que conforme preexistências e necessidades específicas

---

[4] Os Eixos de Estruturação da Transformação Urbana (EETU), propostos pelo PDE 2014, são territórios ao longo dos quais se propõe concentrar o processo de adensamento demográfico e urbano e qualificar o espaço público, e localização no entorno do transporte de massa. Já as ZEIS (Zonas Especiais de Interesse Social) são porções do território destinadas, predominantemente, a moradia para a população da baixa renda.

[5] As AIUs (áreas de intervenção urbana), são porções de território destinadas a reestruturação, transformação, recuperação e melhoria ambiental de setores urbanos com efeitos positivos na qualidade de vida, no atendimento às necessidades sociais, na efetivação de direitos sociais e na promoção do desenvolvimento econômico. Os PIUs (Projetos de Intervenção Urbana), elaborados pelo Poder Público objetivam subsidiar e apresentar as propostas de transformações urbanísticas, econômicas e ambientais nos perímetros onde forem aplicados os instrumentos de ordenamento e reestruturação urbana, como as operações urbanas, as áreas de intervenção urbana, áreas de estruturação local e concessão urbanística. Já as AELs (áreas de estruturação Local) são porções do território destinadas à transformação urbana local mediante integração de políticas públicas setoriais, associadas à Rede de Estruturação da Transformação Urbana, implantadas por meio de Projetos de Intervenção Urbana, destinadas ao desenvolvimento urbano especialmente nas áreas de maior vulnerabilidade social e ambiental.

comuns terão diferentes objetivos e instrumentos urbanísticos a elas aplicáveis. O nome associado a cada uma explicita sua caracterização.

Interessa para esta análise conhecer a Macrozona de Estruturação da Transformação Urbana, que se divide em: Macroárea de Estruturação Metropolitana (MEM); Macroárea de Urbanização Consolidada; Macroárea de Qualificação da Urbanização; Macroárea de Redução da Vulnerabilidade Urbana. Entre estas se destaca, então, a Macroárea de Estruturação Metropolitana – MEM, estratégica na relação de São Paulo com os demais municípios da região metropolitana e correspondente a 15% do território da cidade e a 30% da Macrozona de Estruturação da Transformação Urbana. Ou seja, um terço do que se chamaria de área útil disponível para empreendimentos e negócios.[6] (Figuras 2 e 3).

Figura 2 – Macroáreas, espacialização e conceituação

Fonte: Gestão Urbana SP

---

[6] Cabe lembrar que há um complexo sistema de interdependência e complementaridade entre os 37 municípios da Região Metropolitana de São Paulo e que a legislação existente é extremamente frágil no tocante à sua gestão.

Figura 3 – Distribuição das Macrozonas e Macroáreas no Plano Diretor

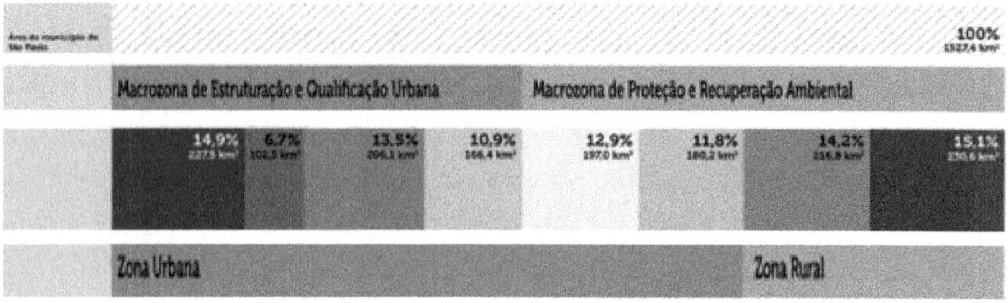

Fonte: Gestão Urbana SP

Aqui interessa, especialmente, a MEM ser também destinada a projetos como as Operações Urbanas Consorciadas[7], tornando-se aptas a receber incentivos a atividades econômicas, a serem definidos em legislação específica.

O que aparenta positivo se fragiliza por dois motivos: trata-se de área expressiva demais para aguardar regulamentação posterior, lançando incerteza na ação privada dada a volatilidade dos processos políticos, e pela experiência paulistana mostrar, nas operações vigentes, que essas trazem incentivos ao mercado imobiliário, mas não específicos ao varejo, sobretudo de rua e de pequeno e médio porte. Pressupõem que bastam o adensamento populacional e a melhoria dos espaços públicos para atrai-lo e fomentá-lo.

Acrescente-se que mesmo derivados de legislação regulamentadora que poderá mitigar a questão, os incentivos, inclusive ao capital imobiliário, serão concorrentes àqueles destinados aos Eixos, estruturadores do Plano. Nesse caso, preocupa ainda mais ser a MEM composta por territórios a serem reestruturados que precisarão levar o varejo até lá pois caso essas regulamentações não ocorram ou sejam frágeis, não haverá incentivo específico para sua instalação ali[8].

---

[7] Operação Urbana Consorciada é um instrumento urbanístico previsto no Estatuto da Cidade que tem por objetivo promover, em um determinado perímetro, transformações urbanísticas estruturais, melhorias sociais e valorização ambiental. Já eram previstas no Plano Diretor de 2002 e, hoje, a cidade conta com as Operações Urbanas Consorciadas Faria Lima, Água Espraiada e Água Branca, além da Operação Urbana Centro.

[8] São áreas da cidade que abrigaram a atividade industrial e, em geral, estão hoje esvaziadas, com poucas indústrias em funcionamento, e estrutura urbana como viário, espaços públicos a serem reestruturados. Em geral, existem poucas residências e também amenidades, como as atividades varejistas de uso cotidiano.

Ainda que suas vias estruturais sejam bons locais para instalação de lojas de grande formato varejista, como por exemplo a marginal Tietê onde existem imóveis a preços acessíveis, são áreas deterioradas e esvaziadas, comprometidas pelo rodoviarismo intenso, sem qualidades urbanísticas específicas e sem vocação para receber este tipo de atividade[9]. Ou seja, caberá ao comércio varejista sozinho, em especial o de rua, criar um aglomerado varejista sinérgico que o transforme em um atrativo polo de varejo, ou em um "ponto comercial". Trata-se de tarefa muito acima de sua capacidade, pois não dispõem de uma organização estruturada, como ocorre nos shopping centers.

1.4 Desenvolvimento Econômico: Redes e Polos

É intenção do PDE/2014 promover o desenvolvimento econômico da cidade ancorado nos seguintes elementos: Redes de Centralidades Polares e Lineares, Polos Estratégicos de Desenvolvimento Econômico, Polos de Economia Criativa, Parques Tecnológicos, Zonas Industriais e de Desenvolvimento Econômico. Para esse estudo destacam-se os dois primeiros.

As Redes de Centralidades Polares e Lineares visam o fortalecimento de centralidades existentes que concentram predominantemente atividades terciárias tais como: centro histórico, centros de bairro e polos de comércio incorporando alguns incentivos previstos nos Eixos de Estruturação da Transformação Urbana como fachada ativa[10] e fruição pública[11], além da permissão de uma vasta gama de usos não residenciais.

---

[9] Nessa via estrutural de grande fluxo de automóveis, estão diversas das grandes lojas de redes desde Ponto Frio e Magazine Luiza, até os home centers como Telha Norte, Leroy Merlin, C&C.

[10] Fachada Ativa: Corresponde à exigência de ocupação da extensão horizontal da fachada por uso não residencial com acesso direto e abertura para o logradouro, a fim de evitar a formação de planos fechados na interface entre as construções e os logradouros, promovendo a dinamização dos passeios públicos.

[11] Fruição pública: Corresponde à área livre externa ou interna às edificações, localizada nos pavimentos de acesso direto ao logradouro público, com conexão em nível ao logradouro e demais espaços públicos sempre que o lote tiver frente para mais de um logradouro público, destinada à circulação de pessoas, não sendo exclusiva dos usuários e moradores.

Os Polos Estratégicos de Desenvolvimento Econômico (Figura 4), a serem criados por Leis complementares, têm como objetivo permitir ao Poder Público estimular através de incentivos a atividade econômica, em regiões demarcadas na MEM – Macroárea de Estruturação Metropolitana que apresentem baixo nível de emprego e grande concentração populacional.

Distribuídos nas principais regiões da cidade, cada polo terá planejamento próprio, de acordo com sua vocação econômica: Polo Leste, Polo Sul, Polo Noroeste, Polo Norte, Polo Fernão Dias e o Polo de Desenvolvimento Econômico Rural Sustentável, na zona sul. Para tanto, são definidos incentivos fiscais e urbanísticos, permitindo-se o coeficiente de aproveitamento 4[12], com a isenção de cobrança de outorga onerosa.[13]

Figura 4 – Polos de Incentivo ao Desenvolvimento Econômico, na MEM

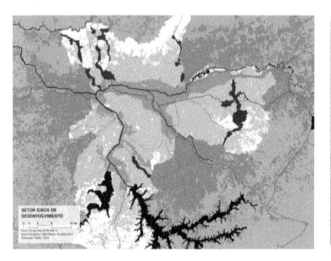 

Fonte: Gestão Urbana SP

---

[12] Coeficiente de Aproveitamento é a relação entre a área edificada, excluída a área não computável, e a área do lote. Já Outorga Onerosa é a concessão, pelo Poder Público, de potencial construtivo adicional acima do resultante da aplicação do Coeficiente de Aproveitamento Básico, até o limite estabelecido pelo Coeficiente de Aproveitamento Máximo, de alteração de uso e parâmetros urbanísticos, mediante pagamento de contrapartida financeira.

[13] Nos perímetros Jacu-Pêssego e Cupecê estas regras são autoaplicáveis, nos demais perímetros será necessária elaboração de Lei específica.

1.5 Os Instrumentos Urbanísticos

Dentre os instrumentos presentes no Plano com interface direta com as atividades varejistas encontram-se, principalmente, o PIU (Projeto de Intervenção Urbana), as AIUs (Áreas de Intervenção Urbanística), as Operações Urbanas, a Concessão Urbanística e as AELs (Áreas de Estruturação Local). As AELs são:

porções do território destinadas à transformação urbana local mediante integração de políticas públicas setoriais, associadas à Rede de Estruturação da Transformação Urbana, implantadas por meio de Projetos de Intervenção Urbana, destinadas ao desenvolvimento urbano especialmente nas áreas de maior vulnerabilidade social e ambiental.

O texto faz, ainda, a seguinte ressalva: "A priorização dos projetos deverá considerar o grau de precariedade urbana e ambiental e de vulnerabilidade social"[14].

As Áreas de Estruturação Local, conforme descritas, estão diretamente ligadas a territórios com alta vulnerabilidade, entretanto, em apresentações da Secretaria de Desenvolvimento Urbano, nota-se uma interpretação da AEL como instrumento de gestão de Polos Econômicos Consolidados, a exemplo dos BIDs norte-americanos[15].

A experiência dos BIDs (*Business Improvement Districts*), um modelo de parceria público-privada muito utilizado em países da América do Norte e Europa para a revitalização de centros de cidade e de polos varejistas de rua, ainda é um desafio para ser implementado e aprovado no Brasil. Segundo Cesarino (2015), em recentes projetos de renovação de polos comerciais americanos, o planejamento estratégico é utilizado de forma explícita por empreendedores dotados de poderes estabelecidos pelo sistema político social, o que lhes permite às maneiras inovadoras de organização e gestão destes territórios, algo ainda incipiente em nosso país.

No Brasil, em 2009 o Ministério das Cidades reuniu especialistas para debater sua pertinência, o nome dado ao instrumento naquele momento foi "Áreas de Revitalização Econômica", porém o possível desdobramento da aplicabilidade do conceito gerou polêmica, uma delas protagonizada por

---

[14] Conforme definição do Plano Diretor Estratégico de 2014.
[15] Business Improvement Districts, territórios onde há uma parceria público privada, envolvendo os interessados locais, para uma gestão conjunta daquele território.

Associações Comerciais. De um lado, a Associação Comercial do Rio de Janeiro era entusiasta e, de outro, a Associação Comercial de São Paulo via com ressalvas a cobrança compulsória de mais uma taxa dos empresários. Baseada na questão legal, uma vez que a Constituição Federal não permite cobrança de taxa compulsória não prevista em Lei, cogitou-se até a apresentação de uma Proposta de Emenda Constitucional para superar o assunto.

Por outro lado, pensar em soluções a partir de parcerias público-privadas para melhorias e manutenção de Polos de Rua parece fazer sentido e ter boa aceitação. Prova disto é que o PIU, Projeto de Intervenção Urbanística, obteve mais rápida adesão de segmentos importantes dos agentes produtores da cidade. Os Projetos de Intervenção Urbana (PIUs) estão previstos no PDE.2014, conforme acima citado, e segundo a definição presente na Lei devem ser:

> Elaborados pelo Poder Público objetivam subsidiar e apresentar as propostas de transformações urbanísticas, econômicas e ambientais nos perímetros onde forem aplicados os instrumentos de ordenamento e reestruturação urbana, como as operações urbanas, as áreas de intervenção urbana, áreas de estruturação local e concessão urbanística.

Ainda, o projeto "deverá indicar os objetivos prioritários da intervenção, as propostas relativas a aspectos urbanísticos, ambientais, sociais, econômico-financeiros e de gestão democrática".

No momento da redação deste artigo, São Paulo conta com quatro propostas de PIUs em andamento, nos Campos Elíseos, Pirituba, região norte e Vila Leopoldina. As propostas para Campos Elíseos e da Região Norte são de iniciativa pública, já as outras duas, embora elaboradas em parceria, são de iniciativa de privados. Todas as propostas indicam possibilidades de transformação de territórios, com fomento de atividades econômicas, através da parceria entre o Poder Público e a Iniciativa Privada. Estas iniciativas apresentam características, escalas e objetivos diversos, e ainda existe uma série de indefinições sobre o andamento, procedimentos e desdobramentos das mesmas. Entretanto, para a cidade de São Paulo, trata-se de uma oportunidade de pautar e desenvolver esta discussão.

2 O Novo Plano, Eixos de Estruturação, e Atividades de Varejo de Rua

Aqui são analisadas e debatidas as propostas para os chamados Eixos de Estruturação da Transformação Urbana (EETU) e a sua capacidade de atração, manutenção e organização do uso misto, em uma mesma edificação e, por consequência, abrindo oportunidades para as atividades varejistas. A proposta dos Eixos configura-se como um dos pontos centrais do PDE/2014, ao lado das propostas de Habitação de Interesse Social. Os EETUs são porções do território demarcados com o objetivo de orientar o crescimento da cidade nas proximidades do transporte público:

"Os eixos de estruturação da transformação urbana são porções do território onde é necessário um processo de transformação do uso do solo, com o adensamento populacional e construtivo articulado a uma qualificação urbanística dos espaços públicos, mudança dos padrões construtivos e ampliação da oferta de serviços e equipamentos públicos". Lei 16.050/14, art 22, 2º.

Paralelamente ao crescimento populacional ao redor dos eixos de transporte de alta e média capacidade, o Plano propõe ações que auxiliam a melhoria da mobilidade urbana. Dentre elas, prevê incentivo ao transporte coletivo e ao transporte individual não motorizado – em especial bicicletas – e desincentivo ao transporte motorizado individual. Prevê ainda verbas demarcadas do FUNDURB[16] para mobilidade (30%), calçadas largas em vias estratégicas, limitação das vagas de garagem dentre outros. Vale destacar que estas medidas já estão em andamento na cidade tais como a instalação de faixas e corredores de ônibus e ciclovias. Não há, entretanto, nenhuma medida ou programa estruturado para as calçadas assim como também não houve nenhuma interface prévia à sua instalação com os empresários e moradores.

O impacto destas infraestruturas de mobilidade para os polos de rua ainda está pouco avaliado. Até o momento, em São Paulo, não há dados sistematizados sobre como as vendas e o perfil de usuário dos estabelecimentos estão sendo afetados. A efetiva concretização desta nova infraestrutura de rede de transportes, incluindo os corredores de ônibus, irá depender não

---

[16] O FUNDURB é o Fundo de Desenvolvimento Urbano, que recebe a arrecadação de toda a outorga onerosa da cidade (exceção para aquelas arrecadadas em área de Operação Urbana Consorciada) e a destina por áreas nas diferentes regiões da cidade.

só da limitada capacidade de investimento do município[17] mas também dos recursos provenientes do Governo Federal. Apenas parte da futura rede de transportes propostas no Plano é existente e, para que o uso do transporte público se torne atrativo para uma parcela maior da população, o estabelecimento desta rede, bem como a qualidade do transporte por ela oferecido é essencial e, ainda, um desafio futuro.

Já as proposições do Novo Plano para os Eixos de Estruturação estão baseadas no conceito do TOD, *Transport Oriented Development*, que consiste, sinteticamente, nesses territórios definidos como as áreas de influência da rede estrutural de transportes coletivos (de média e alta capacidade), potencialmente aptas ao adensamento construtivo, populacional e de uso misto entre usos residenciais e não residenciais.

Os Eixos de Estruturação da Transformação Urbana estão definidos pelo Plano Diretor a partir do entorno da rede estrutural de transportes coletivos de média e alta capacidade, circunscritos à zona urbana do Município e é composta pelas linhas existentes ou planejadas de trem, metrô, monotrilho, VLT (Veículo Leve sobre Trilhos), VLP (Veículo Leve sobre Pneus) e corredores de ônibus municipais e Intermunicipais de média capacidade com operação em faixa exclusiva à esquerda do tráfego geral, conforme *Figura 5 e 6*[18].

---

[17] A cidade arrecada em torno de 30 bilhões por ano, entretanto a maior parte da verba é comprometida com o custeio da máquina pública e as verbas carimbadas de educação e saúde, restante apenas entre 1 e 2 bilhões para todos os investimentos necessários para a cidade. (Fonte. Secretaria Municipal de Finanças).

[18] Importante destacar que o Plano fala dos eixos existentes e dos Previstos (citando datas para implementação, mas sem condições de influenciar nelas de fato) e para os novos eixos, quando emitidas as licenças de construção, serão aplicadas as mesmas regras de desenho urbano e parâmetros construtivos do que os Eixos existentes.

9. Propostas e Desdobramentos do Novo Plano Diretor Estratégico ... | 251

Figura 5 – Mapa 03A: eixos de Estruturação da Transformação Urbana existentes e previstos

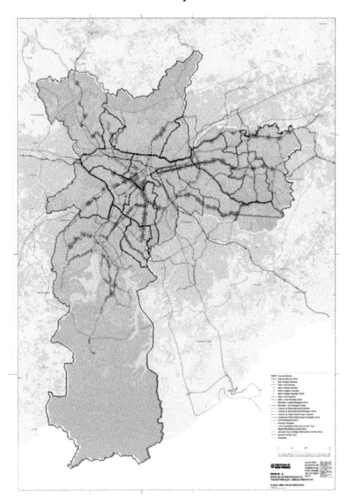

Fonte: anexo à Lei 16.050/2014.

252 | Varejo em Polos de Rua

Figura 6 – Detalhe Mapa 03A: Eixos de Estruturação da Transformação Urbana existentes e previstos

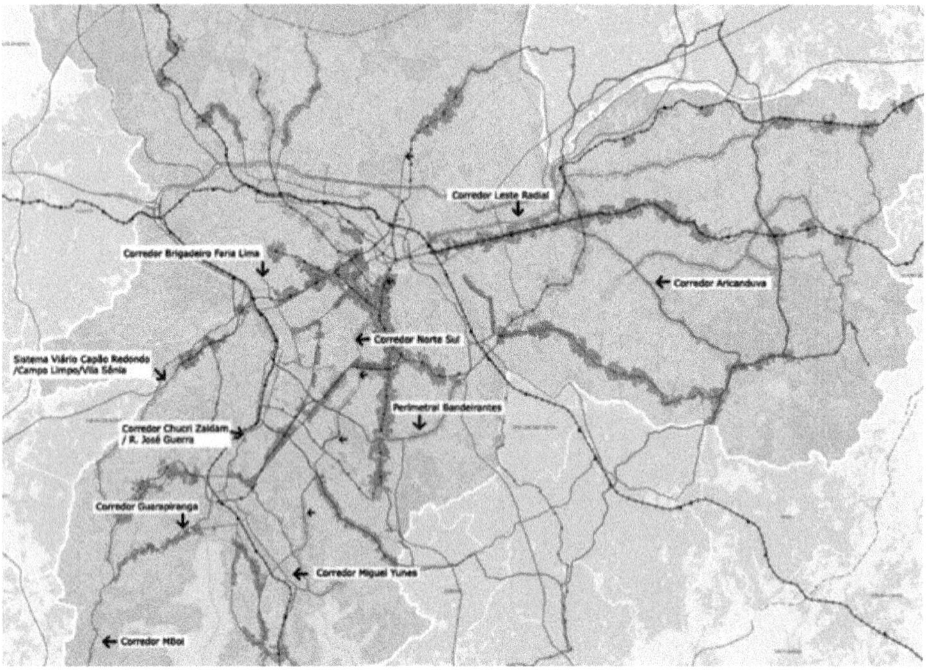

Fonte: anexo à Lei 16.050/2014, com marcações nossas.

As áreas de influência dos eixos são delimitadas por quadras inteiras, definidas segundo as capacidades e características dos modais, conforme abaixo:

a) Nas linhas de trem, metrô, monotrilho, Veículos Leves sobre Trilhos (VLT) e Veículos Leves sobre Pneus (VLP) elevadas, contendo quadras alcançadas e internas às circunferências com raio variando de 400m (quatrocentos metros) a 600m (seiscentos metros) centradas nas estações;

b) Nas linhas de Veículos Leves sobre Pneus (VLP) não elevadas e nas linhas de corredores de ônibus municipais e intermunicipais com operação em faixa exclusiva à esquerda do tráfego geral, contendo as quadras internas às linhas paralelas ao eixo das vias distanciadas entre 150m (cento e cinquenta metros) e 300m (trezentos metros) do eixo (Conforme *Figura 7*).

Figura 7 – Ilustração Representativa do Território dos Eixos de Estruturação da Transformação Urbana, presentes no Plano diretor

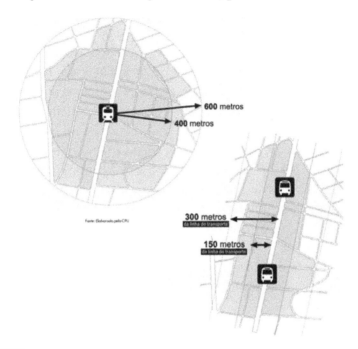

Fonte: SMDU

Entretanto, como ilustrado na *Figura 6* acima, partes do território foram excluídas das áreas de influência dos eixos, ainda que apresente as características definidas para os Eixos e, em continuidade com seus espaços. Essas áreas são: Zonas Exclusivamente Residenciais (ZER); Zonas de Ocupação Especial (ZOE); Zonas Especiais de Preservação Ambiental (ZEPAM); Zonas Especiais de Interesse Social (ZEIS); perímetros das operações urbanas; Zonas Especiais de Preservação Cultural (ZEPEC); áreas que integram o Sistema de Áreas Protegidas, Áreas Verdes e Espaços Livres; áreas contidas na Macroarea de Estruturação Metropolitana, nos subsetores: Arco Tiete; Arco Tamanduateí; Arco Pinheiros; Arco Jurubatuba.

Para os Eixos de Estruturação, a Lei 16.050/14 define, em síntese, como objetivos urbanísticos estratégicos: promover melhor aproveitamento do espaço com aumento na densidade construtiva, demográfica, habitacional e de atividades urbanas; qualificar as centralidades existentes e estimular a criação de novas centralidades incrementando a oferta de comércios, serviços e emprego; promover a qualificação urbanística e ambiental, incluindo a ampliação de calçadas, enterramento da fiação e instalação de galerias para uso compartilhado e serviços públicos; desestimular o uso do transporte individual motorizado, articulando o transporte coletivo com modos não motorizados de transporte.

Ainda, pretende orientar a produção imobiliária da iniciativa privada de modo a gerar: diversificação nas formas de implantação das edificações nos lotes; fruição pública[19] nos térreos dos empreendimentos; fachadas ativas[20] no térreo dos edifícios; ampliação das calçadas, dos espaços livres, das áreas verdes e permeáveis nos lotes; convivência entre os espaços públicos e privados e entre usos residenciais e não residenciais; ampliação da produção de Habitação de Interesse Social e de mercado

De maneira geral, a Figura 8 ilustra sinteticamente o que se espera da configuração destes territórios:

Figura 8 – Padrão de Ocupação proposto pelo PDE.2014 nos Empreendimentos Mistos nos Eixos

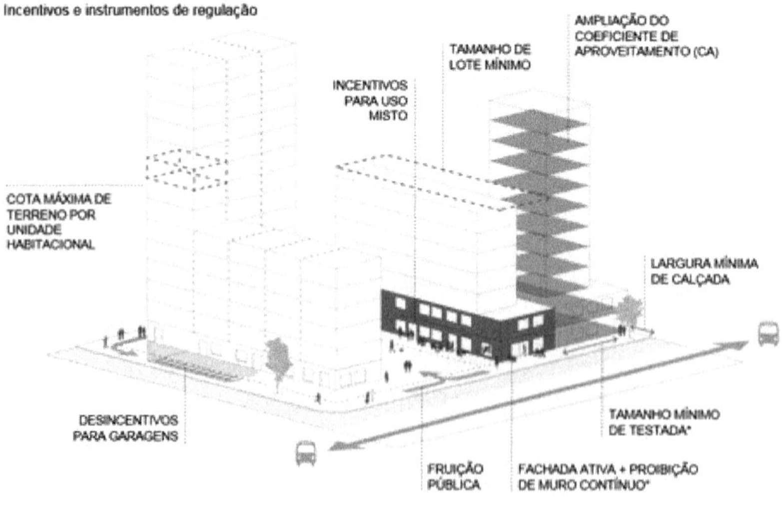

Fonte: Gestão Urbana SP

---

[19] Fruição Pública: área livre externa ou interna às edificações, localizada nos pavimentos de acesso direto a rua, com conexão em nível a rua e demais espaços públicos sempre que o lote tiver frente para mais de uma rua, destinada à circulação de pessoas, não sendo exclusiva dos usuários e moradores.

[20] Fachada Ativa: Ocupação da extensão horizontal da fachada por uso não residencial com acesso direto e abertura para a rua com o objetivo de promover a dinamização dos passeios públicos.

No território dos Eixos são admitidos todos os usos Residenciais e não Residenciais (os usos industriais não são considerados nRs e, sim Inds e são poucos aqueles permitidos nestes locais), com exceção daqueles considerados geradores de impacto ambiental. Os usos e atividades classificados como polos geradores de tráfego[21] também são permitidos, mas é vedado o acesso direto de veículos por vias onde estão implantados ou planejados os corredores de ônibus municipais e intermunicipais[22].

Para os Eixos, a lei incentiva a produção de edificações de uso misto, mas apenas para lotes com testadas superiores a 20 metros. Os incentivos estão voltados ao mercado imobiliário e, o principal deles considera como área não computável[23] aquelas construídas no nível da rua com acesso direto ao logradouro, em lotes com testada superior a 20m (vinte metros), até o limite de 50% (cinquenta por cento) da área do lote, destinadas a usos classificados nas subcategorias[24] de usos nR1 ou nR2.

São consideradas áreas não computáveis também aquelas destinadas aos usos não residenciais nR, até o limite de 20% (vinte por cento) da área construída computável total do empreendimento e, é admitida a instalação do uso misto no lote e na edificação, sem a necessidade de previsão de acessos independentes e compartimentação das áreas destinadas a carga e descarga, circulação, manobra e estacionamento de veículos, desde que

---

[21] Os polos geradores de tráfego são empreendimentos de grande porte que atraem ou produzem grande número de viagens. A legislação da cidade de São Paulo traz alguns parâmetros para enquadrar os empreendimentos nesta categoria, como por exemplo, edificações residenciais com 500 vagas de estacionamento ou mais; edificações não residenciais com 120 a 280 vagas de estacionamento ou mais, conforme sua localização na cidade.

[22] O acesso de veículos mencionado no inciso V deste artigo poderá ser admitido pela CAIEPS, após análise da CET, desde que seja prevista pista de acomodação no interior do lote.

[23] **Área Construída Computável** é a soma das áreas cobertas de todos os pavimentos de uma edificação, que são consideradas para o cálculo do coeficiente de aproveitamento;
Área Construída Não Computável é a soma das áreas cobertas de uma edificação não consideradas para o cálculo do coeficiente de aproveitamento, nos termos dispostos na legislação pertinente;
Diminuir a quantidade de área computável em um projeto tem impacto no valor de pagamento da outorga onerosa, bem como na possibilidade de se construir mais em um mesmo terreno.

[24] Segundo a legislação de Uso do Solo do município de São Paulo:
nR1: uso não residencial compatível com a vizinhança residencial;
nR2: uso não residencial tolerável com a vizinhança residencial;
nR3: uso não residencial especial ou incômodo à vizinhança residencial;

sejam demarcadas as vagas correspondentes as unidades residenciais e as áreas não residenciais.

Esses são incentivos ligados ao mercado imobiliário, para incentivar a produção de empreendimentos que tenham em seus pavimentos térreos espaços destinados a atividades não residenciais. No que diz respeito ao varejo o desafio é entender qual o tipo de atividade que poderá estar em um empreendimento com este perfil, pois o modelo de negócio para cada empreendimento poderá variar. Poderão funcionar como galerias ou shoppings centers, com um administrador comum, poderão ser de propriedade do condomínio, terão tamanhos e formatos variados, dentre outros.

Um ponto que tem interface direta com a instalação de atividades varejistas é a questão do estacionamento. A partir do Plano diretor a cidade deixa de ter a exigência de número mínimo de vagas e, ao contrário disto, passa a se limitar o número máximo de vagas. Nas áreas de influência dos eixos, serão consideradas como não computáveis as áreas cobertas, em qualquer pavimento, ocupadas por circulação, manobra e estacionamento de veículos, desde que o número de vagas não ultrapasse os seguintes limites:

a) Nos usos R, 1 vaga por unidade habitacional;
b) Nos usos nR, 1 vaga para cada 70m2 de área construída computável, excluídas as áreas computáveis ocupadas por vagas, desprezadas as frações;
c) Nos usos mistos, 1 vaga por unidade habitacional e 1 vaga para cada 70m2 de área construída computável destinada ao uso nR, excluídas as áreas computáveis ocupadas por vagas, desprezadas as frações;

Para estas áreas fica vedada, nos espaços destinados a estacionamento, a ocupação por vagas, de qualquer veículo, da área livre entre o alinhamento do lote e o alinhamento da edificação no pavimento ao nível do passeio público[25]; e de áreas cobertas no pavimento de acesso até o limite de 15m (quinze metros) do alinhamento da via. Ou seja, não poderá haver vagas de estacionamento em frente ao estabelecimento, nem mesmo no seu próprio imóvel. Por um lado, busca-se com essa medida assegurar que a interface com a rua seja composta pelas vitrines e acessos aos estabelecimentos, tor-

---

[25] Com exceção das vagas exigidas pela legislação e normas técnicas de acessibilidade, atendimento médico de emergência e segurança contra incêndio.

nando a rua mais "ativa". Por outro lado, entretanto, algumas atividades varejistas, conforme a área onde estão inseridas, poderão ter suas vendas bastante prejudicadas, em especial no primeiro momento, por dependerem do consumidor que os acessa de automóvel e, que, procura um estacionamento rápido e prático.

Acredita-se que a ausência desta modalidade de estacionamento nas vias ou em frente à loja, deverá tornar-se um fator inibidor da instalação de atividades varejistas nos novos empreendimentos imobiliários, contrariando assim o próprio objetivo do Plano Diretor de desencorajar o deslocamento da população.

Conforme citado, existe a preocupação a respeito da densidade populacional nestas áreas, que segundo o Plano deve ser alta, para otimizar a infraestrutura de transportes. A exemplo do que já acontece na cidade para a área da Operação Urbana Água Branca, a Lei prevê uma cota máxima de terreno por unidade, a fim de garantir esta alta densidade. A partir da metodologia de cálculo estabelecida, chega-se a um tamanho máximo de unidade, por empreendimento, em torno de 80m². Entretanto caso se produzam unidades menores que está "média", outras maiores poderão ser produzidas no mesmo empreendimento.

As áreas dos Eixos de Estruturação, quando localizados nas Macroáreas de Estruturação e Qualificação Urbana, têm o maior coeficiente de aproveitamento e sem limites de altura para as edificações. Estes são elementos importantes de diálogo com a produção imobiliária e, que, podem ser capazes [26] de direcioná-la majoritariamente a estes territórios.

Considerando que estas áreas serão adensadas, o Plano tem uma preocupação em relação aos espaços públicos e, além do incentivo a fruição pública e a fachada ativa, passa exigir dos novos empreendimentos passeio com largura mínima entre 3 e 5m (cinco metros). Para os polos varejistas de rua, torna-se fundamental pensar na qualidade dos espaços e dos passeios públicos. A partir desta diretriz do Plano Diretor, podem ser considerados programas específicos para incentivo à qualificação destes espaços, inclusive com a participação dos empresários.

Em síntese, a partir do Plano diretor (Lei 16.050/14), a cidade conta com o território dos Eixos de Estruturação da Transformação Urbana, áreas

---

[26] No capítulo seguinte detalharemos, por outro lado, aqueles que podem desincentivar a produção imobiliária para os Eixos.

no entorno do transporte público de média e alta capacidade, para onde, aproveitando esta infraestrutura existente e a construir, se pretende levar a produção imobiliária da cidade e criar ou incentivar polos varejistas de rua. Essas são as áreas da cidade que permitem maior coeficiente de aproveitamento dos lotes[27], bem como a instalação de todos os usos não residenciais.

A Lei procura ainda estimular o desenvolvimento de um produto imobiliário de uso misto, com espaços para fruição pública e fachada ativa, com menos vagas de garagem e, com alta densidade populacional. Entretanto, para atingir esses objetivos, em especial a atração dos usos varejistas, parece que serão ainda necessários outros instrumentos que não apenas aqueles considerados pela lei, conforme veremos a seguir.

3 Desdobramentos da Implantação do Plano e os Seus Impactos na Formação de Novas Centralidades

Seguindo a tradição de elaboração dos Planos Diretores nas cidades brasileiras e, em especial para o território dos Eixos, o Plano Diretor parece considerar o capital representado pelo Mercado Imobiliário como um essencial estruturador das Políticas Urbanas. Assim é que as principais intenções previstas para os Eixos acabam por depender apenas da interface com a produção imobiliária, como verificado anteriormente, com a determinação de maior coeficiente de aproveitamento e edifícios sem gabarito máximo de altura, com poucas vagas de garagem, gerando densidade habitacional e uso misto.

A respeito das propostas do PDE 2014 para os EETUs, uma das questões observadas pelo mercado imobiliário é que o Plano deverá levar a uma homogeneização dos produtos a serem oferecidos, com média de 80 metros quadrados, uma vaga de garagem e empreendimentos de uso misto. Ainda, segundo estudos do Secovi, a produção imobiliária dos últimos anos, em sua maior parte, esteve fora dos territórios dos Eixos, conforme Figura 9[28].

Estudos a respeito do potencial de áreas para novos empreendimentos dão conta que nos eixos existentes deve haver em torno de 8 milhões de

---

[27] Juntamente com as áreas de Operações Urbanas Vigentes e futuras (quando de sua elaboração) e, com outras áreas de projetos especiais.
[28] A Lei de Parcelamento, Uso e Ocupação do Solo (Lei 16.402/16) que regulamenta o PDE.2014, prevê um dispositivo transitório, flexibilizando estas regras por três anos.

metros quadrados disponíveis (Figura 10). O consumo médio de lotes por ano, nos últimos dez anos, foi de 1,5 milhão de metros quadrados na cidade. Se todos os territórios de eixos existentes tivessem potencial e demanda para os lançamentos imobiliários, e se todos os novos empreendimentos fossem localizados nesses eixos, pode-se estimar um período de aproximadamente 5 anos de atuação.

Figura 9 – Concentração de unidades residenciais lançadas na cidade de SP entre jan. 12 a dez. 14 e a relação com os Eixos propostos pelo Novo PDE

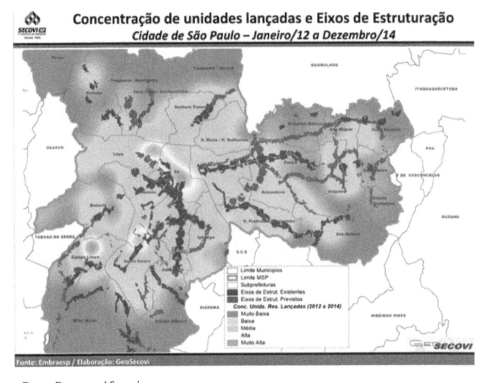

Fonte: Empraesp/ Secovi

Figura 10 – Potencial de área a ser utilizada para empreendimentos privados nos Eixos Existentes

POTENCIAL DE UTILIZAÇÃO DOS EIXOS EXISTENTES

Eixos de Estruturação da Transformação Urbana	Área (m²) Líquida *
Área de Influência	49.576.198,87
Terreno Consumido (m²) pelos lançamento imobiliários**	2.083.090,17
Terrenos ocupados pelos equipamentos	6.673.076,55
Total	40.820.032,15

Equipamentos	Contagem	Área (m²) Total Ocupada Estimada
Escolas	618	4.035.491
Saúde (Hospitais, UBS, AMA)	70	1.283.245
Áreas Contaminadas	223	1.354.341
Total	911	6.673.076,55

* Exclui as áreas de logradouros e áreas verdes
** Período de Análise dos Lançamentos Jan/98 até Jan/15

20% 8.164.000 m2

Fonte: Apresentação Claudio Bernardes, Secovi, em 20.03.2015

Quanto a demanda por empreendimentos de uso misto, pesquisa de mercado[29] contratada em 2015 pela Associação Comercial de São Paulo e Secovi, mostra que, de maneira geral não há demanda para o consumo pleno da área bruta locável (ABL) incentivada pela Lei. A lei incentiva até 12,5% da área computável construída como não computável para o uso não residencial em fachada ativa, e a pesquisa demonstrou, como base em dados quantitativos, que a real demanda estaria entre 7 e 11%, em cenários delineados com considerações otimistas (todos os habitantes e trabalhadores da área consumindo tudo nos perímetros estudados, por exemplo).

Ou seja, se consideradas condições médias, pode-se inferir que há consistência nos números sugeridos pela Lei. No entanto, deve-se sempre considerar a fragilidade das médias, uma vez que elas têm dificuldade de representar as condições específicas da realidade de cada ponto da cidade. Nessa dinâmica,

---

[29] "Demanda por ABL nos Eixos de Estruturação da Transformação Urbana", realizada pela Urban System, em 2015.

o varejista ao selecionar a sua localização não poderá fazê-lo de maneira genérica em qualquer Eixo de Estruturação e, precisará considerar as especificidades de cada local. Os elementos que foram considerados na pesquisa, e que são variáveis importantes a serem analisadas pelo varejista são: renda disponível na região e oferta varejista já existente.

Existem ainda dados qualitativos a serem analisados, como a existência de outra centralidade concorrente nas imediações, a localização na cidade (centro expandido, periferia, outras), características do local em especial quanto a oferta de atividades existentes e renda dos moradores e, por fim, a consolidação de culturas alternativas de consumo. Como uma primeira tentativa de se mapear centralidades varejistas existentes e interface com os Eixos de Estruturação da Transformação Urbana, o Centro de Excelência em Varejo da FGV-EAESP elaborou um mapeamento da localização das 60 principais centralidades (polos varejistas de rua) existentes na cidade e os territórios dos Eixos existentes e previstos (Figura 11).

Figura 11 – Centralidades existentes x Eixos de Estruturação da Transformação Urbana Existentes e Previstos, sobre base de renda

Fonte: Juracy Parente, Polos Varejistas de Rua, Working Paper, 2017

Interessante observar que enquanto uma parte dos polos está localizada ao longo dos eixos de estruturação, uma outra parte se localiza fora desses eixos. Em uma primeira análise parece ser possível inferir que a grande presença de centralidades comerciais de várias escalas que se situam fora dos territórios definidos pelos eixos poderá implicar na necessidade de outros instrumentos ligados a atração do varejo, para que possam se concretizar.

Entretanto, políticas públicas devem também ser desenvolvidas para manter a vitalidade das dezenas de polos varejistas já existentes na cidade. Se por um lado consideramos louvável a proposta do atual plano de estimular a atividade varejista ao longo dos eixos estruturantes, por outro lado esse desenvolvimento deve ser realizado sem comprometer a atual vitalidade dos polos já existentes.

Sabe-se que, caso não recebam a atenção e o incentivo da gestão pública, os polos já existentes correm o risco de entrarem em decadência, o que provocaria a degradação das áreas onde estão localizados, comprometendo a qualidade de vida e a segurança da região. Além disso, um possível êxodo dos frequentadores desses polos para shopping centers agravaria ainda mais os problemas de trânsito da cidade.

Ainda que se possa afirmar que na metrópole contemporânea o que cria e sustenta o ponto comercial, privilegiadamente, é o fluxo de pessoas – massa crítica de consumo – mais que as outras condições canônicas para a existência do comércio (fácil acesso, mão de obra abundante, proximidade do mercado consumidor, energia e infraestrutura farta, grandes áreas disponíveis para estocagem etc.), a simples combinação aumento de densidade populacional, do fluxo de pessoas e da oferta de áreas locáveis não garantirá de maneira homogênea a concretização das diretrizes do Plano, quanto à implantação de atividades varejistas.

Note-se que mesmo com uma política de incentivos à produção imobiliária de uso misto e com fachada ativa – demonstrando mais uma vez o protagonismo do mercado imobiliário na formulação da política – não se encontram incentivos para a efetiva ocupação destas áreas, que devem estar sob a responsabilidade de outros agentes e de outros setores produtores da cidade.

Existem também dúvidas sobre a suficiência de contar com um usuário que está no entorno de um raio de aproximadamente 800 metros, para que consuma nestes estabelecimentos sem utilização de automóveis. Nesse sentido, a preocupação com o equilíbrio da oferta de estacionamentos é comum a ambos os agentes, mercado imobiliário e varejistas, pois parte do varejo depende de um usuário que se utilize transporte individual para consumir seus produtos.

Nesse ponto, incide com grande importância a alteração da cultura de apropriação da cidade e dos espaços públicos pelo cidadão e a cultura de consumo da sociedade. Essa mudança de hábito, entretanto, consiste em um processo de longo prazo. A presença de estacionamentos na região poderá ajudar a tornar as fachadas ativas mais atraentes para a localização de lojas de redes varejistas bem estruturadas. O que, por sua vez, poderá facilitar a adoção do novo hábito de utilizar o varejo local das fachadas ativas.

Para isso, é imprescindível que se supere o modelo rodoviarista, disperso e segregador de desenvolvimento urbano que prioriza o automóvel, levando à escala do Projeto Local a definição da materialização (calçamento, arborização, sinalização, altura, largura, volume...) e dos padrões de uso e incomodidade que cada atividade. Não adianta discutir especificidades pontuais na escala global, essas devem ser discutidas e materializadas na sua própria escala, que é a escala local. Raquel Rolnik[30], por exemplo, considera que *"é fundamental que seja feito um ajuste fino para que essa diretriz genérica não se sobreponha a características particulares de cada uma das áreas por onde passam os eixos de transporte público"*.

O PDE 2014 apresenta avanços, mas será necessário um passo além de alguns incentivos previstos na Lei para induzir e fomentar o varejo de rua. Parece ser preciso observar os critérios de tomada de decisão varejista, as especificidades de cada área e, com base em ambas, trabalhar-se em programas e projetos urbanos focados em construir territórios de uso misto, com qualidade em oferta de espaços públicos que de fato promova uma transformação na matriz de deslocamentos urbanos, principalmente na interface entre moradia e emprego na cidade.

Conclusão

A atividade varejista de rua, comércio e serviço ligados à venda direta ao consumidor, possui um sistema de funcionamento próprio consolidado que tem na capilaridade e na agilidade, entre outras características, a capacidade

---

[30] ROLNIK, Raquel. *A cidade e a lei*: legislação, política urbana e territórios na cidade de São Paulo. São Paulo: Studio Nobel: Fapesp, 1997.

de prover segurança institucional ao pequeno empreendedor. Entenda-se por segurança institucional, mesmo frágil, certo sentimento de pertencimento a um grupo potente, que oxigena as relações econômicas formais e informais da cidade.

Não há cidade sem troca, sem comércio. São características da atividade a complexidade do mercado consumidor, a forte concorrência e sua pulverização em pequenas empresas, mesmo com o recente aumento da presença de grandes redes do capital internacional e do e-commerce. Ou seja, a atividade comercial, em especial a atividade varejista de rua tem forte presença na constituição, na vitalidade e na construção da identidade do tecido urbano, ou seja, da *polis* e da *urbis*.

Atualmente o varejo segue um formato multicanal, interagindo com o mercado em lojas, venda direta porta a porta e, em crescimento, as vendas via internet. No entanto, a rua continua sendo e, tudo indica, continuará, o grande lugar do encontro, convívio e integração social, da troca e da circulação não apenas de bens materiais, mas de riquezas de toda espécie.

Assim, em sua estratégia de implantação, o PDE/2014 acerta ao contar com a capacidade que tem o comércio varejista de rua de qualificar espaços públicos e privados. Mas, empalidece esse acerto ao generalizar essa solução que deve, necessariamente, levar em consideração o lugar e suas pré-existências para se materializar, em especial nos Eixos de Estruturação da Transformação Urbana. A título de exemplo, não se pode imaginar que a solução definida se aplique da mesma maneira em toda a extensão de uma Avenida Santo Amaro, ou mesmo nesta e na Avenida Matteo Bei, por exemplo.

Trata-se da manutenção, em termos metodológicos, da substituição ocorrida no planejamento urbano brasileiro na década de 1970 da aproximação global da realidade pela globalização das propostas formuladas. Enquanto a primeira amplia as variáveis consideradas na elaboração do projeto de intervenção mantendo seu foco, a segunda dilui seus objetivos desfocando seu objeto[31].

Pode-se dizer que o Plano é, nesse caso, incoerente ao definir instrumentos de ação local como as AELs (Áreas de Estruturação Local) e o PIUS (Projetos de Intervenção Urbana) configurando-os, contraditoriamente, para uma

---

[31] CALDANA, Valter. *Planejamento urbano*: uma reflexão sobre seus processos de elaboração. Dissertação de mestrado FAUUSP. mimeo. São Paulo, FAUUSP, 1994.

escala urbana difusa e generalizante, sem garantir sua ação na recuperação da escala humana na construção da cidade. Afinal, sua estratégia de implantação pressupõe mudança radical na maneira como o cidadão se apropria da cidade, se desloca, produz, consome, utiliza seus serviços, vivência e desfruta seus espaços. Conta, portanto, com novas formas de sentir e produzir essa cidade, com um novo envolvimento de seus agentes. É um novo cidadão numa nova velha cidade, num novo ponto de equilíbrio.

Essa relação cidade/cidadão está baseada na oferta pelo poder público de transporte e outras infraestruturas de qualidade, gerando territórios lineares de adensamento populacional, os Eixos de Estruturação Urbana. Desenho audacioso, incentiva o mercado imobiliário a produzir este território e se serve de fachadas ativas, calçadas largas e espaços de uso público qualificados para se materializar.

No entanto, passados dois anos, ainda restam dúvidas se esse modelo, correto do ponto de vista teórico e de grande aceitação em outras importantes capitais mundiais, dadas as condicionantes a que aqui está submetido terá força e adesão da sociedade para se implantar. Ou quanto dele se implantará até 2030, vigência do plano.

São Paulo é uma cidade policêntrica que cresceu a partir de uma rede de polos estruturadores do tecido urbano que abrigam pontos comerciais históricos e estáveis. Por isso, o esforço para redirecionar a localização do comércio varejista de rua, a famosa criação do "ponto comercial", não pode se ater apenas à implantação de redes públicas e ao incentivo à oferta de áreas.

Sendo o desconto oferecido à vista e o custo de manutenção transferido para o comprador, incentivos como a redução da outorga onerosa para projetos que incorporem as fachadas ativas, se não relacionados a outros instrumentos, poderão levar à produção excessiva de áreas comerciais. Como área barata não é o único fator para a escolha do "ponto", o incentivo poderá provocar efeito contrário, surgindo grandes áreas vazias ao longo dos corredores.

Nesse caso, corre-se o risco de termos áreas vazias nos Eixos e esvaziamento nos polos tradicionais, visto que a concorrência entre ambos se tornaria inexorável dada a desproporção entre a importância estratégica de ambos na implantação do plano e os incentivos que receberam. E, quando presentes, não são autoaplicáveis e não trazem elementos de irreversibilidade quando da regulamentação, apresentam-se mais como um conjunto de boas intenções pois, como já foi dito, o Plano entende que o adensamento populacional e a oferta de imóveis atrairão os empresários para essas áreas.

Existem outros gargalos que se evidenciam: a capacidade de provimento do transporte necessário, a real atratividade dos incentivos, os variados níveis de consolidação dos territórios transformados em eixos e a possibilidade de requalificação urbana nessas proporções. Soma-se a histórica dificuldade do poder público de manter políticas eficientes de manutenção das redes de serviços e dos espaços públicos.

No entanto, superadas essas questões, o que se tem é: o Plano Diretor avança ao admitir na prática o colapso do modelo de desenvolvimento urbano vigente, caro para quem paga, segregador para quem sofre e injusto para todos. Ou seja, se está diante de um Plano que diz não ao modelo rodoviarista disperso e busca privilegiar o cidadão, as vias locais, os deslocamentos a pé e de curta distância, a intermodalidade e a cidade mais lenta e menos estressada que tem no comércio, em especial o varejista de rua, um seu protagonista.

Por isso, mesmo diante das contradições aqui apontadas, cabe agora ao setor varejista compreendê-lo e dele fazer uso exercendo seu protagonismo enquanto atividade essencial para seu sucesso e para a construção da cidade proposta, qualificando ruas e aquecendo os espaços de uso público, valorizando as especificidades locais, fazendo jus ao seu histórico empreendedor e corrigindo na prática distorções teóricas que por ventura persista, o fato é que se está diante de uma grande oportunidade de crescimento em longo prazo baseado na inovação.

Cabe, então, trabalhar no sentido de entender esse novo cidadão que vive e consome de outra forma e tem outras expectativas de qualidade e criar novas formas de abordagem, de exposição, de venda e de entrega. Certamente os deslocamentos de pequeno percurso, as compras feitas a pé, em pequena quantidade, maior frequência e maior valor agregado na qualidade e na variedade dos serviços oferecidos são a chave desta transformação.

É possível dizer que é chegada a hora neste início de século XXI, onde a cidade é o *locus* principal da atividade humana, de um grande salto qualitativo na atividade comercial. Salto este que se materializará com a reinvenção do antigo "ponto", que certamente passará a ser definitivamente o "ponto comercial urbano".

Referências

BRASIL. Lei 10.257 de 10 de julho de 2001: Regulamenta os artigos 182 e 183 da Constituição Federal, estabelece diretrizes gerais da política urbana e dá outras providências. Brasília: Congresso Nacional.

CALDANA, V.; CAMPAGNER, L.G. (org). *Projetos Urbanos em São Paulo:* Oportunidades, Experiências e Instrumentos. São Paulo: Ed. Livre Expressão, 2011.

CALDANA, Valter. *Planejamento urbano:* uma reflexão sobre seus processos de elaboração. Dissertação de mestrado FAUUSP. mimeo. São Paulo, FAUUSP, 1994.

CAMPAGNER, L. *Atividade Varejista e Desenvolvimento Urbano, uma (tênue) interface:* Avanços e Desafios dos Eixos de Estruturação da Transformação Urbana – Plano Diretor Estratégico do Município de São Paulo (PDE 2014). Tese de Doutorado, Universidade Mackenzie, 2016.

CESARINO, G.K. *Os Arranjos Criativos na Transformação da Cidade.* Dissertação de Mestrado em Arquitetura e Urbanismo, Universidade Mackenzie, São Paulo, 2015.

COMIN, A. *Metamorfoses Paulistanas.* São Paulo: UNESP, 2012.

CRAIG, C. S.; GHOSN, A; MCLFFERTY, S. *Models of the Retail Location Process: A Review.* Journal of Retailing, 60, 1, 5-36, 1994.

DEAECTO, Marisa Midori. *O comércio e a vida urbana na cidade de São Paulo.* (1889- 1930). São Paulo: Editora Senac, 2001.

Gestão Urbana SP. Disponível em: gestaourbana.prefeitura.sp.gov.br. Acesso em 25 jan. 2015.

ITDP. Padrão de Qualidade TOD. *Rio de Janeiro:* Instituto de Políticas de Transporte e Desenvolvimento, 2013.

LIMA FILHO, Alberto de Oliveira. *Distribuição Espacial do Comércio Varejista da Grande São Paulo.* São Paulo: Instituto de Geografia – USP, Série Teses e Monografias, 15, 1975.

PARENTE, Juracy; BARKI, Edgard, *O varejo no Brasil.* Gestão e estratégia. São Paulo, Atlas, 2014.

PARENTE, Juracy; KATO, Heitor. Estratégias de Localização. *Revista GV Executivo.* Volume 07. São Paulo: set./out., 2008.

ROLNIK, Raquel. *A cidade e a lei:* legislação, política urbana e territórios na cidade de São Paulo. São Paulo: Studio Nobel: Fapesp, 1997.

SÃO PAULO (CIDADE). Lei nº 16.050, de 31 de julho de 2014. Aprova a Política de Desenvolvimento Urbano e o Plano Diretor Estratégico do Município de São Paulo e revoga a Lei nº 13.430/2002. Diário Oficial da Cidade de São Paulo, São Paulo, 1º ago. 2014. Suplemento, 1-352.

SATO, Fábio Ricardo Loureiro. Problemas e Métodos decisórios de Localização de Empresas. *RAE-eletrônica* (Revista on-line da FGV-EAESP), Volume 1, Número 2, jul.-dez./2002.

SECOVI. *Balanço do Mercado Imobiliário 2001-2010:* a década da retomada. Disponível em: http://www.secovi.com.br/files/Arquivos/balancomercadocelsopetrucci.pdf Acesso em 11 nov. 2014.

SOMEKH, N.; CAMPOS, C. M. *A cidade que não pode parar:* planos urbanísticos para São Paulo no século XX. São Paulo: Editora Mackpesquisa, 2002. p. 162-175.

VARGAS, Heliana C. Comércio e cidade: uma relação de origem. Eleições 2000. *Portal do Jornal Estado de São Paulo.* Disponível em: www.estadao.com.br/ext/eleicoes/artigos. Acesso em: 30 ago. 2000.

VARGAS, Heliana C. *Comércio:* localização estratégica ou estratégia na localização? Tese de doutorado. São Paulo: FAUUSP. 1992.

VILLAÇA, Flávio. *As ilusões do plano diretor.* São Paulo: Internet, 2005.

VILLAÇA, Flávio. Dilemas do Plano Diretor. In: *Reflexões sobre as cidades Brasileiras.* São Paulo: Editora Studio Nobel, 2012.

10. Política Urbana e Comércio de Rua na Cidade de São Paulo[1]

Fernando de Mello Franco
Giselle Kristina Mendonça Abreu

Introdução

Historicamente, o desenvolvimento das cidades esteve intrinsicamente associado ao comércio. Em uma relação recíproca, os núcleos urbanos se consolidaram a partir do cruzamento de extensos fluxos de mercadorias e correntes de comércio no território e, ao mesmo tempo, a própria atividade comercial se intensificava no interior desses núcleos em função do crescimento do mercado consumidor e da presença de pessoas com recursos relacionados a esta atividade.

A história da cidade de São Paulo não foi diferente. Até meados do século XVIII, São Paulo se caracterizava, em um primeiro momento, como entreposto comercial entre rotas da economia de subsistência do interior e do "exterior" e, em um segundo momento, como nó conector de diferentes correntes regionais de comércio interno. Com o fortalecimento do comércio externo a partir da expansão da produção do açúcar e do café no século XIX, a inserção estratégica do núcleo de São Paulo foi reforçada, fazendo com que fazendeiros começassem a fixar residência na cidade e parassem

---

[1] Esse artigo tem como base a palestra de Fernando de Mello Franco no seminário, "Polos varejistas de rua: oportunidades para o varejo e para a revitalização das cidades", organizado pelo Centro de Excelência em Varejo da FGV-EAESP, no dia 11 de novembro de 2014.

mais vezes para realizar compras de instrumentos, roupas e alimentos que não obtinham no interior e, assim, ampliavam ainda mais a função da cidade como entreposto comercial (SINGER apud. SZMRECSÁNYI, 2004).

Ainda que, ao longo do século XX, a relação entre comércio e cidade tenha se transformado – adquirindo novos contornos, escalas e dilemas –, a atividade comercial permanece central na definição das dinâmicas da cidade. No entanto, encontramos poucos exemplos de políticas urbanas construídas nesse período, particularmente no Brasil, que tenham estabelecido conexões e diálogos sólidos com essa atividade econômica e seus agentes. A potencialidade da vinculação do comércio às estratégias da política de desenvolvimento urbano foi pouco reconhecida nas práticas de planejamento urbano.

Vargas[2], ao traçar uma visão histórica da relação entre política urbana e comércio varejista em São Paulo, evidencia essa conclusão. Atentando sobretudo à dimensão da legislação urbanística, a autora identifica quatro momentos em que a política urbana se aproximou ao comércio, para em seguida expor a fragilidade dessas conexões.

No primeiro momento, que se estendeu dos tempos do Império até o início do século XX, a política urbana buscava essencialmente controlar o comportamento e as formas de interação entre os indivíduos, sobretudo por meio de restrições a ruídos e horário de funcionamento, do estabelecimento de regras mínimas de higiene, ou ainda através do controle do tráfego de veículos puxados a animais e dos locais e horários para carga e descarga de produtos nas ruas da cidade. Já no período seguinte, que se estenderia do início do século XX a meados da década de 1930, com uma expansão significativa da área urbanizada, há um deslocamento do foco da política urbana para a organização da distribuição de alimentos para a população, seja por meio da estruturação de mercados municipais e mercados francos, ou através da regulamentação das condições mínimas sanitárias desses estabelecimentos.

O terceiro momento destacado pela autora corresponderia ao período entre as décadas de 1930 e 1980, quando a população se expande a taxas de crescimento anuais acima de 5% e o foco da política urbana se desloca para o controle do uso e ocupação do solo e, portanto, para a localização da atividade comercial no território. É nesse período que se consolida a regulação do uso do solo da cidade como instrumento central da política

---

[2] VARGAS, Heliana Comin. O comércio varejista e políticas urbanas: uma difícil conversa. SINOPSES, São Paulo, n. 34, p. 20-30, abr. 2001.

urbana[3]. Por fim, com relação ao quarto momento, entre 1980 e o início do século XXI, Vargas observa um fenômeno novo: o surgimento de grandes empreendimentos comerciais, conhecidos como shopping centers. A novidade resulta no desenvolvimento de um novo dispositivo de diálogo entre a política urbana e o comércio: a exigência de contrapartidas para mitigação e controle do impacto desses empreendimentos de grande porte da cidade. A leitura de Vargas encerra-se na passagem do século XX para o XXI. Decorridos quinze anos desde então, abre-se a possibilidade de repensar o diálogo entre a política urbana e o comércio, à luz de novas questões e instrumentos.

Este capítulo busca, assim, oferecer uma contribuição a essa reflexão a partir de uma discussão sobre as iniciativas empreendidas no âmbito da política urbana da gestão municipal da Prefeitura de São Paulo entre 2013 e 2016, com o objetivo de amparar debates que desdobrem esse histórico na identificação de desafios contemporâneos e novas interfaces possíveis. Para isso, será evidenciado o papel do comércio no modelo de desenvolvimento urbano proposto, bem como a articulação da construção de determinados instrumentos e dispositivos da regulação urbanística municipal ao objetivo de fortalecimento da atividade comercial. O foco do texto serão as novas peças do marco regulatório da política urbana municipal: o Plano Diretor Estratégico e o Zoneamento, revisados por meio de processos participativos durante a gestão. Na conclusão, buscaremos reforçar a importância do diálogo entre as políticas urbanas e o comércio varejista de rua, apontando também para outros instrumentos inovadores da política urbana – para além da regulação urbanística –, que também podem articular o papel estruturante do comércio varejista a uma estratégia abrangente de valorização da rua enquanto espaço público primordial da vida urbana.

1 Modelos de Estruturação Urbana

O modelo de desenvolvimento urbano de São Paulo foi, historicamente, baseado na matriz do transporte motorizado individual e na concentração de oportunidades e do acesso à infraestrutura e emprego em uma porção específica do território. Além disso, a intensificação do ritmo de crescimento populacional na segunda metade do século passado e a falta de políticas

---

[3] FELDMAN, Sarah. Planejamento e zoneamento: São Paulo, 1947 a 1972. São Paulo: Edusp/FAPESP, 2005.

inclusivas adequadas levaram à expulsão da população de baixa renda para os extremos da cidade, expandindo, de forma irregular e não planejada, as fronteiras da área urbanizada. Essa desigualdade se expressa no território de forma muito evidente (Figura 1).

Figura 1 – Desigualdade territorial entre espaços que concentram emprego e infraestrutura e aqueles onde há maior vulnerabilidade social

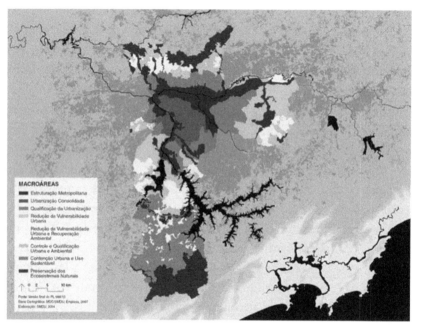

Fonte: SMDU/PMSP, 2014.

O modelo baseado no transporte individual motorizado está esgotado. Se todos os 4,5 milhões de automóveis registrados na cidade estivessem em movimento ao mesmo tempo, ocuparíamos cerca de 180 km^2 – uma área equivalente a seis vezes o território da subprefeitura da Sé. Adicionalmente, enquanto um ônibus transporta uma média de 34 passageiros sentados, emitindo 0,08 kg de CO2/litro por passageiro, um automóvel transporta somente uma média de 1,5 pessoas, emitindo 1,45 kg de CO2/litro por passageiro. É urgente, portanto, que o modelo de mobilidade urbana seja repensado e que as ações públicas estruturem e fortaleçam a rede de transporte coletivo para os cidadãos, ao mesmo tempo em que deve reduzir a quantidade de investimentos em infraestruturas das quais somente os carros particulares se beneficiam. Acrescenta-se ao problema da matriz de transporte, o problema da distância entre os lugares de residência e as áreas onde se concentram os empregos, exigindo que grande parte da população tenha que cruzar a cidade inteira duas vezes ou mais por dia para chegar ao seu local de trabalho, passando uma parte considerável das horas da sua semana no trânsito. Para melhorar a qualidade de vida da população é preciso, portanto, revisar o modelo de desenvolvimento urbano e construir um novo paradigma para a cidade.

O novo modelo deve ser estruturado a partir do transporte coletivo público e garantir condições para a desconcentração de oportunidades no território, reequilibrando a oferta de emprego e moradia na cidade. Na escala local, também deve oferecer condições para o deslocamento por meios de transporte não motorizado, como a pé ou de bicicleta, bem como conferir maior qualidade urbanística aos bairros. Os polos de comércio varejista de rua exercem, nesse novo modelo, um papel crucial para sua concretização, na medida em que permitem a descentralização no território das oportunidades de trabalho e geração de renda, reforçando centralidades locais.

A revisão do marco regulatório da política urbana local foi uma grande oportunidade para consolidar e promover essa nova visão de cidade. Fundamentalmente, a regulação urbanística consiste (i) no Plano Diretor Estratégico, (ii) na Lei de Parcelamento, Uso e Ocupação do Solo, ou Zoneamento, e (iii) nos Planos Regionais das Subprefeituras. A gestão 2013-2016 da Prefeitura de São Paulo deu os passos necessários para revisão e consolidação desses instrumentos a partir de um amplo debate público, que articulou meios diversos de participação em audiências públicas e oficinas e por meio de canais eletrônicos, com a criação da plataforma digital Gestão Urbana SP.

Entre 2013 e 2014, foi realizado um extenso processo de revisão participativa do Plano Diretor, que culminou na aprovação da Lei 16.050/2014. Já o processo de revisão participativa do Zoneamento se desenrolou entre 2014 e 2015, resultando na aprovação da Lei 16.402/2016. Por sua vez, os Planos Regionais das Subprefeituras vêm sendo debatidos desde 2016, permanecendo atualmente em desenvolvimento. A seguir, relataremos as estratégias principais contidas nos instrumentos do Plano Diretor e do Zoneamento, evidenciando a relação de determinados dispositivos e diretrizes com a atividade econômica do varejo de rua.

2 Plano Diretor Estratégico da Cidade de São Paulo

O Plano Diretor Estratégico (PDE) de São Paulo deve delinear as principais diretrizes para o desenvolvimento da cidade ao longo dos próximos 16 anos, bem como estabelecer os instrumentos para viabilizar a transformação desejada. O novo PDE tem como objetivo principal guiar o desenvolvimento urbano para que a cidade se torne menos desigual e mais sustentável. Para isso, foram traçadas estratégias com o intuito de descentralizar as oportunidades de emprego e o acesso à infraestrutura e aos equipamentos públicos no território, por um lado, e promover a inclusão da população mais vulnerável nas áreas com infraestrutura adequada, por outro lado.

Os desafios para sua concretização, sem dúvida, são enormes. O orçamento municipal impõe fortes restrições ao financiamento das transformações a serem empreendidas, por exemplo. Para enfrentar esse desafio e, ao mesmo tempo, socializar os ganhos advindos da produção da cidade – que se beneficia da infraestrutura financiada por todos os cidadãos de São Paulo –, foi definido que todo o território municipal terá coeficiente de aproveitamento básico igual a 1. Isso significa que os proprietários de terrenos poderão construir o equivalente à área de seu terreno gratuitamente e, se quiserem exceder esse limite (por exemplo, se desejarem construir o equivalente a duas vezes a área do terreno), deverão pagar uma contrapartida à Prefeitura: a Outorga Onerosa do Direito de Construir. O valor recebido da Outorga Onerosa é direcionado ao Fundo de Desenvolvimento Urbano (Fundurb), que financia obras de melhoramento urbano em toda a cidade, como a instalação de equipamentos, a criação de parques e a construção de habitações de interesse social.

Outro grande desafio do plano é conseguir aproveitar o potencial de transformação da cidade advindo da ação do setor privado e conduzi-lo na direção do modelo de desenvolvimento urbano proposto. Para isso, o plano propõe uma série de medidas, dentre as quais se destacam a demarcação de Macroáreas e de Eixos de Estruturação da Transformação Urbana, com instrumentos e dispositivos especificamente vinculados a esses territórios.

As Macroáreas são porções homogêneas do território, com desafios e diretrizes comuns. Em função do modelo de desenvolvimento proposto e a partir da leitura e diagnóstico do território, foram demarcadas oito Macroáreas (Figura 2). Cada uma delas possui uma orientação específica: da qualificação da urbanização à contenção urbana e uso sustentável. Dentre elas, destaca-se a Macroárea de Estruturação Metropolitana (MEM), uma área estratégica para a estruturação dos fluxos e transformações que impactam as dinâmicas metropolitanas, ou seja, que se expandem para além da escala do município. Trata-se fundamentalmente do território das várzeas dos principais rios da Bacia de São Paulo, onde se instalaram, com o passar do tempo, as infraestruturas metropolitanas de transporte de pessoas e cargas, como as ferrovias e as principais vias expressas da cidade, além das indústrias e de áreas dedicadas à atividade logística. Esse território cumpre um papel importante na estratégia de descentralização das oportunidades, devendo abrigar cada vez mais empregos e moradias em todos os seus Eixos e Arcos, junto às estruturas de mobilidade metropolitana, alterando o modelo altamente segregado que se vê hoje na cidade.

Figura 2 – Macroáreas definidas no novo Plano Diretor Estratégico da cidade de São Paulo

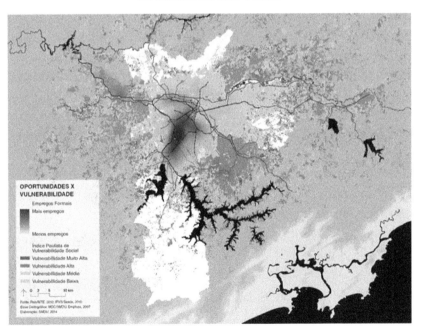

Fonte: SMDU/PMSP, 2014.

No momento atual, que se caracteriza pela transição produtiva da economia, imagina-se que grande parte de antigas áreas industriais localizadas na MEM deverão ter seu uso alterado ao longo dos próximos anos. Ainda que seja reconhecido que grande parte da dinâmica industrial permanecerá onde está, também é inegável que este território deverá recepcionar transformações estruturais de longo prazo para a cidade. Para isso, serão desenvolvidos projetos de intervenção urbana estruturados, visando reorganizar o tecido urbano e incentivar usos adequados a esse território. Considerando a vocação da MEM, entendemos que esse território será prioritário para a dinamização da atividade comercial de grande escala, com expansão do atacado e do "atacarejo", bem como para a estruturação de seus principias pontos de logística e distribuição.

Além da Macroárea de Estruturação Metropolitana, destacamos também a definição dos Eixos de Estruturação da Transformação Urbana como estratégia central do novo PDE (Figura 3). Os Eixos de Estruturação correspondem à rede de transporte coletivo público de média e alta capacidade, ou seja, as linhas de trem e metrô e os corredores de ônibus. Ao redor das estações de trem e metrô, bem como ao longo dos corredores de ônibus, foram demarcadas áreas de influência sobre as quais incidem parâmetros e incentivos específicos, em especial a definição de um coeficiente de aproveitamento máximo maior do que no restante da cidade (Figura 4). O objetivo principal dessa estratégia é vincular a política de uso do solo e desenvolvimento urbano ao sistema de transporte público estrutural. A lógica é simples: onde há maior acesso à infraestrutura de mobilidade urbana, é desejável concentrar o adensamento construtivo, populacional e de empregos; em contrapartida, nas áreas mais internas aos bairros, a ideia é que o adensamento seja reduzido.

Figura 3 – Eixos de Estruturação da Transformação Urbana previstos no Plano Diretor Estratégico da cidade de São Paulo

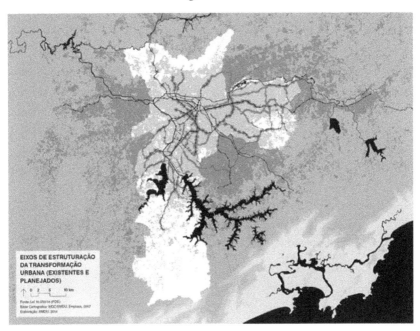

Fonte: SMDU, 2014.

Figura 4 – Delimitação das áreas de influência dos Eixos de Estruturação da Transformação Urbana

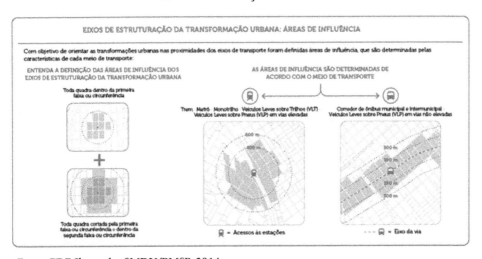

Fonte: PDE Ilustrado, SMDU/PMSP, 2014.

No entanto, orientar a transformação da cidade junto ao transporte público não é suficiente: é preciso, também, garantir que essa transformação se desenvolva com qualidade urbanística. Dessa forma, o PDE inova ao vincular uma série de dispositivos autoaplicáveis (isto é, que não necessitam de uma lei ou decreto posterior para regulamentá-los) às áreas de influência dos Eixos de Estruturação, buscando garantir que o adensamento construtivo seja acompanhado do adensamento habitacional e de dinâmicas econômicas mas também de passeios públicos mais largos, usos mistos no mesmo lote, fachadas ativas junto às calçadas e mais áreas de fruição pública (Figura 5).

Figura 5 – Dispositivos para promover a qualificação urbanística dos Eixos de Estruturação da Transformação Urbana

Fonte: PDE Ilustrado, SMDU/PMSP, 2014.

Para garantir calçadas mais largas, por exemplo, foi determinada uma largura mínima de 5 metros de calçada para os lotes com frente para os Eixos de Estruturação e, como contrapartida à doação da área para ampliação do passeio público, o recuo de frente do lote será dispensado e o potencial construtivo será calculado em função da área original. Já para incentivar a fruição pública dos lotes, caso o empreendedor ofereça uma área de, no mínimo, 250 m² e localizada junto ao alinhamento viário para livre acesso da população, ele poderá obter o equivalente a 50% do potencial construtivo máximo relativo à área destinada à fruição público.

O dispositivo mais significativo para efetivação da qualificação urbanística ao longo dos Eixos Estruturação, no entanto, está no incentivo à diversificação de usos associados ao fomento às fachadas ativas. A fachada é a interface entre o espaço público e o lote privado. As construções em São Paulo, especialmente aquelas de grande porte, caracterizam-se pela instalação de bloqueios visuais da fachada por meio de muros altos. Defendemos, contrariamente, que essa fachada se torne ativa, ou seja, que tenha um uso aberto ao público e que seja visualmente integrada com a calçada. Esse modelo permite a dinamização do espaço público e o aumento do nível de segurança nas ruas, com os "olhos da rua" atentos ao que acontece, compondo uma rede inconsciente de controle e ativação do espaço (JACOBS, 2000). O comércio de rua cumpre um papel central nessa estratégia, na medida em que promove um uso ativo e aberto do térreo das edificações, promovendo a dinamização e qualificação dessas vias. Para destacar a importância dessa estratégia, propõe-se um incentivo ao uso misto nos Eixos de Estruturação: a área destinada ao uso não residencial, até o limite de 20% da área construída computável total do empreendimento, não será considerada computável. Na prática, isso significa que o empreendedor, caso promova o uso comercial ou de serviços no térreo da construção, poderá construir mais.

Além da ativação da rua na escala local e do pedestre, os polos varejistas de rua também cumprem papel fundamental na consolidação do modelo alternativo de desenvolvimento urbano proposto pelo PDE na medida em que oferecem oportunidades de emprego para a população de forma descentralizada no território, por meio dos múltiplos polos e ruas de comércio que se espalham pelos bairros da cidade. É esse entendimento que orienta o PDE, através da Macroárea de Estruturação Metropolitana e, sobretudo, dos Eixos de Estruturação da Transformação Urbana, a alinhar os objetivos mais amplos do desenvolvimento urbano de São Paulo à valorização da atividade comercial – sobretudo de rua – na cidade.

3 Lei de Parcelamento, Uso e Ocupação do Solo (Zoneamento)

Enquanto o Plano Diretor Estratégico especifica as diretrizes e regras gerais de transformação do território, o Zoneamento é o instrumento da política urbana municipal que busca garantir o ordenamento da cidade através da definição de regras de uso e ocupação do solo. Conhecido formalmente como a Lei de Parcelamento, Uso e Ocupação e Solo (LPUOS), o Zoneamento permite a discussão mais detalhada da forma de desenvolvimento da cidade ao definir regras específicas para cada bairro, quarteirão e lote. No entanto, é crucial que essa revisão não resulte em uma "colcha de retalhos" em função de visões segmentadas da cidade. Para evitar isso, o Zoneamento aprovado em 2016 se alinha às diretrizes do Plano Diretor de 2014, garantindo que uma visão geral do desenvolvimento de São Paulo tenha rebatimento no regramento de cada lote da cidade. Dessa forma, para definição das zonas e parâmetros, foram considerados tanto os impactos na escala local e as particularidades territoriais, como a inserção de cada território na estratégia de desenvolvimento urbano mais ampla exposta na seção anterior.

Esquematicamente, as zonas propostas podem ser enquadradas em três grandes categorias: aquelas que demarcam (i) os territórios de transformação, (ii) os territórios de qualificação e (iii) os territórios de preservação do município de São Paulo (Figura 6)Na primeira categoria, encontram-se as zonas que correspondem aos Eixos de Estruturação da Transformação Urbana, conforme descritos no Plano Diretor. Trata-se, portanto, das áreas localizadas ao longo de corredores de ônibus e ao redor das estações de metrô e trem, onde deverá ser permitido e incentivado maior adensamento construtivo e populacional, associado a parâmetros de qualificação urbanística e uso misto. Assim, objetiva-se adequar o padrão de uso do solo desses territórios à oferta de transporte público coletivo.

Figura 6 – Categorias de zonas propostas na revisão do zoneamento: territórios de transformação, qualificação e preservação

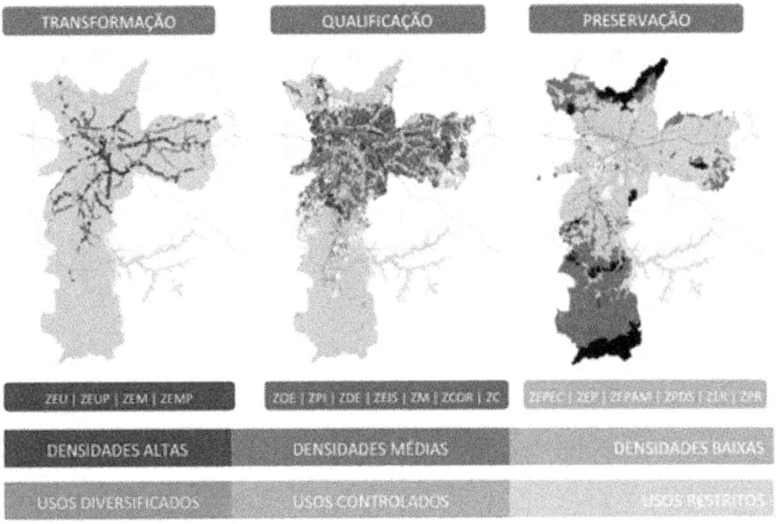

Fonte: PL 272/2015.

Já a segunda categoria corresponde às zonas onde a ocupação urbana já está consolidada, mas ainda é preciso considerar estratégias para sua qualificação. No entanto, não se trata aqui de transformar e adensar os tecidos urbanos, mas sim de fomentar determinadas mudanças que não impactem em grande medida os usos e formas de ocupação atuais desses territórios. Nessa categoria, se enquadram, por exemplo, zonas destinadas ao fomento de atividades produtivas, à diversificação de usos e adensamento moderado e à garantia do acesso à moradia de interesse social. Por fim, a terceira categoria refere-se às zonas que visam a preservação da situação existente. Dentre elas, estão incluídas as zonas exclusivamente residenciais, para manutenção dos bairros consolidados de baixa e média densidades; as zonas de proteção ambiental, abarcando áreas de promoção de atividade econômica sustentável e de preservação ambiental; e, por fim, as zonas de preservação cultural.

Um conjunto dessas zonas estrutura a rede de centralidades, fortalecendo e aprofundando a estratégia já colocada no Plano Diretor (Figura 7). Essa rede se organiza a partir de corredores de centralidades em níveis e escalas diversos, que guardam estreita relação com as atividades de comércio e serviços da cidade, conformando uma grelha que se espalha por toda o território urbanizado. Podemos distinguir três níveis de centralidades: o primeiro de maior abrangência, com impacto na escala do município como um todo e, às vezes, da metrópole; o segundo relacionado às dinâmicas locais, em processo de transformação ou qualificação; e o terceiro, ainda relacionado à escala do bairro, mas com regras de transformação mais restritivas.

Figura 7 - Zonas que compõem a rede de estruturação das centralidades de comércio e serviço da cidade

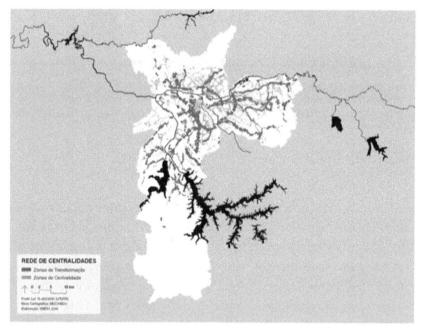

Fonte: PL 272/2015.

O nível de maior abrangência e alcance consiste na transcrição dos próprios Eixos de Estruturação da Transformação Urbana do PDE em seis zonas específicas, para dar conta de particularidades do território. Essas zonas incluem quatros variantes dos Eixos de Estruturação: a Zona Eixo de Estruturação da Transformação Urbana (ZEU), Ambiental (ZEUa), Previsto (ZEUP) e Previsto Ambiental (ZEUPa); e as duas variantes dos Eixos de Transformação Metropolitana, localizadas na MEM: a Zona Eixo de

Estruturação da Transformação Metropolitana (ZEM) e Previsto (ZEMP). Esse conjunto corresponde às grandes artérias de mobilidade da cidade, dinamizadas pela presença do transporte público coletivo de média e alta capacidade, como as avenidas Anhaia Mello, Radial Leste, Luiz Dumont Villares, Paulista, Jabaquara, Cupecê e Santo Amaro, dentre outras. A transformação prevista para esses espaços configurará oportunidades para a localização estratégica de comércio e serviços na cidade. As atividades localizadas nesses territórios deverão simultaneamente atender às demandas dos moradores dos bairros contíguos aos corredores e, também, do enorme fluxo de pessoas de passagem por aquele local, seja para trabalhar, buscar serviços específicos ou passear. Trata-se, portanto, de um espaço que se relaciona não só com a escala local, mas também com as dinâmicas urbanas e metropolitanas mais abrangentes da cidade – e as atividades aí localizadas devem estar atentas a essa dupla demanda.

Já o segundo nível da estrutura de centralidades consiste nas vias que se relacionam mais com as dinâmicas locais do território. Dessa forma, inserem-se na categoria dos territórios de qualificação urbana. Esta rede se divide basicamente em três zonas: a Zona Centralidade (ZC), a Zona Centralidade Ambiental (ZCa) e a Zona Centralidade lindeira à ZEIS (ZC-ZEIS). As Zonas Centralidade correspondem às ruas comerciais tradicionais da cidade, como as ruas Teodoro Sampaio, Brigadeiro Luís Antônio, Angélica, Corifeu de Azevedo Marques, Giovanni Gronchi, Lins de Vasconcelos, Conselheiro Carrão, Nossa Senhora do Sabará, dentre muitas outras no município. O grande potencial dessas zonas é abrigar o comércio mais local, voltado para as demandas cotidianas, como a farmácia, a padaria, as lojas de bairro, a academia de ginástica. Esses são os espaços que devem estruturar o dia a dia da vida na cidade. Enquanto a ZC e a ZCa demarcam essencialmente as vias comerciais já consolidadas, que há décadas são responsáveis pela estruturação dos bairros da cidade, a ZC-ZEIS é uma importante inovação dessa proposta de zoneamento, na medida em que demarca áreas para desenvolvimento de atividades de comércio e serviços em áreas vulneráveis que costumavam ser caracterizadas como "cidades dormitório", onde havia pouca atividade econômica. A ZC-ZEIS incide em lotes anteriormente demarcados como Zona Especial de Interesse Social 1 (ZEIS-1) e que sejam lindeiros a determinadas vias internas ou limítrofes às ZEIS. Dessa forma, a ZC-ZEIS oferecerá grande potencial de transformação e renovação da cidade com o incentivo ao desenvolvimento de atividades comerciais, produtivas ou de serviços nesses territórios.

Por fim, há um terceiro nível que compõe essa grelha de centralidades lineares. Assim como a ZC, a ZCa e a ZC-ZEIS, esses territórios também estão inseridos nas áreas de qualificação da cidade. No entanto, as zonas desse terceiro nível incluem áreas mais restritivas com relação aos usos permitidos e aos parâmetros de ocupação do solo. Esse grupo consiste nas quatro variações da Zona Corredor (ZCOR): ZCOR-1, ZCOR-2, ZCOR-2 e ZCORa. Essas zonas têm ligeiras variações entre si, de forma a atender características particulares de cada local da cidade, porém todas consistem essencialmente nos lotes localizados em quadras demarcadas como Zona Exclusivamente Residencial (ZER) e lindeiros a corredores com fluxo viário mais intenso, como as avenidas Europa, Gabriel Monteiro da Silva, Brasil, Nazaré Paulista, Professor Fonseca Rodrigues, Oscar Americano, Professor Vicente Rao e Indianópolis.

A somatória de todas essas redes revela uma grelha muito bem distribuída por toda a cidade, que abre inúmeras frentes de oportunidades para qualificação da vida cotidiana da população e, também, para a instalação de novas atividades econômicas, sejam comerciais ou de serviços, em suas variadas escalas de abrangência e articuladas especialmente aos meios de transporte público e não motorizado. A nova proposta de zoneamento, inclusive, busca fomentar a mobilidade urbana sustentável, que está intimamente associada à atividade comercial de rua. A nova lei prevê, por exemplo, a obrigatoriedade de vagas de bicicleta de forma proporcional à área construída dos empreendimentos e a necessidade de instalação de vestiários para usuários de bicicleta, para facilitar o uso desse meio de transporte no dia a dia. Trata-se de pequenas medidas que podem promover grande impacto na forma como as pessoas se apropriam, se movem e usam a cidade.

Além de definir zonas de centralidade distribuídas por toda a cidade, onde a atividade comercial varejista deve ser promovida e incentivada, o novo Zoneamento também facilita a instalação de atividades econômicas no município, visando sobretudo atender à diretriz geral do Plano Diretor de aproximar emprego e moradia, descentralizando as oportunidades de emprego na cidade. Para isso, o Zoneamento dispensa a exigência tanto de vagas de estacionamento e carga e descarga, como do atendimento da largura mínima de via para atividades de baixo risco econômico e urbanístico em lotes de até 250 m², facilitando enormemente a instalação de pequenas atividades não residenciais em áreas periféricas. Além disso, o Zoneamento também permite a emissão de licenças de funcionamento para atividade de baixo risco em edificações ainda não regularizadas, considerando que a responsabilidade de regularização é do proprietário e não do empreendedor.

Conclusão

A revisão do marco regulatório da política urbana coloca uma visão clara para São Paulo: queremos uma cidade mais humana e equilibrada, onde as oportunidades de emprego, lazer e moradia estão distribuídas de forma menos desigual pelo município e o espaço público cumpre papel fundamental no dia a dia da população, seja como o lugar da passagem ou do encontro. Neste quadro, o comércio varejista de rua tem duplo papel: por um lado, é um componente importante na estratégia de ativação dos espaços públicos, na medida em que atrai fluxos de pessoas e permite a constante dinamização da rua; e, por outro lado, reorganiza a geografia da distribuição das oportunidades de emprego e renda, adentrando bairros centrais e periféricos da cidade e contribuindo para a construção de uma cidade com uma distribuição mais equitativa de oportunidades de trabalho.

Vimos como inovações na regulação urbanística podem fortalecer esse elo e contribuir para incentivar que o comércio cumpra esse papel de forma ordenada com o plano de desenvolvimento para toda a cidade. No Plano Diretor Estratégico e no Zoneamento, mostramos como instrumentos construídos historicamente para segregar os usos e conduzir a produção construtiva formal puderam ser transformados em peças que dialogam com a vida real da cidade, definindo múltiplas zonas de centralidade, da escala metropolitana à escala do bairro, e incentivando o uso misto e o comércio varejista de rua, sobretudo através nos Eixos de Estruturação da Transformação Urbana. Vale lembrar, no entanto, que a regulação urbanística, não é o único instrumento da política urbana municipal. Paralelamente à aplicação dessas leis, que devem promover transformações de médio e longo prazo, é preciso considerar também alternativas que permitam ações mais diretas e imediatas sobre a cidade, como projetos de intervenção de curto prazo em espaços públicos e a articulação de políticas setoriais para valorização da vida nas ruas da cidade.

Nesse sentido, podemos destacar uma série de iniciativas, ainda na gestão 2013-2016, que apontam para caminhos promissores no campo de articulação da política urbana à atividade comercial varejista de rua, para além da regulação urbanística. Primeiro, o incentivo ao transporte público e a constituição de uma rede de ciclovias, que diversificam as formas de mobilidade e as condições de acessibilidade ao comércio; segundo, a melhoria de uma série de serviços urbanos, com a instalação de WiFi Livre em praças públicas, que atraem mais pessoas para esses espaços; terceiro, a regulamentação de estruturas como os "foodtrucks" e os "parklets" (Figura 8), que funcionam em sinergia com o comércio de rua, permitindo espaços de encontro na via pública; e, por fim, a realização de projetos temporários para dinamização de espaços públicos, transformando as estruturas preexistentes e renovando suas formas de uso, como o projeto "Centro Aberto" (Figura 9). Todas essas iniciativas voltadas à qualificação e valorização do espaço público em geral – e das ruas em especial – acabam por impactar a dinamização das atividades comerciais que se dão na fronteira desses espaços. E, vice-versa, o comércio em si também acaba atraindo grande fluxo de pessoas para as ruas, melhorando, assim, a qualidade urbana, ampliando as condições de sociabilidade e fortalecendo a rua como espaço público primordial da vida urbana.

Figura 8 – Infográfico sobre parklets

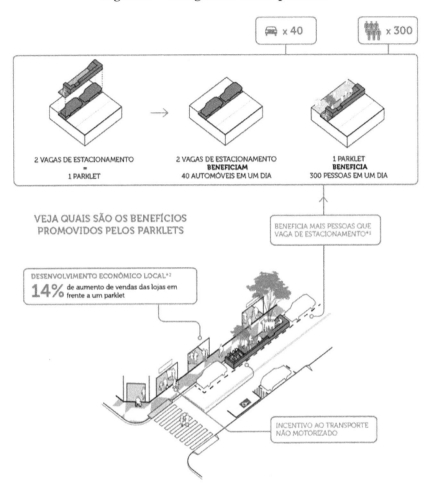

Fonte: SMDU/PMSP, 2015.
*Pesquisa Parklet/2013 – Instituto Mobilidade Verde
*²Measuring the Street, NYC DOT

Figura 9 – Registros antes e depois da experiência piloto do projeto Centro Aberto no Largo São Francisco

Fonte: SMDU/PMSP, 2015.

Referências

FELDMAN, Sarah. *Planejamento e zoneamento:* São Paulo, 1947 a 1972. São Paulo: Edusp/FAPESP, 2005.

JACOBS, Jane. *Morte e vida nas grandes cidades.* São Paulo: Martins Fontes, 2000.

SÃO PAULO (cidade). Plataforma Digital Gestão Urbana SP. Disponível em: gestaourbana.prefeitura.sp.gov.br. Acesso em: 8 nov. 2015.

SÃO PAULO (cidade). Prefeitura do Município de São Paulo – PMSP. *Plano Diretor Estratégico do Município de São Paulo:* lei municipal n° 16.050, de 31 de julho de 2014; texto da lei ilustrado. São Paulo: PMSP, 2015.

SÃO PAULO (cidade). Prefeitura do Município de São Paulo – PMSP. *Lei de Parcelamento, Uso e Ocupação do Solo:* lei municipal n° 16.402, de 22 de março de 2016. São Paulo: PMSP, 2016.

SINGER, Paul, apud em SZMRECSÁNYI, Tamás (org.). *História econômica da cidade de São Paulo.* São Paulo: Editora Globo, 2004.

SZMRECSÁNYI, Tamás (org.). *História econômica da cidade de São Paulo.* São Paulo: Editora Globo, 2004.

VARGAS, Heliana Comin. O comércio varejista e políticas urbanas: uma difícil conversa. *SINOPSES*, São Paulo, n. 34, p. 20-30, abr. 2001.

11. O Sucesso dos BIDs: Modelo de Parceria Público-Privada para Revitalização Urbana

Daniel Manzano
Juracy Parente

Introdução

Modelos de parceria público-privada, denominados de *Business Improvement Districts* (ou BIDs), são amplamente adotados em países da Europa e da América do Norte, visando a revitalização de centros de cidade e de áreas urbanas. Muito utilizados para recuperar regiões comerciais e polos varejistas ameaçados de declínio, esses modelos estão baseados em projetos de iniciativas conjuntas da área pública e privada, que trabalham e investem coletivamente na implementação de melhorias locais e de revitalização dos negócios, em uma determinada região[1][2]. Institucionalizados e legalizados por meios das legislações dos governos locais, e, portanto, com autonomia garantida por lei, varejistas de uma mesma localidade buscam construir um alinhamento para definirem as diretrizes do projeto, regras e investimentos para aquela área, mantendo uma relação de parceria e cooperação entre si e com o setor público[3].

---

[1] BALSAS, Carlos J. Lopes. City center revitalization in Portugal: Lessons from two medium size cities. *Cities*, v. 17, n. 1, p. 19-31, 2000.
[2] DE NISCO, Alessandro; RIVIEZZO, Angelo; ROSARIA NAPOLITANO, Maria. The role of stakeholders in town centre management: guidelines for identification and analysis. *Journal of Place Management and Development*, v. 1, n. 2, p. 166-176, 2008.
[3] MORÇÖL, Goktug et al. Business improvement districts: Research, theories, and controversies, p. 1-23, 2008.

Nos países onde são desenvolvidos, os BIDs são vistos por muitos comerciantes como uma forma justa e econômica de criar e manter uma relação de parceria e cooperação entre os agentes econômicos localizados na região. Os BIDs implantados em áreas varejistas geralmente focam suas ações na melhoria do mobiliário urbano e no aumento da atratividade da região para fomentar os gastos com consumo[4]. O modelo permite uma visão de "baixo para cima", onde a intervenção no local dá especial atenção à dinâmica dos varejistas e a seus interesses. Ambos setores, público e privado, reúnem-se previamente e discutem melhorias públicas visando atender os anseios do comércio local[5].

Como ocorre em várias partes do mundo, as áreas centrais e os polos varejistas de rua de muitas cidades vêm apresentando perda de vitalidade, pois sofrem com a concorrência provocada pela expansão do número de shopping centers, que se tornaram não apenas atraentes polos de compra, como também locais de alimentação e de lazer. No Brasil, a concorrência com shopping centers vem se acentuando nas duas últimas décadas: entre 2006 e 2016, a área bruta locável (ABL) passou de 7,5 para 16,3 milhões de metros quadrados, um crescimento de 117%, e o faturamento passou de 50 para 179 bilhões de reais – um crescimento de 258% (Associação Brasileira de Shopping Centers, 2019).

Além de oferecerem uma infraestrutura com mais conforto e segurança quando comparada aos mal-equipados e desgastados mobiliários urbanos dos polos varejistas de rua do Brasil, os shopping centers também apresentam outro importante diferencial competitivo: são aglomerados varejistas cuidadosamente planejados, possuem administrações centralizadas, possibilitam investimentos coordenados para ações de marketing e vendas mais efetivas para manterem sua atratividade. A administração centralizada, institucionalizada e profissionalizada dos shopping centers permite uma interação muito mais fluente e efetiva desse aglomerado de lojas com a gestão municipal, facilitando assim cooperação e a implantação de intervenções em parcerias com o setor público. Os polos varejistas de rua, entretanto, por serem compostos por uma quantidade de unidades varejistas independentes, com gestões

---

[4] AUCKLAND COUNCIL. Auckland Region Business Improvement District Policy. Recuperado em 30 de maio de 2016. Disponível em: http://www.aucklandcouncil.govt.nz/EN/planspoliciesprojects/councilpolicies/bidpolicy/Documents/businessimprovementdistrictpolicy.pdf. Acesso em:

[5] BALSAS, 2000.

individuais e sem esforço articulado de atuação, tornam-se vulneráveis a esses novos concorrentes, pois não apresentam qualquer mecanismo de resposta para assegurar a sua vitalidade e a preservação de sua sobrevivência.

Devido a essa maior dificuldade de relacionamento com a gestão municipal e com a forte concorrência existente em função do crescimento dos shopping centers, não é incomum que polos varejistas de rua entrem em declínio. Quando isso ocorre, todo o seu entorno sofre um processo de gradual decadência, provocando fechamento de lojas, aumento da vacância de prédios, menor movimento nas ruas, desvalorização imobiliária, aumento da criminalidade, e perda da qualidade de vida em toda a região[6][7][8].

No Brasil, as atividades de revitalização de polos varejistas de rua ainda se encontram em estágio muito preliminar e têm sido raros os esforços bem-sucedidos de intervenção[9]. Diferente de outros países, os nossos gestores públicos ainda não reconheceram o importante papel que a revitalização de polos varejistas de rua provoca nas melhorias de qualidade de vida e no dinamismo das áreas urbanas. É também preocupante verificar que o arranjo legal atualmente adotado no país atribui responsabilidade exclusiva à esfera pública para executar intervenções urbanas, o que dificulta a mobilização dos varejistas da região e a interlocução entre as esferas público e privada, uma caraterística fundamental adotada nos países onde os BIDs conseguem florescer.

No Brasil, observa-se também um baixo nível de iniciativa dos empresários do setor empresarial varejista de se mobilizarem para desenvolver esforços conjuntos com o objetivo de ampliar a atratividade da região onde operam suas lojas. Os poucos exemplos dos projetos de revitalização de polos varejistas realizados no Brasil são em geral fruto da visão ampliada, mas atípica, de um varejista local, que resolve assumir o difícil papel de líder e empreendedor institucional, precisando desbravar caminhos, devido

---

[6] LOUKAITOU-SIDERIS, Anastasia. Revisiting inner-city strips: A framework for community and economic development. *Economic Development Quarterly*, v. 14, n. 2, p. 165-181, 2000.
[7] MORENO-JIMÉNEZ, Antonio. Interurban shopping, new town planning and local development in Madrid metropolitan area. *Journal of Retailing and Consumer services*, v. 8, n. 5, p. 291-298, 2001.
[8] PRYOR, Susie; GROSSBART, Sanford. Ethnography of an American main street. *International Journal of Retail & Distribution Management*, v. 33, n. 11, p. 806-823, 2005.
[9] Assunto abordado com maior profundidade no capítulo 4.

a inexistência de modelos já institucionalizados. Esse processo exige enorme talento organizacional, liderança e grandes esforços desse líder para mobilizar, motivar e superar a resistência de outros varejistas a formarem uma associação local, conseguirem a adesão e contribuições financeiras dos varejistas, desenvolverem um plano de melhoria e buscarem interação e apoio do governo local.

Os países que aplicam modelos institucionalizados como o "BID" apresentam maior facilidade na realização dos projetos de revitalização de áreas urbanas, devido à maior facilidade institucional e cultural que estimula a interação público e privada, gerando sinergia entre ambas as esferas e melhores resultados aos varejistas de rua. No Brasil, a pouca liberdade da iniciativa privada e a grande dependência do estado, ausente em muitos casos, acabam assim, acentuando as dificuldades para o desenvolvimento de parcerias aos projetos de revitalização de áreas em processo de degradação.

Ao descrever as características e exemplos bem-sucedidos dos BIDs, esse capítulo tem como objetivo estimular os empresários do setor, as associações varejistas e os governos locais a promoverem o desenvolvimento de modelos de parceria dos setores público-privados que estimulem e facilitem o desenvolvimento de projetos de revitalização de áreas urbanas e de polos varejistas de rua. Dentre os diversos benefícios, modelos como o "BID" balanceariam o excessivo nível de atribuições concentradas no estado, destravariam a lenta burocracia, ao transferir parte das atribuições à iniciativa privada, e serviriam como um estímulo à modernização e revitalização das atividades dos polos varejistas de rua e na integração e qualidade de vida nas cidades.

Além dessa introdução, o capítulo está estruturado em quatro outras partes. Na próxima seção descrevemos a estrutura e as características dos modelos BID. Em seguida, são apresentados alguns exemplos de modelos BID realizados na Nova Zelândia, Inglaterra e Estados Unidos, assim como vantagens e restrições do modelo. Na quarta seção analisamos algumas dificuldades que precisam ser superadas para a implantação bem-sucedida dos BIDS. Encerramos o capítulo com comentários sobre novos estudos e uma lista de sugestões para o desenvolvimento no Brasil de modelos de parcerias para a revitalização de polos varejistas de rua.

1 Entendendo o Modelo dos BIDs

O modelo BID não está definido em um único formato, e sua implementação implementação ao longo do tempo sofreu alterações. Os primeiros relatos de organizações com algumas semelhanças com os atuais BIDs foram registrados no início do século passado, em 1906, após o terremoto em São Francisco. A destruição de todo o centro comercial da cidade deu início a uma mobilização coletiva, cujo intuito era formular uma estratégia de reconstrução e revitalização da cidade[10]. Mas foi na década de 1960 que teve início o modelo que serviu de base aos atuais BIDs. Um grupo de comerciantes em Toronto, Canadá, implantou a necessidade de colaboração a todos os comerciantes que se beneficiavam das iniciativas da organização, mas que não contribuíam para a mesma. Esse grupo então, requereu com sucesso em 1969 uma legislação que impusesse uma taxa extra de contribuição aos proprietários comercias ao fundo de revitalização local.

Muitos estudiosos acreditam que os BIDs se tornam viáveis na medida em que as gestões públicas locais reconhecem a utilidade dos líderes empresariais na formulação de políticas e leis, participando na implementação das melhorias urbanas que dinamizam a prosperidade das comunidades (WASH et al.,2003; JUSTICE, 2009). Hoje, o conceito do BID é praticado em cerca de 1.700 regiões do mundo (MACKAY, 2016). Reconhece-se que os BIDs funcionam como fomentadores da economia no sentido de gerar estímulos para o desenvolvimento do empreendedorismo e criação de negócios, no aumento das habilidades e aperfeiçoamento de *expertises*, na atração de investimentos, no maior estímulo aos projetos de inovação e no aumento da competitividade, num sentido de melhoria dos resultados do varejo.

1.1 Estrutura, Características e Tipos

Ao longo dos anos, os BIDs confundiram as fronteiras até então segregadas, que delimitavam as esferas pública e privada. Trata-se de um novo paradigma de governança para o desenvolvimento de região, uma nova forma de urbanismo, uma governança em rede, considerando as relações em torno

---

[10] WASH, Robert; NEWHOUSE, Mark; GLATTER, George; MITTIGA, Sien; KAM, Lily. Business Improvement District. 2003. Disponível em: http://www.nyc.gov/html/sbs/downloads/pdf/bid_guide_complete.pdf. Acesso em:

do modelo. O BID é um modelo flexível, que permite sua adaptação à especificidade de cada local. Seu modelo pode ser baseado em contribuições híbridas, tanto de agentes privados, como também do auxílio da esfera pública, propondo uma parceria público-privada entre associações comprometidas em desenvolver o ambiente para os negócios locais. Independentemente das suas características, é sempre importante que os BIDs desenvolvam métodos de governança transparentes e políticas de avaliação de desempenho.

Em seu formato elementar, o BID utiliza seu orçamento para promover benefícios públicos regionais, como infraestrutura e segurança. Apesar de investimentos nesses quesitos serem comuns aos BIDs, os padrões de serviços podem variar substancialmente. Por exemplo, enquanto em Johanesburgo, na África do Sul, três quartos do orçamento são direcionados à segurança privada, no BID de Philadelphia apenas um quarto é voltado para isso. Essa variação pode ser justificada pelas características de cada região e também pelo porte da área que está sendo revitalizada – ou apenas uma rua comercial, ou toda a área central de uma grande metrópole. Os projetos *BID* em regiões pequenas estão em geral limitados à manutenção e à melhoria do mobiliário urbano local. Ações de investimento em marketing e atividades promocionais tendem a ser agregadas a regiões maiores. Já os BIDs de grandes proporções expandem seu papel, incluindo a participação mais ativa junto à governança e administração pública, elaborando políticas de parcerias com os governos locais[11]. Pequenos ou grandes, o fato é que os BIDs são projetos que revitalizam as cidades e contribuem positivamente para o comércio regional.

No caso de polos varejistas de rua, é importante ressaltar que a ideia de BID incorre na geração de valor para todo o entorno. O benefício para as empresas é o ganho da atratividade do local e, consequentemente, o aumento do faturamento dos comerciantes. Há aspectos de cooperação que se sobrepõe aos aspectos de competição. A competição pode se tornar um grande problema no momento em que as empresas de uma mesma localidade começam a brigar entre si por preços, reduzindo sua margem. Quando falamos em um *BID* bem estruturado, o interesse é uma agregação de valor, a qual influencia diretamente no aumento da atratividade daquelas empresas perante o público. Grandes benefícios deste modelo baseiam-se na infraestrutura adequada e na organização do local.

---

[11] WASH; NEWHOUSE; GLATTER; MITTIGA; KAM, 2003.

Além dos BIDs tradicionais, é possível considerarmos modelos baseados em um único setor, como restaurantes do centro de uma cidade ou de um polo turístico. Por meio de BIDs baseados em setores únicos, é possível, com maior facilidade, encontrar interesses comuns e definir o escopo para melhorias, o qual está envolto em cooperação e organização, promovendo coletivamente produtos e serviços não apenas para os negócios de um único varejista, mas para a comunidade do local como um todo.

Alguns estudiosos observam que modelos de BIDs baseados em um único setor poderiam também ser desenvolvidos em áreas de grandes extensões ou de setores cruzados. Sugestões de cruzamento de setores são diversas, como a realização de um BID que concentre setores semelhantes entre si, como os setores de alimentos e bebidas, que poderiam se beneficiar de interesses comuns e sinergias[12].

1.2 Organização e Arranjo Legal

A inclusão de uma região comercial na metodologia do BID deve partir da própria associação local ou de um grupo de comerciantes, caso não haja tal associação formal. Trata-se de um processo complexo, no qual deve existir uma busca por apoio dos outros comerciantes. A maior propensão para se criar um BID ocorre quando interesses ou preocupações comuns entre os integrantes são visualizados por todos. Esse senso comum de interesses e preocupações pode ser construído através de um levantamento de informações realizado através de pesquisas. Caso haja uma convergência dos dados, há maior propensão para seus integrantes aprovarem a implantação do BID no local. No caso da cidade de Auckland, na Nova Zelândia, por exemplo, ocorreu uma votação inicial, e caso houvesse a resposta de pelo menos 25% do total de votantes, e destes, 51% fossem favoráveis, o BID seria então implantado[13].

A implantação de um projeto proposto pelo BID deve surgir após uma análise profunda das necessidades do local, baseando-se na sensibilidade dos membros do comitê gestor em reproduzir as necessidades concretas coletivas. Após o desenvolvimento do projeto, ele deve ser colocado em votação,

---

[12] ST. AUSTELL BID, 2012.
[13] AUCKLAND COUNCIL, 2013.

por meio de votos "contra" e "a favor". Para o *BID* ser aprovado, duas condições básicas devem ser respeitadas; primeiramente, deve haver maioria simples de aprovação; e, em segundo lugar, aqueles que aprovaram devem representar mais de 50% do valor comercial da soma de todos os varejistas. Se essas condições forem atendidas, o pagamento de uma contribuição passa a ser mandatória a todos os varejistas, mesmo aos contrários. Dessa forma, um *BID* é implantado se, e somente se, a maioria dos comerciantes, por número e valor comercial, desejar[14]. Deve-se recordar, por sua vez, que há grande variação de BIDs em tamanho, poder e forma que estão estruturados, variando, portanto, o formato da tomada de decisões[15].

Partindo da ideia que os BIDs apresentam uma governança conjunta entre agentes públicos e privados[16], sua organização ocorre, basicamente, em três níveis. O primeiro deles é o nível da prefeitura, na figura do prefeito e subprefeitos (esfera pública). Neste nível, define-se a legislação local para esses modelos de parcerias público-privada, realiza-se o monitoramento dos *BIDs em operação*, verifica-se as metas, e, geralmente, elabora-se projetos de grandes proporções urbanas. Esse nível é responsável também por definir as regras e o valor da tarifa a ser pago por cada região. O segundo nível refere-se às associações regionais. Cada associação regional (por exemplo ACSP – Associação Comercial de São Paulo) deve dar amparo ao projeto, estimulando o diálogo com as associações das ruas onde o projeto será implantado, orientando a sua estruturação, verificando as necessidades, aglutinando os interesses e ajudando a definir prioridades[17]. Essas instituições possuem o dever de selar laços com as comunidades e associações de ruas, buscando extrair o maior nível de detalhamento da área possível. Elas apoiam e facilitam intermediação entre as associações locais e a prefeitura. Por fim, o terceiro nível refere-se às associações de varejistas da rua e comunidades locais. São organizações formadas para representar os lojistas de uma área como um único corpo[18].

---

[14] ST. AUSTELL BID, 2012,
[15] MORÇÖL, Göktug; WOLF, James F. Understanding business improvement districts: A new governance framework. *Public Administration Review*, v. 70, n. 6, p. 906-913, 2010.
[16] Idem.
[17] MORÇOL; WOLF, 2010.
[18] AUCKLAND COUNCIL, 2013.

Conforme estudo conduzido por Gautsh & Morçol[19], e pelas observações realizadas por Becker, Grossman, & Dos Santos (2010), existe certa convergência nas linhas gerais dos modelos adotados ao redor do mundo no que diz respeito à institucionalização desses tipos de parcerias público-privadas. Apesar dessa convergência, existem ainda muitas peculiaridades e diferenças entre os diferentes modelos existentes, com variações de tamanho, das esferas de poder, da forma que estão estruturados. Como mencionado anteriormente, esse cenário leva a uma variação do formato da tomada de decisões. Essas variações no modelo de BID podem ser indicadas, por exemplo, na decisão da própria administração pública em gerir o BID – não seguindo, portanto, o seu modelo "original" de autonomia da esfera privada nas decisões[20].

Por se tratar de um modelo flexível, é possível, portanto, que haja variações em sua implementação. Conforme o estudo já mencionado de Gautsch & Morçol, há um método comum de arranjo legal, por sua vez, que legitima os conselhos municipais a trabalharem junto com associações comerciais de forma colaborativa, buscando resolver problemas locais e maximizar as oportunidades.

Em suma, duas condições essenciais são necessárias para os projetos propostos pelos BID serem legítimos: (i) as propostas devem ser relevantes para os negócios locais *coletivamente* e (ii) as propostas não devem se sobrepor às atividades já em curso pela gestão pública.

1.3 Modelos de Captação de Recursos

Em relação ao seu método de captação de recursos, BIDs são criados, geridos e pagos pelo próprio grupo de empresários do local, sendo calculado o valor das contribuições através de um rateio do valor dos projetos. A definição do valor a ser cobrado de cada lojista é debatida pela própria associação local. Seus agentes observam os possíveis projetos, e calculam o valor necessário para sua execução. Esta informação é, então, repassada às

---

[19] MORÇÖL, Göktug; GAUTSCH, Douglas. Institutionalization of business improvement districts: A longitudinal study of the state laws in the United States. *Public Administration Quarterly*, p. 240-279, 2013.
[20] MEEK, Jack W.; HUBLER, Paul. Business improvement districts in the Los Angeles metropolitan area: Implications for local governance. *Public Administration and Public Policy*, New York, v. 145, p. 197, 2008.

associações regionais, as quais codificam as informações e as retransmitem ao governo local. Este último definirá a tarifa a ser paga baseado no *feedback* dos próprios envolvidos com o local. Os valores definidos podem variar em torno de 1% e 2% da receita bruta de cada comerciante e todos os negócios comerciais são obrigados a pagar, com exceção daqueles que possuem espaços físicos mínimos, propriedades residenciais, governamentais, igrejas e entidades educacionais. O total de 100% das contribuições destina-se à própria associação local, sendo que elas não precisam ser voltadas diretamente a projetos específicos. Os valores podem ser alocados em fundos durante vários anos e reservados para projetos futuros[21].

A cobrança pode ser definida de duas formas: o método de pagamento proporcional à área comercial ocupada ou o método *flat*, em que cada lojista é onerado na mesma quantia. Nota-se, no modelo original, que a capitalização do fundo do BID é realizada através da fiscalização da gestão pública, seguindo rigorosos critérios de transparência[22]. A ideia dessas contribuições não é substituir os serviços públicos já praticados pelo estado, e incluídos nos impostos pagos normalmente, mas as receitas adicionais que os BIDs recebem dos comerciantes visam a melhoria da atratividade do polo varejista. As associações podem optar por elevar o padrão dos serviços praticados, como, por exemplo, um serviço privado de coleta de materiais recicláveis, a gestão de estacionamentos, a oferta de serviços de segurança e a promoção de eventos[23], pontos de grande importância para o cliente e que já são amplamente proporcionados por shopping centers[24].

1.4 BIDs: Exemplos

Apesar de algumas preocupações e debates acerca do modelo, em geral, *BIDs* representam uma história de sucesso em função do estímulo à criatividade do setor privado, da resolução de complexos problemas de eficiência e do aumento da eficácia das gestões municipais. Três casos de sucesso que retratam os benefícios gerados pela adoção dos BIDs serão brevemente

---

[21] AUCKLAND COUNCIL, 2013.
[22] Idem.
[23] Idem.
[24] PARENTE, Juracy et al. Polos varejistas de rua ou shopping centers? Comparando as preferências da baixa renda. *BBR-Brazilian Business Review*, p. 162-189, 2012.

analisados: St Austell (RU), Nova York (EUA) e Auckland (NZ). Os BIDs são percebidos como contribuintes para melhoria da qualidade de vida e ao desenvolvimento geral dos negócios da região. Nos três exemplos que serão comentados houve melhora do nível de ocupação dos imóveis, aumento do volume de circulação de consumidores pelas ruas, além de considerável melhora no conforto, atratividade, limpeza e segurança do local.

1.4.1 Auckland Region Business Improvement District Model

A cidade de Auckland é a principal cidade e polo econômico da Nova Zelândia, país que figura como um dos primeiros a implantar o modelo baseado por BIDs. A fim de legitimar o funcionamento do *BID*, o governo local criou, em 2009, uma lei que autorizava a emergência de modelo de co-governança, isto é, a criação de corpos administrativos locais, refletindo parcerias público-privadas, com certa autonomia em propor políticas e definir diretrizes para o local. O modelo BID de Auckland, então legitimado, possui como foco não só manter a economia saudável e resiliente a choques externos, mas também visa posicionar Auckland entre as cidades mais agradáveis para se viver. Enfatiza-se a análise isenta e transparente do conselho, que busca atender os múltiplos desejos e necessidades dos agentes, em aspectos como: o relacionamento e o desenvolvimento dos negócios na região, a segurança, a inovação, o transporte e a capacitação de pessoas.

O conselho administrativo desse BID *busca* manter uma parceria entre as autoridades governamentais e as associações locais, enfatizando a análise isenta e transparente e buscando atender aos múltiplos desejos e necessidades dos agentes em aspectos como relacionamento e desenvolvimento dos negócios na região, segurança, inovação, transporte e capacitação de pessoas. Os principais resultados na implantação do *BID* nessa cidade são relacionados abaixo.

Melhora na acessibilidade ao polo varejista – aumento da conveniência no acesso de consumidores e empregados e facilidade na movimentação de mercadorias, economizando custos e tempo. Conexões entre ônibus e trens e frequência intensificada de transporte público ao local; oferta adequada de estacionamentos, modernização e conservação das vias e iluminação adequada;

Ações de marketing integradas entre os lojistas – organização ou patrocínio de grandes eventos, aumentando a exposição e atração do polo;

Planejamento – oferta de atrações turísticas, como museus, galerias de arte, zoológicos, estádios; oferta de opções gastronômicas, atração de restaurantes ao local;

Beleza e local agradável – criação de infraestrutura envolvida com a margem beira mar da cidade.

1.4.2 BID Saint Austell

O BID de Saint Austell, cidade turística de cerca de 25 mil habitantes na região da Cornualha, no Sudoeste da Inglaterra, foi organizado em 2012 por um grupo de comerciantes locais para atuar em duas frentes, (I) atratividade, acessibilidade e segurança; e (II) eventos, marketing e economia de custos. Com um mandato com duração de 5 anos, foi criada uma parceria entre os agentes públicos, representados pelas subprefeituras, e privados, representados pelas associações de comerciantes, sendo exigida nova eleição após o período. Após o sucesso no primeiro mandato de cinco anos, uma nova votação foi estabelecida, vencendo a manutenção do modelo de BID sobre a gestão do local.

O BID St Austell é majoritariamente financiado pelo setor privado, sendo que cada comerciante participante contribui com 2% sobre o valor de suas vendas. Esse valor deve ser visto como um investimento e não com um outro tributo. Com o apoio e credibilidade de cerca de 200 comerciantes, a organização passou a contar com substanciais recursos para serem investidos nas melhorias locais. Os investimentos são gerenciados por comerciantes, para comerciantes. O recebimento dos valores bem como seus gastos são publicados abertamente. Como taxa operacional, o governo cobra do BID tarifa de manutenção de mil e quinhentas libras por ano. Verifica-se que quanto maior e mais bem organizada a estrutura do BID, maiores os benefícios de escala e economia aos integrantes[25].

Os programas propostos são variados, mas, de modo geral, visam aumentar a venda dos comerciantes, atraindo maior número de consumidores. As ações são as mais diversas, como iniciativas de sustentabilidade, prevenção ao crime, eventos de marketing e compras coletivas. O *BID* se engajou também na prestação de serviços aos próprios comerciantes, como a gestão

---

[25] ST AUSTELL BID, 2012.

do lixo e reciclagem, seguros contra atrasos dos fornecedores, serviços de marketing e intermediação em contratos de energia, buscando-se a economia de todos os integrantes do BID.

Alguns dos objetivos e resultados da implantação do BID são sintetizados abaixo:

- Melhorar a experiência de estacionamento, fazendo parcerias com os órgãos públicos a fim de simplificar e reduzir as tarifas de estacionamento rotativo ("zona azul") ou redes de estacionamento;
- Melhorar a sinalização e acesso dos visitantes às principais lojas ou locais de alimentação ou áreas verdes;
- Melhorar a aparência das lojas menores e mais vazias, negociando com os proprietários condições melhores aos inquilinos para que possam fortalecer seus negócios;
- Apoiar agência de auxílio social para redução de comportamentos antissociais e criminosos que impactam os negócios no polo de rua;
- Melhorar também a cobertura de câmeras e o monitoramento;
- Criar lugares de descanso e relaxamento;
- Estabelecer eventos e feiras regulares, integrando todo o polo para o mesmo evento;
- Desenhar e lançar campanhas de marketing que contribuam para o fortalecimento da imagem de St. Austell, incluindo mapas e cupons promocionais e guias de ofertas.

1.4.3 BID na Cidade de Nova Iorque, Estados Unidos

Os BIDs vem sendo implementados nos Estados Unidos há anos, sendo este país um de seus precursores. O modelo teve considerável progresso especialmente durante a gestão do então prefeito Bloomberg, que, observando o seu potencial, introduziu e aperfeiçoou diversas ações que alavancaram a efetividade e fortaleceram o relacionamento entre os *BIDs* e a cidade de Nova Iorque.

Nas décadas de 1960 e 1970, movimentos iniciais de organizações locais já eram observados, atuando como uma resposta aos recursos públicos limitados e à degradação dos distritos comerciais. Em 1976 a cidade ofereceu recursos para investimentos a alguns polos comerciais sob a condição de que os proprietários beneficiados mantivessem os avanços, garantindo a manutenção do local. Com a concordância dos comerciantes, nesse período formulou-se a primeira lei, que legitimou o *Fulton Mall*, no bairro do *Brooklyn*. Este foi primeiro polo comercial que obteve contribuição pública e o dever de seus proprietários em preservarem a manutenção do local. O modelo denominou-se *Special Assessment District (SAD)*, figurando o início do modelo que viria a se tornar o BID. Nos anos 1980, a legislação da cidade homologou a lei dos BIDs, o que permitiu aos proprietários de empreendimentos comerciais o financiamento próprio para investimentos locais. Assim, surgiu o primeiro BID da cidade de Nova Iorque, na 14° avenida. Vinte anos depois, a cidade já contava com 45 distritos, espalhados por *Manhattan, Brooklyn, Queens* e *Bronx*.

Com o sucesso do BID na região, muitos benefícios foram gerados. Após 20 anos de funcionamento, a taxa de ocupação dos imóveis apresentou aumento robusto, conforme indicado no Quadro 1. Um local antes deteriorado e com baixo índice de crescimento teve sua percepção modificada em função das melhorias em fatores como limpeza e segurança. As melhorias deixaram o local mais convidativo, atraindo investimentos para o local.

Quadro 1 – Taxa de vacância dos imóveis em importantes ruas na cidade de Nova Iorque (2002)

BID	Taxa antes do BID	Taxa após o BID
Flatbush Avenue	30%	3%
North Flatbush Avenue	22%	9%
Sunset Park – 5th Avenue	20%	5%
34th Street	9%	4%
Lower East Side	10%	5%
Times Square	25%	9%

Fonte: Adaptado do guia Business Improvement District (NY) – (2003)

Conforme ilustrado na Figura 1, abaixo, a formação dos BIDs na cidade de Nova York, seguiu três etapas básicas: planejamento, divulgação e autorização legal.

Figura 1 – Etapas básicas para a formação de um BID na cidade de Nova Iorque (NY)

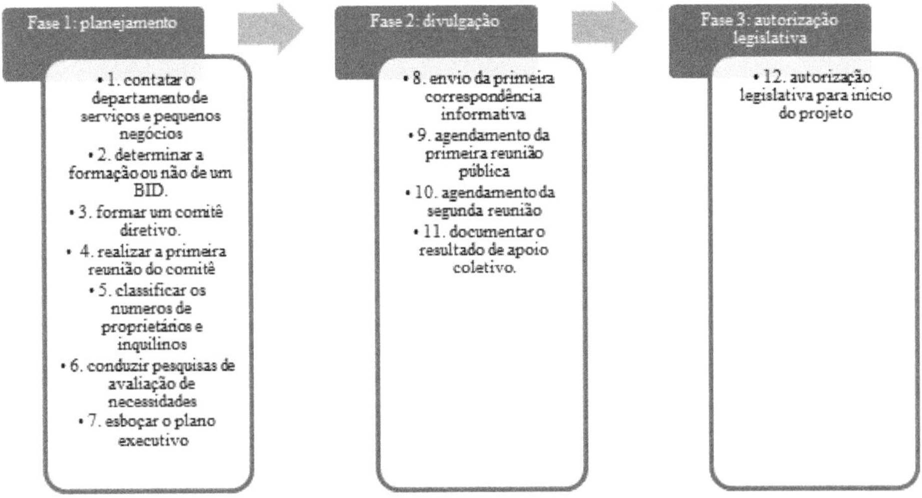

Fase 1: planejamento
- 1. contatar o departamento de serviços e pequenos negócios
- 2. determinar a formação ou não de um BID.
- 3. formar um comitê diretivo.
- 4. realizar a primeira reunião do comitê
- 5. classificar os numeros de proprietários e inquilinos
- 6. conduzir pesquisas de avaliação de necessidades
- 7. esboçar o plano executivo

Fase 2: divulgação
- 8. envio da primeira correspondência informativa
- 9. agendamento da primeira reunião pública
- 10. agendamento da segunda reunião
- 11. documentar o resultado de apoio coletivo.

Fase 3: autorização legislativa
- 12. autorização legislativa para inicio do projeto

Fonte: Adaptado do guia Business Improvement District (NY) – (2003)

Em suma, o BID apresenta-se, assim, como um modelo flexível que permite sua adaptação à especificidade de cada local. O modelo pode ser baseado em contribuições híbridas, tanto de agentes privados, como também do auxílio da esfera pública. Apesar de algumas preocupações e debates acerca do modelo, em geral, os BIDs representam uma história de sucesso, por meio do estímulo à criatividade do setor privado, resolução de complexos problemas de eficiência e aumento da eficácia das gestões municipais. Os três casos de sucesso mencionados retratam os benefícios gerados pela adoção dos BIDs. Estes são percebidos como contribuintes para a vida pública em resposta à obsolescência das práticas de governanças municipais, no sentido de contribuírem melhor aos desafios regionais, voltando-se integralmente ao desenvolvimento local.

2 BIDs: Vantagens e Desvantagens

2.1 BIDs: Pontos Fortes e Bons Resultados

Há uma série de benefícios atrelados à adoção do modelo. Por serem projetos definidos democraticamente, ao mesmo tempo que visam o fortalecimento da economia local, preservam os interesses da comunidade. Desta maneira, a preocupação em se revitalizar o polo de rua é assegurada na definição dos projetos. Por meio de investimentos realizados de forma estratégica e direcionados à vitalidade do varejo, gera-se expansão dos negócios, renda e o desenvolvimento do local. Uma vez revitalizados, os polos atraem um maior número de visitantes e ficam mais atrelados aos interesses de investidores. Além destas contribuições, o modelo BID apresenta uma estrutura organizada e integrada, permitindo a sua replicação[26][27].

Conforme observado, ao longo dos anos os BIDs vêm integrando as fronteiras até então segregadas que delimitavam as esferas pública e privada, criando um novo paradigma de governança em rede. Pequenos ou grandes, o fato é que BID são projetos que revitalizam as cidades por meio de contribuições positivas para o comércio regional. Pela análise dos estudos realizados no exterior, observou-se que os países obtiveram grandes ganhos de eficiência e produtividade quando as associações desses polos ganharam maior autonomia frente à esfera pública, sendo capazes de não apenas propor, mas também participar da execução dos seus projetos de melhorias regionais. Os modelos institucionalizados, como os BIDs, tornam os processos de revitalização urbana menos burocráticos e mais direcionados ao avanço do local, uma vez que os projetos são elaborados pelos próprios integrantes com base em análises locais detalhadas. Outro benefício central do modelo baseia-se na redução da dependência pública, permitindo ao estado reduzir seu tamanho, e economizar custos.

---

[26] BALSAS, 2000.
[27] DE NISCO; RIVIEZZO; NAPOLITANO, 2008.

2.2 BIDs: Condições Ideias para o sucesso dos Bids

Métodos de governança transparentes e políticas de avaliação de desempenho consistem em ingredientes fundamentais para o sucesso dos BIDs. O processo de organizar e administrar um BID requer a análise, aprovação e fiscalização pública. É importante que gestores públicos locais (prefeitos, subprefeitos, deputados e vereadores) e associações administrativas locais (se houver), compreendam e apoiem o conceito de BIDs. Geralmente, nos países onde já estão implantados, gestores públicos locais são favoráveis à ideia do BID, reconhecendo o serviço que a organização pratica e os benefícios gerados aos envolvidos. Em um sistema democrático, representantes eleitos são responsáveis para com o público pelas suas decisões e iniciativas. A análise da questão de responsabilidade coletiva é importante para um governo municipal. Dar legitimidade a um terceiro, nesse caso, a figura do BID, é algo que deve ser fiscalizado pela gestão pública.

As condições ideais para um BID levam em consideração alguns fatores, tais como:

a) O nível ocupação dos imóveis: grande parte da captação de recursos pelo BID é oriunda da contribuição de tributos pelos comércios inseridos no polo varejista. Dessa forma, é necessário observar se a região possui uma gama adequada de comerciantes passíveis da taxação. Importante observar aspectos como: moradores residenciais devem corresponder à proporção mínima, uma vez que estes contribuem com taxas menores, é desejável que haja poucos imóveis no local voltados à esfera pública ou isentos de tributação, uma vez que eles estariam isentos de taxas cobradas pelo BID. Deve haver baixa quantidade de propriedades decadentes;
b) O nível de estabilidade de ocupação comercial: é desejável que os níveis de ocupação comercial estejam estáveis. O nível de captação pelo fundo do BID está diretamente relacionado ao aquecimento da atividade comercial local. Por isso, é preferível que BIDs estejam localizados em áreas, cuja economia seja estável, e não excedam 20% de taxa de desocupação;
c) O nível de apoio da esfera pública: o compromisso dos gestores públicos locais com projetos de revitalização pode realmente variar, muitas vezes dependendo ou da orientação política dos governantes locais

ou do nível de entendimento desses gestores sobre a importância do dinamismo dos polos varejistas locais para garantir a qualidade de vida onde eles estão localizados;

d) As perspectivas de desenvolvimento futuro do local: uma análise das possibilidades do desenvolvimento local será um fator fundamental para garantir resultados favoráveis à realização de um projeto BID de revitalização na região.

2.3 Questionamentos e Críticas Sobre BIDs

"Não são democráticos": BIDs podem ser criticados por serem entidades legais que não possuem a obrigação de responsabilidade para com os residentes da região. Geralmente chegam a ser criticados por moradores da região, que alegam não terem suas vozes atendidas, ou suas necessidades ignoradas[28]. Defensores do modelo argumentam, por sua vez, que os BID são politicamente responsáveis, uma vez que devem seguir alguns procedimentos como reportes anuais, auditorias, e processos de licitações. Outro aspecto positivo é observado pelos contratos baseados em performance com prestadores de serviços público, que permitem a fiscalização de seus envolvidos (processo de fiscalização mais próximo dos próprios beneficiados). Discute-se, por sua vez, se o governo deve garantir toda autonomia ao BID para empreender a gestão do local da forma que julgar mais adequada, ou o governo deve manter-se próximo ao BID, balizando as medidas tomadas por sua gestão[29].

"Trazem consequências negativas para o entorno da região": enquanto há considerável consenso em torno da ideia que BIDs, através de seu poder por jurisdição, oferecem benefícios aos proprietários de imóveis, outra preocupação demonstrada pelos críticos refere-se à dúvida quanto à exclusão *de fato* da criminalidade e outros problemas, fora do perímetro do BID[30] [31], gerando, entretanto, o aumento em problemas de segurança em bairros

---

[28] ROSS, Bernard H.; LEVINE, Myron A. *Urban politics:* Power in metropolitan America. Wadsworth Publishing Company, 2001.
[29] WASH; NEWHOUSE; GLATTER; MITTIGA; KAM, 2003.
[30] BRIFFAULT, Richard. A government for our time? Business improvement districts and urban governance. *Columbia Law Review*, p. 365-477, 1999.
[31] LAVERY, Kevin. Privatization by the back door: The rise of private government in the USA. *Public Money & Management*, v. 15, n. 4, p. 49-53, 1995.

vizinhos ao BID, representando custos extras à administração pública e perda do bem-estar coletivo. Defensores dos BIDs se baseiam em estudos estáticos e modelos empíricos. Um estudo a respeito da cidade de Philadelphia concluiu que BIDs podem ser responsáveis pela diminuição de crimes no polo varejista e em seu entorno, diante do aumento da vitalidade da região. Além da questão da segurança, outro estudo observou o aumento considerável no valor dos imóveis, beneficiando seus proprietários e a maior parte da população, porém prejudicando uma menor parte que mora em casas alugadas, devido ao aumento do valor das locações[32].

"Comerciantes menores e moradores da vizinhança tem seus interesses pouco visíveis": outras críticas decorrem de estudiosos que criticam os representantes do conselho executivo do BID por desprestigiarem os comerciantes de imóveis menores ou mesmo os moradores da vizinhança, dando maior valor e autoridade aos grandes empreendedores, atendendo aos interesses e concentrando o poder naqueles de classes mais elevadas. Assim, os BIDs originariam cartéis e funcionariam como clubes de propriedades e negócios. Em resposta a estas críticas, observa-se que o *BID* por sua natureza atende melhor o setor privado quando atende aos interesses coletivos, numa logica de fortalecimento comum, eliminando, assim, qualquer tendência de exclusão. Em suma, as medidas implantadas pelos BIDs terão o objetivo de melhorar a área como um todo, atendendo aos interesses de todos os *shareholders*[33]. Há o predomínio do espírito de parceria e cooperação ao invés de competição entre os varejistas. Permite-se a manutenção de uma relação de fortalecimento coletivo, apaziguando interesses ambíguos e deixando de lado a disputa por preços.

"Os benefícios gerados pelo BID são ilusórios e passageiros": há preocupações em relação aos BIDs promoverem progressos comerciais ilusórios, que duram apenas enquanto os valores e as taxas cobradas pelos BIDs coexistirem. Em contraste a essa crítica, BIDs apresentam potencial de superar a inabilidade da gestão pública em oferecer segurança básica e condições de infraestrutura perenes ao local. Estudos demonstram que BIDs são genuinamente parcerias público-privadas, que antecipam os interesses privados. Muitos observam que não há forma mais eficiente de se distribuir

---

[32] WASH et al., 2003.
[33] Idem.

as riquezas públicas e definir seus gastos, que não através de variadas parcerias ou regimes de administrações locais[34].

"BIDs desrespeitam os perímetros do espaço público": diferentemente dos shopping centers, polos varejistas de rua não possuem horário de abertura ou fechamento (com exceção das lojas). Críticos apontam que alguns BIDs violam os direitos civis, no sentido de restringirem o horário de circulação de pessoas. Nesse sentido, deveriam permitir a permanência de mendigos e todo o tipo de pessoa a qualquer hora e em qualquer ponto do polo varejista. Outros apontam que as obras de revitalização dos BIDs padronizam o ambiente, retirando a originalidade das cidades[35]. Em contrapartida, no entanto, esses críticos não observam todos os benefícios gerados pelos varejistas, como a inclusão de pessoas mais simples – mesmo moradores em situação de rua – em postos de trabalho iniciais, ou formalizando muitos ambulantes. As transformações no local, por sua vez, devem ser consideradas benéficas pela entrega de um ambiente mais agradável aos consumidores, e faz parte do negócio[36].

3 Desafios a Serem Superados no Brasil

Analisando a dinâmica no Brasil, observa-se o distanciamento entre as soluções encontradas no país e no exterior no processo de revitalização dos polos varejistas de rua. A baixa autonomia privada acaba por concentrar sobremaneira as responsabilidades ao Estado, de forma que sua atuação acaba sendo lenta, ineficiente e burocrática. Ademais, observa-se que poucas ações são feitas no sentido de dar maior autonomia às associações locais, de forma que elas possam diretamente dialogar com a prefeitura. Conforme parecer dos especialistas em estudos anteriores, as associações locais são geralmente pouco expressivas, ou de baixa adesão dos seus participantes regionais[37]. O arranjo que impõe a submissão praticamente integral às diretrizes da administração pública não apenas restringe a atuação da esfera privada, como também pode submetê-la a retrocessos. Nas intervenções

---

[34] Idem.
[35] LAVERY, 1995.
[36] WASH et al., 2003.
[37] MANZANO, Daniel. *Polos Varejistas de Baixa Renda em São Paulo*. Complexidade do setor e despreparo da gestão pública: O Largo da Batata – PIBIC, 2013.

11. O Sucesso dos BIDs: Modelo de Parceria Público-Privada ... | 311

do Largo da Batata, em São Paulo, por exemplo, observou-se que a falta de atenção do estado quanto aos fatores determinantes na vitalidade do comércio local gerou prejuízos aos empresários e mesmo levando alguns deles à falência. A seguir, apresentamos os cinco principais desafios atuais para a implementação de modelo institucionalizado no Brasil.

a) Não há leis precedentes e similares ao modelo BID no Brasil: dentre as descobertas dos estudos realizados, foi verificada a necessidade de se adequar às leis, no sentido de permitir maior diálogo e cooperação entre as esferas público e privada, possibilitando maior autonomia e protagonismo desta última. Destaca-se o aspecto legal como o principal impeditivo na concretização de uma maior interação público-privada, desestimulando a inovação e projetos de investimento da iniciativa privada;

b) Leis atuais burocratizam o processo e desencorajam iniciativas empreendedoras: sob o arranjo legal atual, diversas dificuldades à mobilização da iniciativa privada são impostas, em que fica consideravelmente reduzida a possibilidade de empreender, estabelecer novos processos mais eficientes ou mesmo de modernização, adequando-se a padrões internacionais de excelência;

c) Redução do papel do estado: através dos estudos, é possível observar que a interlocução entre as esferas público e privada foge à regra estabelecida pelo arranjo legal vigente no país. Verifica-se que o arranjo legal atual atribui responsabilidade exclusiva à esfera pública para executar intervenções urbanas. Dentre diversos benefícios, modelos como o BID balanceariam o excessivo nível de atribuições do estado e destravariam a lenta burocracia ao transferir parte das atribuições à iniciativa privada, servindo, assim, como um estímulo à expansão e modernização das atividades varejistas;

d) Quebra de paradigma em relação às iniciativas privadas: nos países cujo modelo de revitalização urbana já está implantado, a responsabilidade integral da gestão pública em oferecer melhorias a todos os *stakeholders* do local é desabilitada, deixando o estado menos atarefado. Assim, há a possibilidade de diminuir a necessidade de que o Estado atue nessa instância, aumentando sua eficiência em outas atividades, onde sua presença é essencial. Destaca-se o aspecto legal

como o principal impeditivo na concretização de maior interação público-privada, desestimulando a inovação e projetos de investimento da iniciativa privada;
e) Aversão dos comerciantes quanto a mais uma nova tarifa, dada a já elevada carga tributária: face à resistência dos comerciantes diante da uma tarifa compulsória, dada a já elevada e massiva carga tributária, faz-se necessário refletir sobre alternativas ao modelo que sejam mais bem recebidas pelos empresários. Nos países que já adotam o modelo, verificou-se que seu processo e seu formato de contribuição não é fixo, possibilitando, assim, reflexões sobre formas alternativas de tributação que fossem mais bem aceitas pelos comerciantes e varejistas brasileiros.

Analisando a viabilidade de adoção do modelo BID no Brasil, observou-se, como sugestão, a necessidade de se adequar às leis, no sentido de permitir maior diálogo e cooperação entre as esferas público e privada, permitindo maior autonomia e protagonismo desta última. Há que se reconhecer a limitação dos governantes em determinar as diretrizes locais unilateralmente. Pela revisão do conhecimento, observou-se a necessidade de se desenvolver novos métodos de negociação e cooperação entre a gestão pública e os agentes que vivenciam o dia a dia do local (SALAMON, 2002). Também, faz-se necessário uma maior divulgação dos benefícios do modelo, reforçando a ideia de que a tarifa compulsória não se trata de mais um custo ao comerciante, mas de um investimento que deverá gerar retorno tangível, como o aumento do fluxo de clientes.

Conclusões

A ideia do BID não é substituir um governo central ou local, mas fortalecer a economia e o governo local, unindo interesses e promovendo o entendimento das diferentes prioridades e pontos de vistas dos agentes públicos e dos privados[38]. Neste capítulo, sintetizou-se estudos voltados aos modelos institucionalizados de revitalização dos polos varejistas de rua adotados em outros países e quais os desafios para implantação no Brasil.

---

[38] AUCKLAND COUNCIL, 2013.

Buscou-se identificar alternativas para superar os problemas de degradação e perda de atratividade enfrentadas por esses locais, agravados pela concorrência crescente dos aglomerados varejistas planejados e fechados, como os shopping centers. Visto a atual dificuldade de comunicação entre varejistas e agentes públicos, sugere-se que haja maiores incentivos à criação de organizações privadas, munidas de maior legitimidade na proposição de projetos que atendam aos interesses locais coletivos. É importante que se permita a relevância dessas organizações, enquanto agentes mais eficazes em identificar as necessidades do local, oferecendo meios de captação e legitimidade. Ambas as características, por sua vez, seriam possíveis mediante realização de leis, que legitimassem e garantissem o papel de representatividade local a tal forma de organização, sob a responsabilidade de exibir e defender os interesses coletivos.

Para a viabilidade do modelo, faz-se necessário, por fim, a ampla divulgação dos benefícios do modelo aos empresários, como uma forma mais racionalizada de definir as diretrizes das áreas urbanas e comerciais da cidade. Espera-se, assim, aumentar a receptividade do modelo pela esfera privada, estimulando a sua mobilização, de forma a aumentar a pressão sobre os poderes legislativos e executivos para, através da modificação das leis vigentes, tornar possível a admissibilidade do modelo no Brasil. Buscando viabilizar a implantação de modelos institucionalizados de revitalização dos polos varejistas de rua no Brasil, como o BID, este capítulo identificou dois aspectos preponderantes e necessários para viabilizar a sua consolidação: (I) a compreensão dos comerciantes em relação à contribuição compulsória pelo fato de integrar a um BID, dado os benefícios a médio e longo prazo dos investimentos; e (II) o rearranjo legal, permitindo maior intervenção da iniciativa privada no âmbito da administração pública.

Observou-se que inexistem, no Brasil, modelos institucionalizados como os BIDs. Nota-se, por sua vez, uma postura favorável dos governos municipais em realizar parcerias público-privadas, que permitam projetos estimulantes ao convívio social, reconfigurando a distribuição urbana de forma a aumentar o bem-estar coletivo através do equilíbrio das funções da cidade, tais quais morar, trabalhar, consumir e estudar. O modelo estudado inclui essas ações, que beneficiam a todos, uma vez que a vitalidade do comércio está diretamente vinculada a tais fatores. A fim de viabilizar a implantação do modelo no país, haveria a necessidade, portanto, de estudar leis que comportassem a implantação de modelos *institucionalizados*, como os BIDs. O atual arranjo legal oferece pouca autonomia à participação privada, impedindo a execução de modelos institucionalizados, no formato do BID. Além das diversas mudanças sugeridas à esfera pública, como maior receptividade de ações oriundas da esfera privada e a necessidade de modificar/criar novas leis, verificou-se pelo lado dos empresários uma grande resistência e aversão a uma tarifa compulsória, visto a já elevada carga tributária. Face a essa resistência, é necessário refletir sobre alternativas ao modelo que sejam mais bem recebidas pelos empresários.

Acreditamos que, com o desenvolvimento deste capítulo, foi possível oferecer uma contribuição para que a sociedade considere uma abordagem mais ampla sobre a importância de se repensar o papel do estado, enquanto único agente capaz de propor medidas voltadas ao bem coletivo, também a respeito das potencialidades benéficas que uma maior autonomia à esfera privada poderia gerar, por exemplo, através da implantação de modelos institucionalizados em processos de revitalização de polos varejistas de rua, desafogando as diversas atribuições do estado. Através deste trabalho, foi possível identificar os benefícios da existência de um estado reduzido, como a economia de gastos e o aumento da eficiência. Diante de uma época de elevado desequilíbrio fiscal, com os elevados custos da máquina pública, enquanto há queda na arrecadação, medidas que reduzam o papel do estado e desafoguem suas inúmeras tarefas, devem ser consideradas com prioridade. Pela análise dos exemplos no exterior, houve indícios dos benefícios gerados pela maior participação da esfera privada, como a maior eficiência e aumento no nível de inovação. Sugere-se que sejam estimuladas ações, sobretudo diante do momento de crise passado pelo país, no sentido de permitir maiores concessões à iniciativa privada. Tais concessões figurariam como solução ao elevado déficit fiscal e à baixa produtividade das ações públicas, geralmente demoradas e pouco efetivas. Haveria o benefício coletivo pelo maior nível de investimentos e inovação, fortalecendo a economia e a geração de empregos.

Felizmente, observa-se uma tendência dos governantes no sentido de incentivar a gestão privada em detrimento da pública. Dessa forma, pode-se acreditar que o período atual é favorável à implantação do modelo BID. Fazendo uma síntese do assunto abordado no capítulo, podemos apontar os principais ingredientes que estimulariam a introdução dos BIDs no Brasil:

- Desenvolvimento pelos governos municipais de legislação que defina as normas para a elaboração dos *BIDs*;
- Propagação da ideia entre as cidades através de exemplos consagrados de sucesso;
- União entre associações varejistas locais, desenvolvendo um "Lobby" para a criação de uma lei que regulamente o modelo *BID*;
- Incentivo à mudança de uma filosofia/cultura no sentido de desburocratizar as esferas governamentais, eliminando a excessiva dependência dos órgãos públicos;
- Estímulo dos governos municipais à desburocratização e incentivo a um maior papel da iniciativa privada na melhoria e na revitalização do bairro ou município.

Referências

AUCKLAND COUNCIL. Auckland Region Business Improvement District Policy. Recuperado em 30 de maio de 2016. Disponível em: http://www.aucklandcouncil.govt.nz/EN/planspoliciesprojects/councilpolicies/bidpolicy/Documents/businesimprovementdistrictpolicy.pdf. Acesso em: julho de 2019.

BALSAS, Carlos J. Lopes. City center revitalization in Portugal: Lessons from two medium size cities. *Cities*, v. 17, n. 1, p. 19-31, 2000.

BECKER Carol Jean, GROSSMAN A., DOS SANTOS Brenda. *Business Improvement Districts*: Census and National Survey. (2011)

BRIFFAULT, Richard. A government for our time? Business improvement districts and urban governance. *Columbia Law Review*, p. 365-477, 1999.

DE NISCO, Alessandro; RIVIEZZO, Angelo; ROSARIA NAPOLITANO, Maria. The role of stakeholders in town centre management: guidelines for identification and analysis. *Journal of Place Management and Development*, v. 1, n. 2, p. 166-176, 2008.

Evolução do Setor. Associação Brasileira de Shopping Centers, 2019. Disponível em: <http://www.abrasce.com.br/monitoramento/evolucao-do-setor>. Acesso em: 10 maio 2019.

JUSTICE, Jonathan B. Public Places and Quasi-Private Administration. Public *Administration Review*, v. 69, n. 3, p. 553-556, 2009.

LAVERY, Kevin. Privatization by the back door: The rise of private government in the USA. *Public Money & Management*, v. 15, n. 4, p. 49-53, 1995.

LOUKAITOU-SIDERIS, Anastasia. Revisiting inner-city strips: A framework for community and economic development. *Economic Development Quarterly*, v. 14, n. 2, p. 165-181, 2000.

MACKAY, D. Portal *Business Improvement Districts* (Scotland). Disponível em: http://www.bids-scotland.com/about-us. Acesso em 10 mai. 2016.

MANZANO, Daniel. *Polos Varejistas de Baixa Renda em São Paulo*. Complexidade do setor e despreparo da gestão pública: O Largo da Batata – PIBIC, 2013.

MEEK, Jack W.; HUBLER, Paul. Business improvement districts in the Los Angeles metropolitan area: Implications for local governance. *Public Administration and Public Policy*, New York, v. 145, p. 197, 2008.

MORÇÖL, Goktug et al. *Business improvement districts:* Research, theories, and controversies, p. 1-23, 2008.

MORÇÖL, Göktug; GAUTSCH, Douglas. Institutionalization of business improvement districts: A longitudinal study of the state laws in the United States. *Public Administration Quarterly*, p. 240-279, 2013.

MORÇÖL, Göktug; WOLF, James F. Understanding business improvement districts: A new governance framework. *Public Administration Review*, v. 70, n. 6, p. 906-913, 2010.

MORENO-JIMÉNEZ, Antonio. Interurban shopping, new town planning and local development in Madrid metropolitan area. *Journal of Retailing and Consumer services*, v. 8, n. 5, p. 291-298, 2001.

PARENTE, Juracy et al. Polos varejistas de rua ou shopping centers? Comparando as preferências da baixa renda. *BBR-Brazilian Business Review*, p. 162-189, 2012.

PRYOR, Susie; GROSSBART, Sanford. Ethnography of an American main street. *International Journal of Retail & Distribution Management*, v. 33, n. 11, p. 806-823, 2005.

ROSS, Bernard H.; LEVINE, Myron A. *Urban politics:* Power in metropolitan America. Wadsworth Publishing Company, 2001.

SALAMON, L. *The new governance and the tools of public action*. Oxford University Press. 2002.

St. AUSTELL BID, 2012. Acesso no link http://www.staustellbid.co.uk/wp-content/uploads/2012/08/St-Austell-BID-Final-Proposal.pdf. Acesso em agosto, 2019.

WASH, Robert; NEWHOUSE, Mark; GLATTER, George; MITTIGA, Sien; KAM, Lily. *Business Improvement District. 2003*. Disponível em: http://www.nyc.gov/html/sbs/downloads/pdf/bid_guide_complete.pdf. Acesso em: julho, 2019.